天下雜誌出版
CommonWealth
Mag. Publishing

逆轉有毒韌性

別被硬撐拖垮！
哈佛專家教你設定壓力界線，
重新連結大腦與身體，提升身心平衡與效能

The Five Resets
Rewire Your Brain and Body for
Less Stress and More Resilience

阿迪提・內魯卡 ADITI NERURKAR———著
張芷盈———譯

本書反映的是我在過去二十年臨床遇到的常見模式與狀況，以及我與數千個病人互動的經驗。書中案例、人名、疾病皆非特定真實人物。任何與真實人物或實際對話相似之處，僅是反映常見的病患狀況。引用的內容皆經過改述，以反映我整體的經驗。

本書內容僅為提供資訊之用，並非建立醫病關係。書中內容不得用作診斷之用，不能取代合法執業醫師或心理健康專家的建議、診斷或治療。作者與出版社對於讀者選擇如何採用書中提供的資訊，不負任何責任。

使用的參考資料並非為任何作者、書籍、網站或其他資料來源背書。網站可能會隨時間有所變動。

獻給幫助我重新設定壓力的麥克和柔伊

目錄

THE 5 Resets
逆轉有毒韌性

各界推薦		8
序章	把壓力從敵人名單上移除	11
	——讓壓力幫助你而不是傷害你	
第1章	你的壓力究竟在傳達什麼訊息？	23
	——有毒韌性的迷思	
第2章	你的大腦怎麼看待壓力	51
	——健康韌性的兩個改變法則	
第3章	重新設定技巧一：釐清什麼最重要	71
	——改變大腦路徑，聚焦減壓目標	
第4章	重新設定技巧二：	
	在吵雜世界找到片刻寧靜	111
	——設立數位界線，獲取深度修復的睡眠	

第 5 章	重新設定技巧三：讓大腦和身體同步	163
	——強化你的身心連結，克服不健康的壓力	

第 6 章	重新設定技巧四：喘口氣，維持心理空間	217
	——找出健康的壓力甜蜜點，兼顧生產力與休息	

第 7 章	重新設定技巧五：展現最好的自己	245
	——讓內在批評閉嘴，重新奪回自我效能	

結語	**快速通關**	267

致謝   281

注釋   285

各界推薦

「重新由內而外連結大腦與身體的傑作。這些策略既簡單又實用,並帶來巨大轉變。對任何飽受壓力和倦怠之苦的人,都是非常重要的一本書。」

──Thrive Global 創辦人兼 CEO
亞利安娜・哈芬登(Arianna Huffington)

「整本書都相當引人入勝。《逆轉有毒韌性》回答了全新常態中困擾我們的壓力和倦怠問題。書中充滿有效率的策略,幫助你在寶貴時間中管理壓力──非常適合忙碌的家長!」

──《公平遊戲》(*Fair Play*)作者
伊芙・羅德斯基(Eve Rodsky)

「我畢生都在幫助其他人呈現自己最棒的樣子。《逆轉有毒韌性》目標是幫你感覺自己最棒的樣子。減少壓力和倦怠。用簡單的技巧,達到由內而外的美麗。」

──Jones Road Beauty 創辦人兼 CEO
巴比・布朗(Bobbi Brown)

「每個人都知道生活中有太多壓力不好。身心都會被耗盡，更不用說會造成倦怠。重點是要管理壓力，擁有更健康、快樂的生活。《逆轉有毒韌性》能幫助你達成這些目標。」

——記者、作家與凱蒂・庫瑞克媒體公司創辦人兼CEO
凱蒂・庫瑞克（Katie Couric）

「非讀不可。」

——紐約郵報（*New York Post*）

「〔內魯卡〕馴服了有毒的壓力。」

——美國全國公共廣播電台（NPR）

「能實際改善你的韌性。」

——北美最大的獨立書評網站 Book Riot

「內魯卡醫師關於壓力的作品充滿了文獻引用及科學研究的支持，值得善加利用。內容易懂又有趣，能讓〔那些〕不管是因為育兒、工作或純粹受到新冠疫情影響而感到疲憊或倦怠的人振作起來，重新開始。」

——圖書館雜誌（*Library Journal*）

序章

把壓力
從敵人名單上移除

———— ✳ ————

讓壓力幫助你而不是傷害你

五月的一個晚上,我接到強者老友麗茲的電話。她一陣驚慌。

「我不知道自己怎麼了,」她坦承:「我完全失去了運動的動力。」

對我們大部分的人來說,不想運動是每天都會發生的事情,但對我的朋友麗茲而言,這真的是一記警鐘。我第一次見到她已經是超過二十五年前,從那時開始,她每天早上五點半就起床開始運動。她參加過超級馬拉松、鐵人三項、登山。從研究所、長達十二年的婚姻、兩次懷孕的過程中,她一路都持續運動。她就像漫威漫畫中的超級英雄。麗茲的驚人體能一直都是她的超能力。所以當她那晚打給我,跟我說她已經六個月沒有運動了,我立刻察覺狀況不對。

「我並沒有整天躺在沙發上鬱鬱寡歡,」麗茲告訴我。「所以絕對不是因為倦怠。你知道我的。我很有韌性。」

我安靜傾聽,但作為一個從哈佛畢業並專攻壓力倦怠的醫師,我注意到我所謂的韌性迷思,指的是以為在艱困時刻,不管三七二十一,只要努力撐下去就代表有韌性(請見第一章)。當麗茲說:「我一直工作。腦袋從來不關機。但卻擺脫不了被耗盡的感覺。每天早上,我按下鬧鐘的貪睡按鈕,完全沒有去運動。」我覺得我聽到了韌性迷思的熟悉聲音。

她聽起來非常疲憊,我從來沒聽過她這麼疲憊過。「你覺得我怎麼了?」她問。

我的診斷結果很清楚。「這是慢性壓力和非典型倦

怠，」我告訴她。

當然，她當下並沒有立刻相信我說的話。我又花了20分鐘舉了壓力相關的科學數據，並拿我常問病患的問題問她，藉此讓她為個人壓力程度打分數，1分最低，20分最高；請見第一章。

儘管有著過去的無敵紀錄，麗茲的壓力絕對是落在比較高的區間。她的三個症狀（無法從工作中抽換、覺得被耗盡、平常運動習慣出現劇烈改變）在在都指向慢性壓力和倦怠。講到最後，她被說服了。

「要怎麼變好？」麗茲問我。「我現在做的一切都沒有用。」我建議的療法包括用一些簡單、可執行的方式去改變生活型態，一開始一次只做兩個改變。這些改變很實際也很簡單，能讓她在本來就已經行程滿檔的生活中執行。她當天就能開始做。

三個月後，麗茲又重回早上五點半起床跑約8公里的生活，成功擺脫之前的倦怠。

人生不可能沒有壓力

在本書，你會找到我那些經過研究支持的簡單技巧，這些方法幫助了我的朋友麗茲，也能幫助你。在現代生活中，壓力和倦怠不是例外，而是常態。在好幾份全國調查中，人們表示過去幾年來是他們職業生涯壓力最大的一段時期，[1]

超過75％的成人曾出現過倦怠感。[2]

　　壓力和倦怠是危害現代世界最嚴重且最普遍的兩個議題。好消息是兩者都能被徹底消除，可以透過本書中實際可行的小技巧去克服。使用這些技巧，適度善待自己，你將能夠在大約三個月的時間克服壓力和倦怠的狀態。

　　這不是那種一夕之間就能治好一切的流行撇步。你的大腦和身體很聰明，不會上這種撇步的當；它們一眼就能看穿。這本書提供的是長久持續且影響深遠的改變，加上一些有效轉變心態的方法，能教會你如何徹底逆轉身體的壓力。

　　這跟你所知的可能相反，覺得有壓力並不代表你在處理日常生活需求時太軟弱或很失敗。壓力是人類經驗中正常的一部分。如果我那位感覺已能被歸類在漫威宇宙的強者朋友也會被壓力影響，那你可能也會。

　　你被現代社會還有現在的奮鬥文化誤導了，你以為壓力是軟弱的象徵、很丟臉，要不計代價隱藏起來。但壓力並非敵人；我們的文化看待壓力的方式才是。讓我為你解密這些負面看待壓力的觀念。

　　作為醫生，我致力研究壓力、倦怠、心理健康及韌性的生物學。我深入研究壓力是什麼，我們每個人的壓力往往在某個時間點會變得不健康。我發現為什麼壓力沒有被診斷出來，而現有的療法只能暫時治標，對任何人來說都不是長久的解決之道。

　　就生物學的角度來看，沒有壓力的人生是不可能的，這是數十億健康產業不希望你知道的秘密。你可能讀過或看過

那些跟你說如果試了某個產品就能神奇地永遠擺脫壓力的虛假承諾，都忘了吧。那些是不實廣告！

　　壓力是人生最棒的一種矛盾。是我們作為人類最普遍的經驗。但壓力沒有讓我們團結，而是孤立我們，讓我們在各自的奮鬥中感到孤獨。我在波士頓有一間壓力管理診所，我每天都會遇到這樣的病患。但當我受邀對廣大的國際觀眾分享我對於不健康壓力的發現，以及我依據科學找出重新設定壓力的技巧時，我徹底了解壓力矛盾是個龐大的議題。

　　我有機會和成千上萬各行各業的人分享不健康的壓力與倦怠對身心健康的影響。不管我在世界的哪個角落分享關於壓力的主題，都會發現一個驚人的相似之處。無論國籍、年齡、職業，每個人對壓力的擔憂幾乎都是一樣的。不管是亞洲的工廠工人、歐洲的總裁、矽谷的科技業程式設計師，或北美的托育服務提供者，他們的一個共通點就是，他們對壓力的看法與定義。他們努力應付著工作時的各種需求；作為家長、照顧者、伴侶的責任；最重要的是，日常生活中不斷變化的期待如何影響他們的身心健康。就我的經驗看來，這些模式在各種不同的文化中都明顯地相似，有時連他們問我要如何克服個人壓力時，確切的用字都非常相似。

關於壓力的真理

　　我們可能都有各自的壓力故事，但和世界各地許許多多

的人對談後，我找到並總結出五個關於壓力的普世真理。如果你過去幾年一直與壓力奮戰，那你很可能碰過至少其中一種普遍的擔憂——但很可能所有五種都遇過了：

1. 我在面對不確定性時會感到焦慮，在艱困的情況中會難以控制自己的情緒。
2. 我覺得心理或生理都沒法放鬆，大部分的時候都覺得被耗盡了。
3. 我因為壓力非常大，完成的事情很少，但同時間又覺得太倦怠，無法有效率地工作。
4. 我在工作、家庭、社群間有非常多角色要扮演，幾乎感受不到自己的存在。
5. 我找不到自己生命的目標和意義，同時間卻面對許多個人或工作上的挑戰。

如果你對以上五個擔憂的其中一個或多個有共鳴，那你的生活很可能已經被壓力佔據。

事實上壓力是你生活中很自然的一部分，就像是覺得餓或需要睡覺一樣自然。壓力其實是你大腦中一個很重要的預設路徑。這和你的生活經驗緊密相關，對於人類非常重要，是你的大腦、身體、生理構造的基礎。壓力不是敵人。壓力是造就你的關鍵；是讓你每天早上起床的驅動力，一整天推動你前進的力量。

你人生中所有的好事都可能是因為有一點壓力而出現。

因為有了健康的壓力，你才能畢業並找到第一份工作。幫助你和現在最要好的朋友開始彼此的友誼。當你每季為最愛的運動團隊加油時，用到了一些健康的壓力。壓力甚至幫助你度過你喜愛的假期，並規劃下一個假期。在你人生中，健康的壓力或多或少都給了你指引。

適量的健康壓力很重要，因為這是對於生活中許多要求所採取的適應性反應。壓力具有功能性的目的，能推動你前進，但只有調整到適合你的頻率才能做到。關鍵在於了解多少程度的壓力對你來說太多。

當壓力失衡，與你生活的頻率不再和諧，壓力就變得不健康。當壓力長出自己的樣子，像脫軌的火車一樣，此時便難以管理和遏制。這類失控的壓力已經無法幫助你達成人生目標。反而會產生反效果，最終會對你的健康及幸福造成傷害。

重新設立健康的壓力界線

我的目標是幫助你重新設定壓力，學習如何設立健康的界線去管理壓力，最終掌握所需的技巧來降低不健康的壓力，不讓這類不健康的壓力吞噬了生活的所有面向。你不能徹底擺脫所有的壓力，但可以擺脫生活中那些失衡、不健康的壓力，不再感到被耗盡、倦怠。

我透過廣泛幫助人們了解並減少壓力的經驗，發展出

這本書中重新設定壓力的五大技巧，它們將教你學會如何放慢並控制失速且無益的壓力，重新設定你的大腦和身體，讓壓力幫助你而不是傷害你。重新設定壓力是什麼意思？重新設定能清除所有待處理的錯誤，讓系統重新回到最理想的狀態。就像你所知道的，你可以重新設定碼錶、裂掉的骨頭或壞掉的電腦。這本書提供如何重新設定壓力的洞見、技巧和原則。

在每一個重新設定的技巧中，你會找到有科學研究依據的資訊及容易使用的工具，並搭配我職涯中病患的實際例證，透過病患的故事說明每一項技巧背後的原因及使用方法。你會學到該如何隨著時間以由內而外逐步些微調整的方式，重新連結大腦和身體，讓壓力減少、韌性增加。重新設定壓力的五大技巧包括：

1. **釐清什麼最重要**。這個技巧透過培養正確的心態，重新設定大腦和身體，幫助你重回正軌。
2. **在吵雜世界找到片刻寧靜**。你會學到如何盡可能降低外在影響，保護你的心智頻寬。
3. **讓大腦和身體同步**。這個重新設定技巧會教你簡單有效的方法，協助你在壓力飆升期間，讓大腦和身體好好幫助你。
4. **喘口氣，維持心理空間**。你會學到實用可行的技巧，在日常生活的侷限中鞏固你剛學到的智慧。
5. **展現自己最好的一面**。在這個技巧中，你會學到與大腦

及身體溝通的全新強大語言，重新定義你和壓力之間的關係。

在這五大技巧中，透過十五個明確且經研究證實的方法，你會找到定義清楚且可行的方式去順著你的生理調整，而不是與它對立，幫助你逐步重新連結大腦和身體，提升韌性，減少不健康壓力造成的負面影響。我怎麼能確定這些方法有效呢？因為我有幸能見證數千個病人的轉變，我在書中會分享他們的成功故事，希望你也能成為其中之一。

說不定你跟我一樣，很重視隱私。我希望你知道你可以默默地在家裡使用本書中提到的每一個技巧，不用讓身邊任何人知道你正在練習管理壓力或倦怠的技巧。你不用做什麼特別的事，像是特別排出時間、加入健身房或買器材。這些技巧是免費的，也很簡單，你在工作或私人生活中練習這些壓力管理技巧時，都不會因此引來不想要的注意。你在這本書中讀到的所有內容只有一個目的：幫助你好好管理壓力和倦怠，培養正確的韌性，建立良好的健康態度。

從對抗工作與育兒的倦怠、處理失去重要他人的悲痛，到面對新疾病的震驚，過去二十年來，我幫助許多人度過生命中最挑戰的時光，教他們學會如何由內而外復原並重建自我。無庸置疑的是，我們在過去幾年經歷了不確定且快速變化的時代，對我們的身心健康都造成了傷害。這些變化對我們自己、我們所愛的人、職場、學校、幾乎日常生活的所有面向都造成了嚴重影響，更別說對整體經濟及世界現狀的傷

害。但就算你覺得自己的生活正岌岌可危，我還是堅信你擁有所有能幫助你重新站起來的工具，能面對挑戰並變得比以往更強大。就是現在，我要幫助你並提供你在過程中每一步都能遵循的簡單指引。

我會陪著你走過每一個重新設定壓力的技巧，所以當你抵達終點時，你會更清楚了解壓力如何影響你的大腦和身體；更重要的是，更清楚了解你能做些什麼，好讓自己覺得更好、更平靜、更有力量，再次掌控自己的人生。每一個技巧都是一個簡單、實際可行的工具，能幫助你戰勝自己的生理，重新設定壓力並強化韌性。我在自己經歷壓力時，實際應用了所有的技巧。我知道這些技巧為我帶來的好處，以及這幾個技巧在這些年來如何幫助了我的病人。我作為一個醫生、研究人員、病人（在第一章會提到）的經歷告訴我，所有人類故事的核心主題就是韌性。我從病人的故事已經看到相同的主題上演了不下數百次，我知道你也有一個關於韌性的故事。

透過近二十年的訓練、臨床工作和研究，我有幸近距離觀察人類內在的運作。我見證過許許多多以壓力和痛苦開始，最終卻以毅力和成功結尾的故事。如果你拿起了這本書，你就已經開始邁出減壓並增加韌性最重要的第一步。你可能度過了很多壓力很大、過勞倦怠、完全耗盡的生活。你可能會想是否有可能度過壓力的黑暗隧道，回到能掌握生活、心態更好的日子。你可能不相信，但我保證，如果你遵循書中的五大技巧，你也將能分享自己的韌性故事。就像我

的超級英雄朋友麗茲,你也擁有韌性的超能力,只是這個能力正等著被發掘,我將幫助你找到這個能力。

第 1 章

你的壓力究竟在傳達
什麼訊息？

有毒韌性的迷思

雖然我站著不動,卻一直在滴汗。我很暈。覺得胸腔裡有種全新、不一樣又很可怕的東西。一群野馬在逃竄。空氣全都被抽走。我感到難以呼吸。

2007年當時,我人在被認為是「全美最危險城市」的心臟內科加護病房。但我不是病患;我是醫師。當時,我平靜且有條不紊地巡房,這是我兩年來每天都會做的事情。

我是負責的醫師並完全掌控情況,但身體裡卻有種東西失控了。我當時停在一間病房的門口,很努力試著要停止身體裡面正在發生的狀態,並認真地思考自己是不是才應該變成這間醫院裡的病患。

和我一起工作的護理師立刻察覺狀況有異。她要我坐下,並拿了柳橙汁給我喝。幾秒鐘後,那個感覺消失了,然後我們倆都一笑置之。「可能只是通宵工作又吃得不夠,導致血糖變低,」她說。

我前一晚值班,當晚有很多人住院。我沒有時間好好吃上一餐或喝水,甚至也沒有時間上廁所,這對正在受訓的醫生來說是很常見的情況。儘管如此,還是感覺不太對勁,穿著醫師袍的我因此顫抖。我剛剛發生了什麼事情?

在這之前幾年,我在受訓期間每週工作80小時,每三天就要值一次大夜班。這是一個大家夢寐以求的訓練,能體驗真實的情況,對於像我那樣年輕的醫師來說,是很理想的學習環境。但對於受訓中的醫師來說,現實無法預測又嚴酷,實際情況可能很緊繃,有時甚至很嚇人。有一晚,我看見一個孕婦被輪床推進急診外科,腹部有中彈的傷口。我們看到

一些可怕的場景,卻沒有時間暫停一下喘口氣,或消化我們看到的事情。我們就只是一直繼續做下去。永遠會有另一個狀況很嚴重的病患需要我們處理。

如果我在醫院裡有額外的幾分鐘,我會從醫院餐廳抓個冷火雞三明治和有咖啡因的超大杯飲料,一邊站著吃,一邊在查房表格上記錄。除了透過醫院的窗戶之外,我很少看到陽光。我沒有在運動,除非從一間病房跑到另一間病房算是運動的話。我的睡眠最多就是呈現不規律的狀態。如果輪大夜班當晚沒什麼事情的話,我會在醫師值班室老舊的上下舖上休息幾小時。很忙的時候就不休息了。

這是當時受訓醫師的生活。沒有多餘的時間去消化任何事情,好壞皆如此。我們沒有正確的詞彙去形容在醫師受訓經驗中感受到的情緒面向。二十年前,對於在臨床的我或任何其他人,我們的字典裡都不存在「自我照護」、「壓力」、「倦怠」這些詞彙。

我從未質疑任何事情,因為我希望大家認為我有能力處理這一切,我一直以來也是這樣被教導的。

在我覺得胸口有野馬亂竄的許多年前,醫學院的一位老師告訴我:「阿迪提,壓力能打造出鑽石。訓練結束時,你們全部都會變成閃閃發光的鑽石。」

我相信他了。這成為我根深柢固的信念。我熱愛工作中令人興奮的緊繃感,在不自覺的狀態下相信韌性迷思(請見「韌性迷思」),實習受訓的每一階段中都堅持下去,因為,嘿⋯⋯我即將變成鑽石。但身體告訴我的卻並非如此。

第 1 章　你的壓力究竟在傳達什麼訊息?　25

延遲的壓力反應

那天在心臟內科加護病房，是我第一次也是最後一次在醒著的時候感受到那群竄逃的野馬。等到我回家，晚上放鬆下來要入睡時，心悸的感覺再度出現。我被突如其來可怕的感覺驚醒。半個多小時過後，因為筋疲力盡又亟需休息，我又睡著了。我當然覺得很害怕。但我沒有告訴別人。我以為這只是過渡期。我聽過醫學生症候群，指的是你會感覺到病患症狀的現象。由於我是心臟內科加護病房的醫師，負責照顧病患的心臟，說不定我只是因此更加注意到自己的狀況？

我現在已經知道，但當時自己並不了解，那時只有在睡覺出現的心悸是典型的延遲壓力反應。當我們有壓力時，大腦有一個神奇的能力會出現，能把無助於立即自我保護的面向區隔開來。但當緊急的壓力當下過去，事情漸趨平緩後，像是在睡覺時，我們真正的情緒就會浮現。過去二十年來，我在自己的病患及數以千計的其他人身上都看到並發現過。可是當這個情況第一次發生在我身上時，我並不懂。我的心悸持續了幾週，幾乎每晚在我躺下準備入睡時都會出現。我以為在心臟內科加護病房的輪班結束後，情況就會改善。但並沒有。情況每晚持續，令人備感挫折。

最後我終於瀕臨極限，徹底受夠並決定去看醫生。我想要找到立即的解方，回到夜間野馬竄逃之前的生活。我很困惑，雖然我知道人體的生理構造，卻還是不知道自己到底發生了什麼事。我決定要直接找到問題，並做了徹底檢查。

我做了抽血檢查，看電解質及感染、查甲狀腺賀爾蒙數值多寡、貧血標記；好幾個血壓和心率檢查；心電圖；甚至還做了心臟超音波。我的檢查結果出來了。

醫生很開心地微笑：「全部看起來都很好。全部都在正常範圍內。」

她很開心。我很困惑。

「說不定是壓力？」她一邊帶我走到門邊，一邊安慰我：「可以的時候試著放鬆。我知道在受訓時很難。我也曾經歷過。」

我完全沒有因此感到安心。

如此真實感受到的症狀竟然會是壓力造成，感覺完全不可能。說真的，像是壓力如此良善的東西怎麼可能會對我的身體造成如此強大的影響？完全說不通。我在受訓過程中已經歷這麼多壓力，現在為什麼會突然受到壓力影響？壓力不會發生在像我這樣有韌性的人身上！我以為自己對壓力的負面影響免疫。我以無人能比的職業道德為人所知，我也深感自豪。我不可能會被壓力逼到牆角。我帶著不可置信的態度離開診療室，對於眼下的困境也沒有實際的解方。

然而，在沒有其他選擇的狀況下，我遵照醫師的建議，找機會多放鬆。每當我難得放假時，我會去看電影、和家人朋友一起度過、去購物，甚至還試過水療。做了這些都沒有帶來任何改變。每天晚上睡覺時，野馬竄逃的狀況都會再度發生。

多放鬆沒有用。我不需要找事物讓自己分心；我需要解

答。某天結束在醫院特別疲累的 30 小時值班後，我經過住家附近的一間瑜伽工作室。我一時興起，走了進去，上了人生第一堂瑜伽課。我當時還穿著醫院的醫師袍。我伸展、扭轉，做著那些對我來說很奇怪的姿勢。我學習到一些新的呼吸技巧。

那天晚上是我好幾週以來睡得最安穩的一晚。奔逃的野馬還是出現了，但沒有那麼劇烈，也很快就結束。這是瑜伽課的幫助，還是巧合罷了？我想知道。我決定測試我的假設，開始每週上兩次瑜珈課。我的老師也給了一些呼吸練習讓我們帶回家做。這些都是我能融入日常生活的簡單技巧，不需要因此調整我的行程。我也開始走路上下班。我減少一天攝取的咖啡因，可以的時候就盡量早點上床睡覺。如果沒有在值班，我開始會在睡覺時把手機關靜音。

就算沒有科學證據顯示這些做法幫到了我，但我慢慢開始覺得好多了。過去每晚野馬在我胸腔狂奔的狀況，慢慢開始變得像馬戲團小馬在我胸口小跑。

接下來三個月，就算每週工作 80 小時，我還是努力每天走路、早點睡、減少咖啡因攝取、做瑜伽、做呼吸練習。我心悸的狀況慢慢減少，有天晚上完全消失後就再也沒有復發過。這是將近二十年前的事。這些狀況再也沒有發生過。而我一點都不想念。

我透過測試新的技巧，採用身心連結（mind-body connection）的概念來做出生活型態上的選擇，藉此改變身體對壓力的反應，透過這些方式幫助自己脫離壓力的黑暗隧

道——身心連結的概念指的是我們的想法和感覺可以直接用正面及負面的方式影響我們的身體。因為這樣的全新經驗，我想盡力保護自己的心智。

最終，我大腦中屬於科學家的那一面終於出手。我到底因為壓力發生了什麼事情，我如何找到方法脫身？我想要找到這個經驗背後的科學理性面。我深入且廣泛地進行研究，閱讀所有關於壓力的生物學資料。就像愛麗絲夢遊仙境裡的愛麗絲，我在自己傳統醫療訓練的世界外，進入了一個全新、生氣蓬勃的世界。這個星球上幾乎所有人類都會遭遇壓力這個普遍的現象，為什麼在醫師的診間卻不會談到這個問題並提供實質的解決之道？

我知道自己接下來該怎麼做了。在之前因壓力而掙扎的過程中，我非常需要卻找不到能幫助我的醫生，我想要成為一個這樣的醫生。我想要給予像我曾經那樣受到壓力影響的人具體的科學工具，讓他們在忙碌的日常生活中可以用來轉變自己的壓力，就像我當初做的一樣。

於是，我這樣做了。

我成功向哈佛醫學院申請到了臨床研究獎學金，研究壓力生物學及身心連結的議題。我的研究發現很驚人，去看醫生時有60〜80%的狀況都和壓力有關，但只有3%的醫生會建議病患進行壓力管理。[1] 我個人看醫生的經驗也符合這個研究發現。我猜你也是。

你可能會想，如果壓力是造成生理症狀及疾病的一個常見原因，為什麼傳統西方醫療都忽略了這一點？為什麼醫

第 1 章　你的壓力究竟在傳達什麼訊息？　29

生不告訴你,之所以晚上睡不好是因為壓力造成?又或者,當你告訴醫生你每週日和公婆／岳父岳母待在一起時覺得反胃,為什麼醫生沒有提到壓力?每週二早上參加團隊的每週例行會議時之所以會脖子痛,是壓力造成的嗎?

檢查室裡不講的事情

壓力是現今的流行語,在新聞和社群媒體上處處可見,但當要把不受控壓力的負面影響和醫療症狀連結時,卻出現落差。在傳統西方醫療體系中,壓力的議題仍不受重視,儘管幾乎所有的病患都有這樣的問題。

當別人詢問我的專業時,我會說:「我和病患談檢查室裡大家都不講的事情——他們的壓力。我也會講到慢性疾病的情緒面向,並作為高科技與高感性之間的橋樑。」

臨床醫學有很多都使用到最新的高科技療法。這是我們傳統醫療系統能成為世界頂尖的一個原因。在牽涉到急性、生死攸關的狀況時,我非常支持這個系統,因為能拯救數以百萬計的生命。但在強調高科技介入的同時,我們必須同樣重視醫療照護中高感性的面向,這部分長久以來一直被忽略。醫生必須讓病患感受到他們重視人更勝於症狀,讓病患覺得他們活生生的經驗被看到、被聽到、被理解,而這在現存醫療系統中卻很難做得很好。

這不是個別醫師的錯。儘管有更龐大系統性的力量阻礙

醫師們的工作,他們每天還是盡力為病患做到最好。

這從來不是關於個人;而是關於一個崩壞的系統。大部分的醫師都會完全同意。

幸好,更大的醫療系統終於承認了檢查室裡大家不去談論的話題。他們別無選擇,因為近年來的全球局勢讓大家都不得不正視。壓力與倦怠開始以破紀錄的方式出現在病患和醫師身上。醫療體系意識到整個體系正處於壓力的流行疫情中。往好處想,我們終於開始正視現實狀況。過去覺得壓力管理是一件奢侈的事情,現在則認為是維持身心健康的必要之舉。

如果你的醫生沒問過你的壓力狀況,並不是因為他們不知道現在壓力對你來說是一個很大的問題。大部分的醫生其實是沒有時間、工具、資源去直接處理你的壓力,尤其是在短短的門診時間內。他們在診斷你和其他病患時,有一長串更迫切的項目要檢查:糖尿病、心臟疾病、癌症風險等,這三個是比較常見的項目。研究顯示,如果醫生要好好做好他們的工作,一天必須要工作整整 27 小時。[2] 醫生必須要完成難以達成的標準,每一次看診都有滿滿的項目需要檢查。這樣是否不難想像,在診間裡壓力的問題被擱置一旁?忽視壓力對病患造成的影響,這並非個別醫師的問題,他們在難以負荷的體系中已盡力做到最好。這是關於一個破碎醫療體系出現了系統性失靈,將疾病照護優先,而非健康照護。

傳統醫療照護終於開始意識到壓力對病患健康的影響有多大。2022 年,一個全國專門小組指出醫生應該為 65 歲

以下的美國成年人檢查焦慮問題，因為不健康的壓力如此廣泛，而和壓力相關最常見的醫療症狀就是焦慮。[3] 這項歷史性的決定將能在不久的未來轉變傳統的健康照護，但我們還有許多工作要做，才能讓醫療體系更加體認到壓力是很普遍的問題。

除了每位病人看診的時間有限外，醫生的另外一項大挑戰則是壓力沒有一個一體適用的模型。每個人因壓力而生的狀況都不一樣，因此從醫療的角度而言，很難發現並進行治療。一位病患可能會失眠、頭痛、情緒起伏，另一位的壓力則可能以心悸、胃病、疼痛的方式呈現。壓力的症狀清單很模糊又廣泛，因此在醫療領域中我們稱壓力是排除性診斷，意思就是說，在我們可以將生理症狀貼上「和壓力相關」的標籤之前，首先需要排除其他可能造成的原因，像是跟你的心、肺、血液或腦等相關的醫療症狀。

如果你做了徹底的健康檢查，醫生告訴你一切看起來都很好，你的症狀可能和壓力有關，那你就跟六成到八成的人看醫生的經驗一樣：症狀是由壓力所導致。壓力也被發現是導致幾乎所有疾病惡化的因子，從一般的感冒到像是心臟病等比較嚴重的病症都可能。包括焦慮、抑鬱、失眠、長期疼痛、腸胃問題、關節炎、偏頭痛、氣喘、過敏，甚至糖尿病等，幾乎所有醫療狀況都會因壓力而惡化。這並不是說壓力導致了這些病症，就科學來說這樣的說法並不正確，但壓力的確會加重這些疾病。

從以上簡短名單中，你可能已經發現自己的部分症狀，

或說不定你的壓力是以其他方式呈現，沒有出現在上述名單中。研究壓力多年後，我可以證實壓力極度多元：以各種形式出現。壓力可以同時用非常不尋常與相當常見的方式呈現。有時候壓力可能會同時用這兩種不同方式出現。不管你的壓力是以怎樣的方式呈現，我想告訴你的第一件事就是，你不是例外。說不定長期以來，你一直想要忽略壓力的症狀，但現在情況失控了，你準備好要做點什麼。

奧莉薇亞就是如此，她是一位已婚的家庭主婦，有三個青春期的兒子，隨著兒子們愈來愈獨立、開始學開車、和朋友在外面待到很晚，她的頭痛也變得愈來愈嚴重。

奧莉薇亞告訴我：「我以前很少頭痛。現在因為養育青少年而壓力很大，所以每個月就會頭痛三或四次。」

奧莉薇亞的醫生做了徹底的檢查，認為頭痛和壓力有關，奧莉薇亞則覺得這個資訊不是特別有用。「我不是說他說錯了，但這並沒有讓頭痛變得更好，」她告訴我。「我感覺一直不停在適應兒子們成長獨立，這個過程很困難。我覺得自己需要一直提醒他們，避免他們發生不好的事情，然後我還是會一直擔心。他們覺得我過度保護，對於我訂的規定不斷想討價還價。我的老大17歲，最小的13歲。我需要振作起來，度過這段期間，但我要怎麼再過五年這樣頭痛的生活？」

我可以感覺到奧莉薇亞要崩潰了。

就像奧莉薇亞一樣，我們大部分的人從很小的時候就被教導忍受高度不舒適的狀態就是內在力量的展現。我們誤稱

這是韌性。我要告訴你，這不是真正的韌性。那些通常被我們稱為韌性的東西，長久下來讓我們感到身心耗盡。這就是我所說的韌性迷思。

韌性迷思

從嚴謹的科學角度來看，韌性是你在面對生命的挑戰時，內在去適應、恢復、成長的能力。但韌性不會憑空發生。你需要壓力才能展現韌性。

韌性可以被定義為「面對驚嚇後能繼續以與先前幾乎同樣方式持續運作的能力。」[4] 這是一個健康的生物現象。但韌性往往會跟有毒的韌性混淆，後者是扭曲後的定義，包括拚過頭、為了生產力不計代價、心靈勝於物質等不健康的行為。這是一種勁量電池的思維，會讓你陷入麻煩。現代社會的基礎就是建立在有毒的韌性上。小時候在學校，你如果能一直撐下去就會受到獎賞。到了成年，不管是在家裡、職場、育兒、提供照護或在社群中，這已成為常態。

我在診間裡每天都會看到這樣錯誤的期待上演。病患會臉上帶著大大的微笑走進來。他們看起來很開心、放鬆、平靜。但當門關起來，能有點隱私的時候，他們便會不由自主地哭出來。不管他們的年紀、職業或家庭背景如何，一旦當他們可以老實說出自己的壓力時，淚水就潰堤了。這樣的狀況很常見，也確實顯示出大家在各自的壓力中感到孤立，

這樣的情況非常普遍。有毒韌性的另一個面向是，我們對於需要建議或求助感到羞愧，所以我們盡量不問，直到別無選擇。每個人意識到的時間點都不同。

邁爾斯是在太太的堅持下才來找我，因為他的太太很擔心邁爾斯睡不好的問題。他每晚睡差不多 4 小時，之前幾個月他大部分的時間都筋疲力盡，雙眼都是黑眼圈。作為一位管理共 12 名員工的軟體工程部門經理，家裡還有兩個年幼的孩子，邁爾斯開始出現其他的健康問題，像是高血壓。

在我的辦公室裡，他坐在椅子的前緣，等著會診時間結束。

「我知道我太太很擔心，」邁爾斯試著想輕描淡寫。「我會沒事的。我的工作有很多壓力。你知道科技就是這樣。我必須跟上持續不斷的變化。我要負責讓部門跟上腳步。」

「如果你沒睡好就去上班，那就更困難了，」我說。

邁爾斯不置可否。「醫生，我在大學時是頂尖運動員。我當時每天早上都四點就去訓練。我已經習慣逼著自己達到成果。等到工作的事情步上軌道，等到我的孩子再大一點，不那麼依賴，我大概就會睡得更好。」

「與此同時，有一些簡單的技巧能在現在就幫助你變得更好，」我建議。

「我相信這些技巧對你的其他病患都很有用，」邁爾斯說：「但我可以的。我爸爸以前上班從來沒有請過假。我遺傳了他的堅毅。我會在這裡只是因為太太要我來。所以，醫生，很高興見到你。祝你有個美好的一週。」

我祝福邁爾斯,並看著他一路走回候診室。

邁爾斯身上出現了有毒韌性的另一種面向。我們學會告訴自己之後會進行自我照護——等我們沒有那麼忙碌、等孩子長大、等工作上有了些表現、等壓力變小、等放假時、等銀行存款變多、等退休等等。很可惜,在最需要自我照護的時候,我們卻做得最少。

有毒韌性的歷史悠久。在經濟大蕭條最嚴峻之際,政治人物艾爾・史密斯(Al Smith)曾說過:「美國人從來不帶雨傘。他們準備好要走在永恆無盡的陽光下。」要做到陽光永恆無盡的狀態是很大的壓力,對於一個獎勵有毒韌性的文化來說,這也是最合適的標語。這本書要講的不是要學會走在無盡陽光下。這不實際、不可行,甚至也難以維續。

你可能跟邁爾斯不一樣,你已經意識到生活中的壓力及倦怠已讓你難以繼續下去。你希望能用可以衡量的方式,每天都讓自己覺得更好。在接下來的章節中,我要提供你需要的所有工具,創造具體有形的改變,幫助你克服不健康的壓力,並展現你內在真實存在的奇妙韌性。

礦坑裡的金絲雀

先從重新定義你和壓力之間的關係開始,透過一個簡短的練習,幫助你找到影響生活最嚴重的問題。這稱為礦坑裡的金絲雀。

十九世紀時，煤礦工人會帶金絲雀進礦坑，監測空氣裡致命的一氧化碳。當礦坑裡的空氣品質達到危險區間，礦工自己不會知道，但金絲雀會發現。藉由聆聽金絲雀的歌聲，如果金絲雀變得安靜不唱了，礦工就知道空氣變得有毒。如果沒有金絲雀的鳴叫示警，礦工可能會不顧自己的極限，犧牲自己的健康、福祉，甚至是生命。金絲雀總是能在情況還沒爆發到無法挽回、還沒造成永久傷害前警告礦工們。[5]

我們人類有一點做得特別差，就是我們不知道自己的極限，就算知道，往往也會超越這些極限。當我們正朝錯誤的方向處理壓力時，我們每個人內在都有一隻警告我們危險將至的金絲雀，讓我們知道生活方式對我們有害，我們應該要在事情演變得一發不可收拾前，採取行動做出改變。那首引起我注意的金絲雀鳥鳴就是我的心悸。那些經驗讓我開始注意並改變生活方式。我的病患們的金絲雀透過失眠、焦慮、抑鬱、頭痛、過敏、胃食道逆流、反胃、暈眩、疼痛或現有症狀不斷發作的方式警告他們壓力的問題。這類症狀告訴你，要開始注意、放慢腳步、多善待自己並做出改變。

就如同我許多病患一樣，你可能已經撐到極限，無法再忽略那些處處顯示徵兆的金絲雀之歌。你的症狀已經變成了問題。但你已經意識到自己必須注意並想要做出改變，這就是你會來學習本書技巧的契機。你的金絲雀之歌要讓你知道，讓生活步回正軌還不遲。你從接下來的內容將能找到你所需的指引，幫助你走出壓力與倦怠的黑暗洞穴，並給予自己所需的新鮮空氣。

先從五個問題的簡單測試開始，做完將能知道自己的壓力程度，也就是你的個人壓力分數。這些問題跟我在診間為你看病時會問的問題很類似。但因為我們沒法面對面對話，我希望你能有辦法成功找到減少壓力與倦怠的起始點。

請盡可能精準回答所有五個問題。

你的壓力分數

1. 過去一個月，你多常注意到你的金絲雀警示徵兆？
   從來沒有（0）幾乎沒有（1）有時候（2）常常（3）非常頻繁（4）

2. 過去一個月，你多常因為壓力而感到超過負荷或不安？
   從來沒有（0）幾乎沒有（1）有時候（2）常常（3）非常頻繁（4）

3. 過去一個月，你多常因為壓力而感到被耗盡或能量很低？
   從來沒有（0）幾乎沒有（1）有時候（2）常常（3）非常頻繁（4）

4. 過去一個月，你多常因為壓力導致頻頻醒來，睡眠受到干擾？
   從來沒有（0）幾乎沒有（1）有時候（2）常常（3）非常頻繁（4）

5. 過去一個月，你多常覺得壓力干擾了你的日常生活與活動？

   從來沒有（0）幾乎沒有（1）有時候（2）常常（3）非常頻繁（4）

花點時間，想想在過去一個月內，每一個問題是否廣泛適用在你的生活狀況。然後將括號內的數字加總，找到你的個人壓力分數。

你的個人壓力分數可以讓你一窺壓力如何影響了你的日常生活。這個壓力檢測不是要用來診斷或治療壓力，而是作為一個教育工具，幫助你了解自己的壓力如何呈現。[6] 相對於你日常要滿足的各種要求，你的壓力是健康、可控制且可處理的嗎？或你感覺壓力已失衡、不受控，超過了你日常生活所能承受？你的個人壓力分數可以幫助你察覺適應型壓力和適應不良型壓力可能會以什麼樣的方式呈現出來。最低是 0 分，最高則可以到 20 分。你會發現分數愈高，有適應不良型壓力的可能性愈高；分數愈低，適應不良型壓力的可能性愈低。現在你手上有了一份初步的個人壓力分數，你覺得如何？驚訝、震驚、困惑？或是三者都有？

當我的病患來看診時，填答完這些壓力檢測問題後，他們常常因為分數很高而感到沮喪。他們一開始會說：「但我很有韌性！我不應該覺得有壓力。這不會發生在像我這樣的人身上。」聽起來是不是很熟悉？沒錯，我也是這樣。我當初

在飽受壓力所苦時，也跟自己的醫生說過一樣的話。其實，任何人都可能出現不健康的壓力，要克服的第一步就是在探索這個全新世界時，要健康地善待自己。

好消息是：不管你今天的壓力分數如何，你有能力可以透過微小但強大的調整去改變這個情況。我們將一起走向減壓的旅程。每一步都會順著你的身體做出簡單的調整，而不是與它作對，幫助你達到健康壓力的目標。

多年來，我會問我的病患跟這個測驗類似的問題，這些問題很有幫助，能指引病患在邁向減壓道路上評估個人不健康壓力的程度。就像你會固定量血壓一樣，我邀請你每四週就重新做一次這個測驗，確認你的壓力分數是否改善。看到分數因為你做出的改變而開始往下，真的很有激勵作用，對於我那些採用了重新設定壓力五大技巧的病患來說，即是如此。在你採用這些技巧來重新連結大腦，達到減少不健康壓力、增加持久真正韌性的目標時，你會很驚訝地發現，你的大腦和身體很快就有了反應。

你可能會認為無法改變人生中的很多壓力源，至少目前無法。我理解。你不能停止付帳單；不可能要老闆改變個性；不可能讓年邁的父母回春；不可能彈指就讓孩子完成如廁訓練、家裡變得整潔、每天又多出五個小時。《逆轉有毒韌性》目的是要幫助你及時從真實生活中的壓力駛出。到外地度假、水療、休假都很棒，但當你在混亂的日常生活中採用這些技巧，將能克服每天的壓力，你會看到能被具體衡量的進步。

壓力如同沸騰的煮水壺

我喝茶。早上,我會喝一杯很濃的愛爾蘭早餐茶,加上鮮磨的薑、一點紅糖、一點冷的杏仁奶。我一邊喝茶,一邊練習黏黏腳(你在第六章會學到這個技巧)。這個早晨儀式讓我能待在平靜的當下,幫助我計畫一天的行程,為大腦和身體準備好迎接接下來的一天。這是我早晨的重新設定。

有一天,當我正等著水煮開時,我思考著煮水壺和我多年來不健康壓力經驗的相似之處。雖然在醫療受訓期間晚上野馬逃竄的感覺是我唯一遭遇過嚴重緊急的壓力經驗,但多年來我也曾經歷過許多其他造成不健康壓力的經驗。在準備醫師執照考試、搬到新的城市、買下第一個家等,都讓我壓力很大,當時壓力開始在我身體累積,累積到不健康的程度。我會覺得不安,無法放鬆下來,有時睡眠會斷斷續續,導致隔天筋疲力盡。我知道自己對於這些外在事件沒有太多掌控,但因為曾經歷過野馬亂竄的經驗,所以我特別能注意到身體裡任何不健康壓力的徵兆。我現在知道在面對這些情況時,我可以透過使用特定科學原則及技巧,控制內在的體驗,消除我的壓力,並避免壓力累積。

就在我首次遭遇野馬亂竄般心悸的二十年後,準備泡早晨的那杯茶當下,我發現我們的身體在累積不健康壓力時,就像煮水壺一樣。我意識到這些年來各種壓力的經驗教會我一些有效的方式,透過技巧進行減壓。這些技巧避免不健康的壓力沸騰溢出。

當你在人生中遇到不健康的壓力時，想想看爐子上的煮水壺是怎麼運作的。當水被加熱，水壺內的蒸氣會累積。你可以透過把火關小來降低溫度，但事實上在我們的生活中，大部分的壓力（像是工作、育兒或照顧長輩、健康問題、學校等）都是外在因素，無法在當下被改變。我們不是每次都能夠改變外在環境，就算嘗試了也不一定能如規劃中發展。我們往往會失去主導感，並感覺無能為力。於是我們放棄嘗試控制壓力，覺得不管自己感受如何，一定要容忍或學習與之共處。但還有另一個更好的方式！

如果我們停止把重點放在外在無法改變的因素上，轉而將心力放在轉變內在狀態，也就是水壺裡的水，那不管熱度如何都可能有所改變。我們可以透過釋放累積的壓力讓自己感覺更好，像是打開水壺嘴的蓋子，釋放出一些蒸氣。《逆轉有毒韌性》會教你如何釋放這些蒸氣。

壓力矛盾

我在當住院醫師期間，因為壓力龐大而感到難以負荷時，我上了一堂課，這堂課是要幫助醫生在壓力很大時能有所覺察並專注當下（你會在第五章學習到這堂課所教授的技巧）。在「醫療服務提供者的正念覺察」課程一開始的某堂課，我的老師麥可・貝姆醫師（Michael Baime）告訴大家：「你知道自己在人生中所感受到的緊繃感嗎？每個人在自己

的人生中都感受到同樣的緊繃感。在你作為醫師治療病患的過程中，要記得這樣的感覺。」

那一刻給我帶來很深刻的體悟。我常常想起他的話。為什麼像壓力這樣讓人感覺如此孤立的事情，同時間發生在數以百萬計的人身上？

壓力是我們作為人類最常見且一致的經驗。我們在人生中都經歷同樣的緊繃感，但在經歷的過程中卻覺得自己處於完全孤立的狀態。我們在共通的壓力經驗中卻徹底感到孤立。這是人類最大的矛盾之處。

多年後，作為一位工作繁忙的醫師，我會環顧滿滿都是人的醫院候診室，心想：「如果我的病患們能彼此聊聊，就不會覺得那樣孤單，因為他們會發現所有在這裡的其他人都因為同樣的原因，以各自不同的方式在受苦。」

2015 年的數據顯示，如果你和 30 人待在一個房間裡，其中至少有 21 人可能就像你一樣覺得有壓力、感到倦怠。[7] 這不是說你個人的壓力經驗不重要。每一趟旅程都是獨特且真實存在的。但如果我們清楚了解很多人都會受到不健康壓力的影響，我們就能正常看待這個經驗，減少一開始對此感到羞愧且孤立的感受。

在臨床醫學中，具體指出一個艱困的經驗、和其他有同樣經驗的人分享你的故事，這就是團體治療的基礎。身為團體的一員，分享類似的故事能幫助你癒合並深深感到被療癒。在科學上這稱之為「團體效果」（group effect）。很可惜，就我每天和病患相處的經驗，在講到壓力時出現的卻是

「反團體效果」。數以百萬的人都備感壓力，但沒有人想被別人知道他們壓力很大，這就告訴你在我們的文化中韌性迷思相當根深柢固。我在想，如果我們在醫療場域中固定鼓勵壓力和倦怠的團體治療，情況是不是會變得不一樣？免費提供日常壓力和倦怠的團體治療，是將大家凝聚在一起很強大有效的方式，讓那些獨自與壓力奮戰的人團結起來。把這本書想做是你的壓力團體治療。

壓力與倦怠的全球現況

近期，全球人口的壓力狀況快速攀升。2001 年，世界衛生組織估計每四個人有一個人在一生中可能會出現壓力相關的疾病，像是焦慮、抑鬱和失眠。[8] 到了 2019 年，世界衛生組織宣布倦怠已成為「職業現象」，將倦怠列為正式臨床症候群。[9] 這在當時是個大新聞，而世衛組織的做法則進一步證實了許多勞工曾經有過且持續至今的經驗。有些人可能會說壓力是最早的流行病。就近期發生的事情來看，如果往好的方向想，那就是壓力和倦怠終於得到應有的正視。

過去幾年的經驗，對我們個人和集體造成嚴重的壓力及倦怠感，這樣說一點也不誇張。2022 年 2 月進行的一項調查顯示，有將近三分之二的美國人表示他們的人生因新冠肺炎疫情被徹底改變。[10] 另一個 2022 年的調查則發現，心理疾病取代了新冠肺炎，成為美國人最嚴重的健康問題。[11] 將近

七成的人覺得過去幾年是他們專業職涯中壓力最大的一段期間，同樣也有將近七成的人曾出現過至少一種倦怠症狀。[12] 在其他因素搭配下，嚴重心理疾病增加了八倍，包括焦慮、抑鬱、失眠等壓力相關病症增加。[13] 在這樣的背景下，心理健康服務的需求增加，而許多人未能獲得需要的服務。[14]

　最近幾年，我們對於哪些狀況會形成倦怠也有了更廣泛的了解。過去倦怠被認為純粹是職場上的現象，現在則滲透進生活的所有面向，包括育兒及照護。近期一項調查顯示，將近七成的家長表示曾出現倦怠。[15] 作為家長，我完全能證實這件事，而我直覺認為育兒倦怠的實際程度可能還要更廣泛。

　在想像一個感到倦怠的人時，你可能想到的是經典的特徵，像是沒有動力或無法投入、態度冷淡。但現代社會中倦怠的樣貌已經改變。在一項研究，疫情期間遠端在家工作的人中有61%的人表示，就算已經感到倦怠，還是很難從工作狀態中脫離。[16] 這個倦怠的新樣貌讓人更難發覺你和其他人是否出現倦怠感，就像本書一開始，我提到的那位很有韌性的朋友麗茲一樣。

　這些悲觀的數據不是要讓你感到消沉，而是要告訴你壓力和倦怠的情況很普遍。如果你有這樣的感覺，希望有助於你了解你不是一個人。

為什麼是我？為什麼是現在？

莉娜長期患有狼瘡，這是一種常見的自體免疫疾病。在之前的十年間，她受到很棒的醫師團隊照顧，同時擔任全職的法庭記錄員，並以單親媽媽的身分照顧 8 歲的雙胞胎。莉娜在母親的推薦下來找我，她的母親很擔心女兒長期壓力很大的狀況。第一次看診時，我請莉娜描述壓力如何影響她的身體。

莉娜很訝異。「我從來沒想過壓力如何運作，或壓力會怎麼影響我的症狀，」她說。「我只是以為我的壓力和狼瘡同時並存，彼此沒有關係。」

我把椅子轉向她，說道：「問你一個問題。你的雙胞胎會彼此影響嗎？」

「常常，」莉娜說。「感覺他們在同一個身體裡。如果一個人心情不好，另一個很快心情也會變差。如果一個開始笑，另一個也會，然後兩個人就停不下來。他們也知道彼此的弱點是什麼。」

「你的狼瘡和壓力也是一樣，」我解釋。「你的狼瘡會影響你的壓力，你的壓力也會影響你的狼瘡。」

「當我的狼瘡症狀發作時，我的確壓力會變大，」莉娜說。

「或者壓力變大時會讓你的狼瘡變得更嚴重，」我說。「如果你的某個法庭案件遇到問題，你那週的狼瘡症狀會變得怎樣？」

「嗯,每天都會有一兩個挑戰。但如果是一個很漫長又複雜的案件,我撐過一整天的工作後,手指關節會腫脹,週末會變紅。而且我會感到筋疲力盡!」

「感覺你在短期的挑戰時會撐住,但當這變成日復一日的長期壓力時,你的身體就會有反應,」我說。

「這樣的情況發生過好多次,」莉娜承認。她雙眼睜大,這才意識到她的壓力和狼瘡症狀會彼此影響。「在家也是,當雙胞胎兩人都同時出現鏈球菌咽喉炎,不能去上學也不能去托育中心的時候。」

「那你就被困住了,沒有人能幫你?」我問。

「對。我好累,很痛苦,對要請假也感到很焦慮,」她點頭。「我覺得我沒辦法應付,同時感覺自己是很差的員工,也是很差勁的母親。」

「不是只有你會這樣感覺,」我安慰她,「很多人都有這樣的感覺,默默受苦,覺得自己很軟弱。」

莉娜慢慢地搖頭,低頭看著大腿。我看得出來她在和壓力的搏鬥中已變得非常疲累。

像莉娜這樣的人,你說不定也是這樣,正是為什麼我想要發展出專注在壓力管理臨床做法的緣故,尤其因為97%的人去看醫生時,醫生從來都沒有提到壓力管理這件事。[17]在莉娜成年後,大部分的時間都因為壓力過大而在傳統醫療體系接受治療,但她的醫生都不曾向她解釋壓力如何影響她的大腦和身體。

「妳還想說什麼嗎?」我問她。

「嗯,但我覺得這樣說很自私,因為我知道隨時都有很糟的事情發生在其他人身上,和許多其他人相比,我的人生並沒有這麼糟,」莉娜說。她把臉轉向牆壁。她對於接下來要說出的話,顯然感到難以啟齒。

「內魯卡醫生,我想要當一個好人、按時付帳單、照顧好我的孩子,媽媽需要幫助時,能給她支持。我覺得自己很憤怒,你知道嗎?我已經有自體免疫的疾病了。如果那會讓我的壓力變糟,而壓力又會讓我的症狀變得更嚴重,感覺就無望了。我想要知道:為什麼是我?為什麼是現在?我做錯了什麼?」

「莉娜,你沒有做錯什麼。就算我們盡全力應對人生發生的事情,我們的大腦對於壓力的反應還是跟古早一樣,」我解釋。

「你是說,我天生就會對壓力有反應嗎?」她問。

「沒錯,」我說,「而這就回答了『為什麼是我?為什麼是現在?』這個問題。」

當下,我給莉娜上了一個關於大腦如何對壓力反應的速成課,開啟她對此議題的理解。這個關於人類大腦如何對壓力反應的速成課幫助了我的許多病患,像是莉娜,我希望也能幫助你進一步理解大腦內部的運作。

但在我們開始討論前,我希望你現在知道大部分的人都會感受到壓力和倦怠後,能先開始善待自己。就算你對自己的個人壓力分數感到吃驚或失望,請記得我們大部分的人(包括我)都被社會灌輸了要接受人生中的韌性迷思。我們

以為自己應該要硬撐下去，處理所有的事，不去質疑這個迷思。既然你已經注意到自己的金絲雀在鳴唱，聲音又大又清楚，就不能再拖延下去，不好好照顧自己。

壓力和倦怠不再是例外，它們是常態。

好消息是壓力和倦怠都能徹底恢復。但在你能開始從壓力和倦怠復原前，先了解大腦如何對長期壓力做出反應，會很有幫助。你現在已經更了解壓力如何向外展現在日常生活中，再由內而外來看看你的壓力，清楚了解壓力如何對內影響大腦和身體。當你知道壓力和倦怠為什麼且如何劫持你的大腦之後，你就更能運用「重新設定壓力的五大技巧」去重新設定大腦和身體，減少壓力並增加韌性。

第 2 章

你的大腦怎麼看待壓力

健康韌性的兩個改變法則

為了徹底理解「重新設定壓力的五大技巧」，有必要對於大腦和身體在具有挑戰、壓力很大的情況下會發生什麼事情，先有基本的了解。你的醫生可能從來都沒有解釋過壓力的科學，但多知道一點不健康壓力如何攻擊大腦和身體，將能幫助你進一步理解重新設定的重要性，並解開其束縛。

在平常的情況下，當你沒什麼壓力時，大腦是受到前額葉皮質所控制。如果你把手掌放在額頭上，前額葉皮質就是在你手掌正後方的大腦區域。你的前額葉皮質幫助你處理日常決策。規劃孩子的生日派對、整理桌上的文件、思考如何掛上窗簾或在秋季會議上兩份簡報的排序。前額葉皮質可以檢視你的選項，選擇要租廂型車還是轎車，要穿商務休閒風的服裝或牛仔褲出席活動，甚至幫助你在雜貨店決定要買哪罐義大利醬。這些規劃、組織、決策的大腦任務稱為一般執行功能。在真實人生中，前額葉皮質做的很多事都被認為是「轉大人，做大人該做的事」。當你感到平靜且沒什麼壓力時，你對於「轉大人」已經游刃有餘，但在壓力的影響下卻可能走偏。

有壓力時，你的大腦會受到杏仁核控制，這是一個位於大腦深處豆子大小的構造。杏仁核又被稱為是爬蟲類腦或蜥蜴腦，因為雖然人類經過了演化，大腦這部分卻沒有。杏仁核處於洞穴人模式，從古早以來就一直跟著我們，會這樣也是有原因的。杏仁核專注在存活及自保本能，並掌管你的恐懼反應。當你感覺受到威脅時，杏仁核會啟動壓力反應，

稱為「戰或逃反應」（fight or flight）。它會召集其他大腦區域，像下視丘和腦下垂體，去製造賀爾蒙皮質醇，啟動腎上腺去製造腎上腺素，幫助你對抗威脅或逃走。下視丘、腦下垂體、腎上腺這三者組成我們稱之為的 HPA 軸，是你體內通往壓力的主要幹道。

情緒大腦永遠在啟動中

當你在 HPA 公路上受到杏仁核所驅使，主要會導致恐懼和壓力的心理狀態。你的心跳加速、呼吸變快，並進入高度警覺狀態。這個戰或逃反應一直以來都對人類很有幫助，洞穴人在當時才能逃過掠食者致命的攻擊。但現在，你面臨的掠食者是那些從來不會鬆懈攻擊的對象：關係衝突、工作期望、帳單、家庭壓力、各種截止日期等，所以你的杏仁核總是處於啟動狀態的背景。你的杏仁核是你的情緒大腦，而不是邏輯大腦，所以就算你可能就邏輯上理解工作上的截止期限並非攸關生死的情況，杏仁核卻無法辨別其中差異。

如果你在一個截止期限將至的高度焦慮狀態中，覺得一切變得黑暗、即將崩壞，你告訴自己：「如果我沒有完成，老闆一定會殺了我。」那就是你的杏仁核在說話。

現代的人類大腦沒有機會再調整回正常基線水準，因為你生活中累積了太多長期壓力，像是不斷有各種截止期限、財務壓力等等。壓力讓你的杏仁核日復一日持續處於啟動狀

態。

你的大腦和身體經過精密設計,能準確因應急性壓力,但長期壓力則導致杏仁核及壓力反應過度使用。你可以短暫忍受洞穴人模式,因為你的大腦和身體的預設模式能應付存活及自保的情況。但如果這樣的狀況一次就持續了好幾個月或好幾年,會出現倦怠。這個認知上的失靈是關鍵,能幫助你了解為什麼壓力和倦怠感一直處於前所未見的高點。

曾有企業邀請我去和公司內四百五十位員工談談壓力的議題,他們當時派了一位年輕的初階員工大衛來機場接我。我們困在車陣中開始聊天,大衛告訴我他在疫情間的經驗,他在家工作了十五個月,並告訴我雇主要求大家再回到辦公室後他生活的狀態。

「我被困在套房公寓裡,試著在角落的小小桌子工作,」大衛說。「一開始還可以,因為他們說只會維持兩週,說不定三週。沒什麼了不起的,對吧?然後疫情愈來愈嚴重,他們告訴我們不知道什麼時候或辦公室到底會不會再度開放。我覺得被徹底困住,非常孤立。」

「有很多人跟你一樣,」我這樣告訴大衛。「我們都以為這只是我們生命中一小段時光,一小段必須低調、隔離的短暫衝刺期。接著開始必須面對現實時,我們都一副『那現在該怎麼辦?』」

說不定你對這些感受也有同感。新冠疫情期間,大部分的人都以為生活只是短期會變得不方便,我們的大腦準備好處理有限爆發的壓力。我們都蹲低,等著急迫的威脅過去。

但威脅卻持續下去，沒有明確結束的一天。短暫的衝刺期變成了沒有終點線的馬拉松。對我們的大腦來說，這是一頭不同的野獸，大腦不再處於急性威脅模式，而是長期慢性的威脅模式。

我們必須撐在那裡。三年來，新聞頭條在在向我們承諾等到疫情結束，就又是「咆哮的二〇年代」。這是一個不顧一切放縱的年代。我記得當時在讀這些文章時，心想：「這是不實廣告，因為在面對壓力時，人類大腦並不是這樣運作的。」

「很奇怪，」大衛說。「之前我不知道自己會不會生病、工作會怎麼辦、到底能不能飛回家見家人，或能不能付得出房租來，但我現在卻比之前那些時候的感覺都更糟。」

我問大衛：「你在哪方面覺得更糟了？」

「我真的覺得很低落。從來都沒有這樣過。而且就算是回覆公務信件或試著去自助洗衣店再回來，這種簡單的事情都讓我感到難以承受。醫生，你覺得我失控了嗎？」

「如果你失控了，那世界各地數百萬的人也一樣，」我回答。

疫情馬拉松引發了心理健康的問題，因為人類的大腦並不是設計來長期承受大量壓力，而沒有調整的機會。「不要怪自己。不是你的問題，是你的壓力，」我向大衛解釋。「你所經歷的是針對長期壓力產生的正常、健康、可預期的生物反應。」

「知道不是因為自己太弱，真是太好了。但我還是要

問,為什麼是現在?現在所有的事情都回到正常,讓人覺得自己會變好,」大衛說,「但我沒有。我好像沒法振作起來擺脫這樣低落的狀態。」

當急性威脅變成長期威脅

如果大衛的感受跟你正在經歷的體驗很相似,這是因為:你正在體驗的是延遲的壓力反應。在緊急的危機中,你的大腦會起而面對挑戰,因為我們作為人類天生就會試著生存並自我保護。我們總是能找到方法處理立即的需求。你很少會發現有人在處於災難時,整段過程都處於情緒崩潰的狀態。當然還是會有這樣的情況發生,但很少。

大腦的設計就像一座水壩,會發現立即的危機並撐住,讓你能在當下做出必要的反應。等到危急的威脅過去後,你在心理上感到安全,水壩便潰堤,你卸下防備,真正的情緒於是浮現。像洪水一般。

說不定你在急迫的危機中都很好。或許你還因為能不計一切代價撐住,而受到稱讚。但現在,依據日子或時間的不同,你變得更易怒、更容易感到耗盡、更興奮、更沮喪、更無法專注、更焦慮或上述皆是。你覺得跟平常的自己很不一樣。這不是個人的選擇或缺點;這是你的生物特性。人類大腦的構造就是如此設計。在我許多的病患中,我看過同樣這種延遲壓力反應的情況上演幾百次。這是為什麼我在一整天

工作壓力很大後，晚上會出現野馬竄逃般心悸的感覺。

「我不懂，」我的病患拉寇兒向我坦承，同時將頭埋入手中，「為什麼我現在覺得這麼沮喪？」那年稍早她曾來找我處理因新的癌症診斷而出現的壓力。當時她不可思議地很平靜堅強，一滴眼淚也沒有掉。她對於手術、放射治療及化療都已經有規劃。她的癌症團隊最近才宣布她的治療「很成功」，健康狀況良好。她很開心結束癌症治療照護，三個月後要進行例行的追蹤照護。然後過了七天，她來到我的診間。她心煩意亂又焦慮，哭到無法控制，對於自己的情緒也感覺很困惑。

「我才剛得知自己沒有癌症的好消息，」她一邊厭煩地啜泣，一邊告訴我。「我應該去參加派對慶祝，但我卻一團糟。我睡不著。我從來沒有這麼焦慮過。我覺得好傷心好難過。這應該是我人生中最開心的時刻！這完全沒有道理。」

「拉寇兒，其實會這樣的，這也非常正常，」我說，一邊遞給她一盒面紙。「在進行癌症治療時，你的防衛機制被啟動。你的心理正遭受急性威脅攻擊，所以你啟動內心的防衛機制，這麼多個禮拜都用盡全部的力氣撐過放射治療及化療。」

拉寇兒鬆了一口氣般地點點頭，我向她解釋在療程結束、腫瘤醫師告訴她好消息後，她在心理上覺得安全了，這時真正的壓力反應才開始出現。在治療過程中壓抑自己的情緒並不是她自己意識到或刻意做出的選擇；這就是人類大腦回應急性威脅的機制。

第 2 章　你的大腦怎麼看待壓力

「看看你其實真的很堅強，」我告訴她。「你在心理上克服了面對癌症的壓力，還贏了。」

像拉寇兒出現的延遲壓力反應很正常，在經歷像是癌症等壓力非常大的事件後，這樣的反應在癒合的旅程中是預期的一部分。但不需要發生這類因健康狀況受到驚嚇的事件才會啟動延遲反應。人生中任何急性壓力或創傷都會引發延遲反應。

我之前在瑞士日內瓦和一個世界衛生組織合作中心進行難民健康的工作時，研究延遲壓力反應。我們大部分的人都無法想像被迫逃離家園，除了身上能帶的東西，其他所有東西都必須拋下，是什麼樣的感覺。像是近期各類衝突中的難民，他們看似非常有韌性，一路朝著完全未知的未來邁進，或必須住在難民營的帳篷裡。當他們終於抵達一個安全的所在，不管是新的國家或回到自己的家園，一直到這時許多人真正的心理健康問題才會浮現。[1]

就算不是癌症診斷或難民經驗這樣極端的例子，任何人都會出現延遲壓力反應，尤其是過去幾年來，我們從2020年初一起走過了艱難時刻，大家的集體心理健康都受到了嚴重影響。我們在心理上都準備好要經歷一場短期的疫情衝擊，但實際上卻演變成疫情馬拉松，終點線不斷延長。一旦我們發現在幾週的隔離後，疫情不會像當初所想就此結束時，我們並沒有準備好迎接這樣認知上的轉換，這對我們的思考是一大改變。用醫生的講法就是，我們的急性症狀變成了長期症狀。不幸的是，我們的大腦必須長期承受很大的壓力。

對於延遲壓力反應有所了解後，可以想見大家這幾年集體經歷像壓力鍋一樣高壓的情況，這些都可能是現在普遍出現倦怠感和心理健康問題的原因，這些狀況不久後將可能持續下去。

在這黑暗創傷的事件中，如果能有一道光，那就是我們一起走過了這場經歷。因為我們之中有這麼多人都正在經歷延遲壓力反應，此時正是癒合及迎接各種可能性的最好時機。我們現在有個大好機會能正視並將這場共有的經驗正常化，最重要的是重新設定我們的壓力，調整到健康的程度，並克服倦怠感。你現在有一個絕佳的機會能透過重新設定壓力的五大技巧，讓壓力、韌性、心理健康都發生好的改變。

壓力是一個整體身心的現象。我們會接收到負面情緒，那熟悉的感覺達到沸騰點，並感受到傷心沮喪。不管你對於壓力的感官體驗如何，壓力都是從同一個地方開始──大腦。確切來講，耶魯大學的科學家指出，壓力是從大腦邊緣系統一個叫做海馬迴的地方開始。[2] 邊緣系統是你的情緒中樞，海馬迴負責學習及記憶。如果壓力來自學習及記憶的同一個地方，壓力便可視為是一種習得的反應。就像任何習得的反應一樣，我們能忘記壓力，並以更好的方式重新訓練壓力反應。這就是為什麼我們可以重新連結大腦，減少壓力的前提。

重新訓練大腦肌肉

要重新連結大腦讓壓力減少,這背後的第二個科學原則是大腦科學最了不起的發現之一:神經可塑性。在你被這個醫學詞彙搞得雙眼呆滯之前,跟你說這其實只是一個比較花稍的詞,用來形容大腦改變的能力。

你的大腦其實是會根據人生不斷變化而成長、改變的肌肉。這適用於大腦不同區塊、大腦不同區域之間的連結,甚至適用於個別大腦細胞。如果你的二頭肌會因為做二頭肌彎舉而變得更強壯,那麼你也可以訓練你的大腦肌肉。就像舉重一樣,但在這個例子中訓練的則是神經元。你的神經元或神經細胞彼此連結,藉此在大腦不同區塊間、全身神經系統間傳遞最新資訊。它們善於找到兩點間最快速的路徑,但需要幾趟來回才能建立真正穩固的新連結。大腦永遠在建立新的路徑,好消息是你通常可以透過重複的行為去強化有益的連結。你愈常進行一個新的習慣,大腦的路徑就會變得更強。神經可塑性指的是大腦能根據經驗去改變,而這就是本書的基礎。

在發現神經可塑性之前,科學界本來以為你出生時的那顆大腦一輩子都不會改變。真的是靠運氣盲抽。但透過像功能性磁振造影(functional magnetic resonance imaging,fMRI)和腦電圖(electroencephalography,EEG)等新的腦影像技術,我們知道大腦的構造、細胞、連結會因為你的行為而生長或萎縮。[3] 神經可塑性給予你重新連結大腦的能力。

隨著你逐漸開始訓練大腦減壓並增加韌性，也一定要記得我所謂的「韌性的兩個改變法則」。就像你的二頭肌一樣，大腦是肌肉。你不可能沒有逐步練習，也沒有慢慢增加重量，就一次仰臥推舉 45 公斤。你的大腦需要逐步鍛鍊才能被重新塑造。你也需要給自己一點練習，才能鍛鍊你的神經元。

你會很想一次到位，但當你採用韌性的兩個改變法則，逐步緩慢改變你的大腦（一次只做兩個改變），就更容易將這些改變融入你的日常生活中，感覺不會那麼困難。這些改變也比較可能長期持續下去，成為你的一部分，而不只是偶一為之的行為。

韌性的兩個改變法則

我的病患亞當三月初來找我時，不顧一切要解決他的壓力問題。在旁人看來，他一切看起來都在控制之中。他的事業逐年成長，家庭生活繁忙，和太太一起養育兩個青春期的女兒。亞當自認是個成功的人，對任何事物都堅持「追求卓越」。而他最近的目標則是要徹底解決自己的壓力。

「是這樣的。去年我覺得很倦怠，」亞當表示。「我知道我必須做出改變，所以我的新年計畫就是要徹底解決我的壓力。」

亞當給我看一個三孔活頁夾，裝滿一百頁他嘗試過處理

壓力的方法。「我自己嘗試減壓，」他說。

亞當決心要做出激進的改變，從一月一日起開始徹底重整他的生活型態。從睡眠、食物、運動、能量程度，他都做了檢查表。能夠追蹤的項目，他就會記錄下來。他自己這樣做了大概兩個月，一開始投入的那股衝勁卻逐漸消退。他的決心變成了另一種壓力來源。

他闔上資料夾，感覺很挫敗。「我會在這裡是因為我沒法繼續這樣下去了，」他這樣告訴我。「我所有方法全都一起做。我不知道哪些有用，哪些沒有用。這讓人很沮喪。」

「這是我們的身體在生活型態劇烈改變時會有的反應，」我說。「我們被誤導了，誤以為人可以也應該很快地做出很多劇烈改變。但結果呢，我們的身體會反抗這樣太多又太快的改變。」

「說不定這就是為什麼大部分新年新希望都沒有辦法持續下去，」亞當說。

「沒錯，」我同意。「我們設定這些全有或全無的計畫，最後沒法繼續做下去時，感覺反而更糟。」

「我發現一月二日時，我去的健身房早上七點半就全滿了，」亞當說。「昨天只有大概八個人在使用器材。我本來每天都會去。我真的很氣自己，現在一週只會去兩次。」

我向他保證，他的熱情消退、覺得難以負荷的感受都很正常，也是預期中的。他沒有問題；事實上，一切都對了。在生活型態出現如此巨大改變時，他的身體反應很正常。「這就是韌性的兩個改變法則，」我解釋。「這就是為什麼如果

希望改變能持續下去,我們不能一次做太多改變,不管我們多有衝勁或已經做好了準備!」

在講到大腦對於改變的反應時,就算是正面的改變,大腦也會視為壓力。你可能像亞當一樣想要讓自己變得更好,出發點是好的,但如果你希望改變能持久,那一次只能做出兩個改變。一次超過兩個,那你的系統就很容易過載。亞當無法維持計畫並不是他的錯。並非不自律或沒有動力。這是身體天生的狀況。

1960 年代,兩位研究員發現大腦將正向的生活改變都視為是壓力。湯瑪斯・荷姆斯(Thomas Holmes)及理查・拉赫(Richard Rahe)兩位精神科醫師想要了解生活中的改變會如何影響壓力和健康。他們研究了五千名病患,選了其中四十三個最常見的生命事件去查明該事件是否會引發壓力。[4] 其中包含了各式各樣的事件,從畢業到找到新工作、買房子、達成一項了不起的個人目標、結婚、生小孩、離婚、退休、喪親等。不管是具有挑戰性或開心的事件,每個生命事件都有一個特定的分數。一個人經歷愈多生命事件,他們的壓力分數就愈高,可能引發疾病的可能性也愈高。

這項里程碑的研究鞏固了我們對生命中的壓力和大腦的理解。研究告訴我們,就算是「正向的生命改變仍需要努力去適應並重新找到平衡」,因此也會有負面的壓力影響。[5] 我對病患的治療也是基於這樣的理解。就算是好的改變也可能被大腦及身體視為是壓力。

我在醫療訓練的初期就被教導,如果我想要病患在生活

中做出正面的改變,像是培養更好的睡眠習慣、改善飲食、戒菸等,並希望改變能維持下去,一次只能建議病患做兩個改變。否則這些改變很有可能無法維持下去。這個做法的基礎來自荷姆斯及拉赫近六十年前的早期研究,從那時候開始,醫生們便應用這些發現結果去幫助病患做出持久正向的生活型態改變。透過我在壓力方面的研究,我發現讓病患了解這個概念很重要,了解之後他們才能將這個概念應用在生活中。我開始稱為韌性的兩個改變法則。

亞當嘗試了所有想得到的方式要擺脫壓力,但我建議他試試韌性的兩個改變法則。我們專注在他生活中需要改善的兩個關鍵面向:睡眠和運動。我給了他這兩點的重新設定技巧(你在第四章和第五章會學到),他兩個都能好好照做,因為他的心智頻寬沒有被任何其他改變佔據。

所以亞當和我用兩個簡單的技巧開始。幾個月後,他回來找我接受追蹤治療時,我們又加了兩個改變。

因為這些改變是逐步增加,就算這些壓力是好的,但一次只增加兩個,讓他的大腦有時間可以適應壓力。而這就改變了一切。

快速掃描你的生活型態

當我在診間見到亞當時,我問了他一系列的問題以便搜集所需的資訊,為他量身打造壓力管理的處方。在漫長的對

話中,亞當回答了生活型態問題,並和我一起設計出他的照護方案。我的臨床決策包括和病患對話,以及病患的醫療狀況、症狀、偏好等其他相關數據,我根據他們各自的需求打造一個專屬特定病患的壓力管理處方。

雖然我無法跟你面對面談,但你可以把這本書當作我們之間的對話。我想要模擬出病患和我在門診時的情境。

要做到這點之前,請花幾分鐘做一份生活型態自我檢測。用我在診間見到你會問的同樣問題,來問問你自己——關於你的睡眠、媒體使用、社群歸屬感、運動和飲食狀況。當你看到自己寫下的回答,就能更清楚知道你在此刻處於怎麼樣的狀態——你在生活中哪些面向做得很好,哪些需要稍微調整。一旦得到了生活型態自我檢測結果,就能繼續學習重新設定壓力的五大技巧及相應的策略,將這些結果融入生活中。

生活型態自我檢測

睡眠
睡覺時間
- 你幾點上床睡覺?
- 幾點睡著?
- 睡覺前的兩個小時都從事哪些活動?
- 是否難以入睡?

- 是否難以維持熟睡狀態？

清醒
- 幾點醒來？
- 幾點會離開床上？
- 醒來後覺得有好好休息到嗎？

睡眠品質
- 睡眠是否斷斷續續？
- 是的話，大約一週有幾個晚上會出現這樣的情況？

媒體使用狀況
- 一天總共花幾個小時在看螢幕（包括你的手機、電腦、電視和其他有螢幕的電子設備）？
- 你多常使用手機查看電子郵件、社群媒體或訊息（例如，每半個小時、每小時或好幾個小時一次）？
- 每天早上還沒離開床舖前，你做的第一件事是否是拿起手機查看電子郵件、社群媒體或訊息？
- 你晚上是否會起來拿手機查看電子郵件、社群媒體或訊息？

社群歸屬感
家中環境
- 你獨居或與其他人一起住？

- 如果你和其他人一起住,你會怎麼形容你和他們之間的關係?

社群網絡
- 你覺得自己有可以依靠的家人或朋友嗎?
- 你是否有社群歸屬感?
- 如果你在早上四點發生緊急事件,你是否至少可以聯絡兩個人幫忙?

活動量
- 你一週平均運動幾次?
- 你做哪類運動?
- 每次運動時間多久?

日常飲食
- 你是否盡量少吃加工食品?
- 你是否固定或每天都會想吃加工食品或甜食(像是餅乾、洋芋片和蛋糕)?
- 你是否會情緒性進食?也就是當你覺得無聊、有壓力或很累時就會吃東西?
- 你的飲食中是否包括蔬菜、水果、精益蛋白質和全穀類食品?
- 你是否在進行特殊飲食?

這是很重要的一步，你正在揭開壓力的神秘面紗，透過做生活型態自我檢測，更清楚了解自己的固定作息和習慣。由於這些習慣會慢慢累積或減少不健康的壓力，因此這份自我檢測對於你要了解大部分的時間安排，會很有幫助。在談到健康和不健康壓力的差異時，如同作家及 podcaster 格雷琴·魯賓（Gretchen Rubin）所說：「你每天做的事比你偶爾做一次的事情更重要。」[6]

不健康的壓力是由許多因素累積而成，不僅僅是一件事，但當你聽到內在警示的金絲雀在鳴唱、感受到其影響時，你的習慣可能會變得一團亂。當你壓力很大、大腦受到杏仁核主導而處於生存模式時，很難發現你日常的習慣到底是在幫你還是傷害你。結果會導致你陷入混亂的強烈情緒中，每天試著要撐過去。

做生活型態自我檢測並仔細了解，這樣做能開始將大腦從生存模式轉換成蓬勃發展的模式，而後者是由前額葉皮質所主導。

這份生活型態自我檢視綜觀了你目前的狀態，而重新設定壓力五大技巧中的十五個方法則能幫助你達成目標。你可以使用這些方法重新連結大腦和身體，減少壓力並增加韌性。

雖然你可能會很想要將所有技巧都立刻一次應用在生活中，像亞當一樣，但請順著身體自然的運作，試試看韌性的兩個改變法則。先一次採用兩個方法，覺得不錯後再多加入兩個方法。否則你通往減壓目標的道路會壓力過大。對大

腦和身體來說，改變是一件很微妙的事情，所以慢慢來，在過程中適度保持耐性。像是你在閱讀本書的過程中，應該要覺得平靜且療癒——一直以來這都被稱之為是「閱讀治療」（bibliotherapy）——而不是增加你的壓力！

　　過程中需要有耐心，因為要花上超過八週的時間才能建立起新的習慣（你在第五章會學到更多關於習慣的科學知識）。視覺化的紀錄會有幫助，所以在開始的時候，可以準備一份清單確認自己的進展。你可以用高科技或傳統的方式記錄。我的一些病患用紙筆記錄，有些人用月曆，還有些人用 app 記錄。不管你是用哪種方式記錄，每天做能幫助大腦強化習慣的建立。在一開始的衝勁消退後，你可能會需要一些幫助讓你繼續下去。像是每天檢查打勾這類視覺化的方式，鼓勵自己朝著正確的方向繼續邁進。

　　「重新設定壓力的五大技巧」的魔力在於這些技巧是實際可行的策略，有扎實的科學研究支持：順應你的身體，而非與其作對，將能發揮你的最大潛能，做出健康且持久的改變，改善壓力、倦怠和心理健康。你很快就能感覺到成功的滿足感。

第 3 章

重新設定技巧一
釐清什麼最重要

改變大腦路徑,聚焦減壓目標

如果我們手機裡的 Google 地圖或位智應用程式（Waze）能為我們即時導航，朝向改變不健康壓力的方向前進，該有多好？這樣一來，我們便能放鬆下來，知道自己一次聽一或兩個建議就能到達一個更好的地方。

　　這些手機上的導航應用程式之所以有用，是因為我們知道自己的起點在哪裡，又想到達哪裡。一旦我們把目的地告訴應用程式，就能一步一步得到最容易到達的指示。關於你的壓力和倦怠，雖然我沒有語音解決方案，但技巧一就是要讓你弄清楚自己的目的地——什麼最重要、你的個人優先順序——幫助你建立正確的心態，輕輕鬆鬆抵達目的地。

　　說不定你會想：「我不知道要從哪開始。」這很常見。壓力和倦怠把你的導航工具搞得一團亂，讓你漫無目的地遊蕩。所以第一步就是要改變你的大腦迴路，從生存模式轉換成更健康的心態，讓你變得有心理安全感且更有自信。我們將會提到三個方法——找到你最重要的目標、擬定回推計畫、找到被埋藏起來的寶藏——這些方法能幫助你釐清減壓的目標。現在，透過重新設定技巧一來幫助你聚焦，釐清什麼對你最重要。

進入成長型思維模式

　　我希望你了解，壓力是身體的一部分，韌性也是。沒有例外。就算你覺得自己現在一點韌性也沒有，你的內在還是

有韌性存在。韌性現在可能處於休眠狀態,深深埋藏在你內在某處,但透過本書提供的技巧,你在接下來幾個月將會找到自己的韌性。我在診間無數的病患身上都見證到了,我也相信你能做到。跟著我繼續下去吧!

壓力和韌性之間的關係,最能激勵人心的一點是,如果你的大腦能學習如何減壓,就能學會如何培養更多的韌性。雖然韌性是你內在的特質,但唯有時間、耐性與練習能強化這項特質。你一開始可能會有點焦慮、笨拙,就像剛開始學游泳一樣;但你可能不知道,你其實需要有適量的壓力才能讓內在的韌性浮現。

健康且適量的壓力就像是游泳教練,會督促你游到泳池邊緣,而韌性則幫助你將頭抬高到水面之上,就算一開始你的手臂都只是在胡亂揮動。有了時間及耐性,就算適量的壓力對你形成挑戰,你還是能強勁又有自信地划水。

既然我們的大腦有改變、適應並成長的生物能力,給我們更好的服務,這代表你作為一個人也有同樣的能力。改變能幫助你變得更有智慧、更強大、適應力更好,而擁抱這樣的想法則是成長型思維的精髓。你可能在企業或商業的領域聽過成長型思維,但這樣的思維也非常適用在心理健康上。成長型思維指的是大腦如何靠著你的內在韌性將不健康的壓力轉換成健康的壓力。

走過恐懼圈、學習圈、成長圈

珍妮特來找我的時候,她堅信自己的大腦無法改變。「我覺得我的大腦已經永久損毀了,」她說,一邊沮喪地用拐杖敲著地板。

58 歲的珍妮特從事物業管理,最近才剛中風,行走的能力因此受到影響。短暫住院後,她每週持續去做物理治療,但整場磨難對她造成了不少壓力,這也不難理解。

「我已經試著用各種方式減少壓力,但都沒幫助,」她告訴我。

我問珍妮特為什麼每週都要去做物理治療。「因為他們要教我重新學會走路,」她說。「兩個月前,我連一條走廊都走不過去。現在我可以在附近街區走走。我可能很快就不需要拐杖了。」

「兩個月就有這樣的進步很厲害!」我說。「如果你可以重新學會走路,那你的大腦就沒有壞掉。」

珍妮特開始微笑:「嗯,我的伴侶聽了會很高興。今年春天我們想跟幾個朋友去搭郵輪。」

「珍妮特,我覺得這是很棒的目標。你的大腦有能力做到很棒的事情。我們要開始一起為你的大腦進行物理治療!」

我們都笑了,但這是實話。對珍妮特充滿壓力的大腦來說,我們即將展開的練習,就像物理治療一樣。就像她雙腿肌肉在學習如何平衡並重新行走,她的大腦則是要學習擁有

健康壓力的肌肉。

我從珍妮特的眼神中看得出來她覺得更有希望了，並開始相信自己的大腦有能力改變。我們立刻著手進行。

珍妮特已經處於成長圈。她只是還不知道而已。

你可能聽過舒適圈這一詞。但當急性壓力或突發狀況將我們踢出舒適圈時，我們還經歷了其他三個區域：恐懼圈、學習圈和成長圈。[1]

突如其來的中風讓珍妮特掉入恐懼圈。一開始，她陷入焦慮。最初，她連走路都做不到，自然會難以承受。她沒法想像自己是否還能做日常例行的活動。想到自己會永久身障，導致她的杏仁核陷入持續的生存模式。在恐懼圈中，珍妮特重新調整自己邁向更好未來的能力受到侷限。

接下來兩個月的時間，在醫療團隊及物理治療師的協助下，珍妮特開始自己站了起來，並用助行器走了幾步。她慢慢變得愈來愈有自信，很快地，她開始能用拐杖走完一條走廊，後來還能在附近街區走走。她沒有那麼害怕了，也覺得擁有更多掌控感。珍妮特開始邁向她的學習圈。

珍妮特已經開始了復原之路，但在學習區裡，她的杏仁核安頓下來，大腦慢慢接受她不用處於戰逃模式。她的大腦開始啟動神經可塑性。她正在學習如何處理意外造成的侷限。在學習圈裡，珍妮特能夠將焦點與注意力從生存模式轉移，每天改善自身狀況。

珍妮特第一次來見我時，正開始踏入成長圈。她在生理上有了非常明顯的進步，並希望在個人壓力上也有同樣的進

展。她已經準備好在生活中採用重新設定壓力的五大技巧。在成長圈,珍妮特開始從自身困境中找到意義。她回想近期的遭遇,以及自己如何克服這些困難。由於她最近才克服了一項挑戰,自我效能因此提升,所以她已經準備好迎接全新的挑戰,學習如何重新設定壓力。她對自己重新設定壓力的技巧和能力都變得更有信心。

在遭遇挫敗時,我們都會經歷這三個圈,這是一趟逐步發展的過程。首先,是導致急性壓力的意外改變(恐懼圈)。我們的大腦接著擺脫生存模式,我們慢慢學習適應這個改變的方式(學習圈)。最後,我們從這個經驗中得到全新的觀點(成長圈)。無論如何,我們都會從自身經歷學習到新事物。急性壓力並不一定是急性生理上的壓力,像是珍妮特中風的狀況。可能是各式各樣意料之外的改變:失業、被迫搬家、分手、喪親、天災、財務上出現劇烈變化、發現一直以來堅信的事不是真的。每個人得到急性壓力的原因都很不一樣。

就像珍妮特一樣,你可能已經在使用成長圈的思維而不自知。在新冠疫情爆發後,你和其他人很可能都共同擁有因為被迫陷入意外的改變而造成急性壓力的經驗。2020年3月,你可能和其他人一樣,在恐懼或焦慮中開始隔離。因為是全新未知的疫情,有如急迫的危險,你的大腦自保機制自動進入高速運轉模式。你對安全的原始恐懼升高,尤其在當時並沒有能對抗這個致命病毒的立即解方。還會變得更糟嗎?沒有人知道。2020年絕大多數的時間,我們許多人都處

於恐懼圈的害怕心態。這種心態導致一些人開始囤積衛生紙和乾洗手。

到了 2021 年和 2022 年，你的大腦開始慢慢適應這些改變。你開始學習為恐懼設限，在日常生活中不再被恐懼吞噬。你可能還是會對很多未知事物感到害怕，我知道我自己就是這樣，雖然我的專業是公共衛生領域。但你會發展出控制恐懼的能力。你開始了解到並使用能保護自己的方法。透過這活生生的經歷，你逐漸在不自覺的狀態下脫離恐懼圈，進入新的學習圈。你從恐懼邁向學習的道路可能混亂又充滿挑戰，但你還是做到了。

到了 2023 年和 2024 年，我們進入了後疫情時代的成長圈。你的大腦和身體可能還沒完全消化那場經驗，或那場經驗如何改變了你的生活。就算在疫情的威脅和防疫措施結束後，對許多人來說，後續的影響引發了強大的壓力及倦怠感。我們經歷了壓力一個接著一個的完美風景，沒有喘息機會，再加上近期的其他事件都讓我們感覺到脆弱。

雖然大腦和身體很善於處理壓力，但還是需要復原的時間並重新調整。在沒有時間復原與調整的情況下，一個壓力源會導致另一個壓力源更加惡化，進一步引發更多壓力。因為這樣的循環，你可能會覺得被耗盡，對於下一步感到戒慎恐懼。我在這裡要牽著你的手一起往前走向學習圈，在此你能綜觀一路走來的經歷、過程、並找出如何邁向更美好未來的方法。美好的未來其實比你想得還要近。

行動的科學

當你覺得充滿壓力且倦怠時,很容易就會陷入負面自我對話的陷阱。你可能會覺得被指責、感到羞愧。你可能會問自己:「我到底有什麼問題?」你學到壓力的矛盾之處——也就是雖然我們大家都會有壓力,壓力卻是一個非常孤立的經驗。但如我們所見,當提到壓力這種非常人性的經驗時,你並沒有做錯什麼事,你做的一切都是對的。我最喜歡的其中一位冥想老師喬・卡巴金(Jon Kabat-Zinn)常常說:「只要你還在呼吸,那你做對的就比做錯的還多。」[2]

我每天幫助人將他們負面的自我對話轉換成更能體諒自己且有益的態度。事實上,這也是當我覺得自己失控時會做的練習。

在我剛開始與壓力奮戰時,有一天陷入負面的自我對話,我走進一間二手書店,看到一本破破爛爛、1971年出版的書,是由心理學家米爾德雷德・紐曼(Mildred Newman)和先生貝納德・貝爾克威茲(Bernard Berkowitz)合著的《如何當自己最好的朋友》(How to Be Your Own Best Friend)。這書名讓我笑了,我純粹因為這個原因買了書。我非常喜歡這本書。這本書在我出生之前出版,每次閱讀時感覺就像是祖父母在對我傳授他們睿智的話語,而我也常常讀這本書。小的時候,我住在孟買,由祖父母帶大,而在我人生感到困惑混亂的時期,老一代人的智慧給了我慰藉。但那時我的確常常被親友們開玩笑,因為我到處都帶著那本書,就像是我

的安撫毯一樣。直到今天，我弟弟還是喜歡提醒我要當自己最好的朋友。這本書的確達成它的功用。我不再需要這個提醒了。

當你反覆思考自己的壓力，然後想：「我有什麼問題？」你可能只會得到負面、令人喪氣的答案。比起其他任何人，你可能是對自己最嚴苛的人，你對其他任何人可能也不會如此嚴苛。

要擺脫這樣負面自我對話的習慣，用能停止負面自我對話並讓自己進入成長圈的問題來問自己：不要問「我有什麼問題？」改問：「對我來說什麼最重要？」生活型態醫學中心（Institute of Lifestyle Medicine）創辦人及 VA 波士頓健康醫療體系（VA Boston Healthcare System）整體健康醫療處長愛德華·菲利普斯（Edward Philips）醫師，就鼓勵他的病患問自己這個問題。他強調我們只能做出與自己最重視的事物一致的改變。

當威斯來見我時，他陷入負面的自我對話，無法做出改變。他當時做兩份工作，身為單親父親的他，在父母的協助下照顧三個孩子。他背負著許多義務，覺得自己在人生各方面都毫無進展，大部分的時候都只是在勉強跟上生活的步調。他覺得快要被壓力擊潰，覺得壓力很快就會影響到他的長期健康。

威斯的醫生很擔心他持續上升的體重，因為他有高膽固醇和高血壓的病史。我們在診間聊時，威斯的結論是，為了照顧他的孩子，他必須專心照顧自己的健康。

「現在,對我來說最重要的是減重,」威斯告訴我。「我想要保持健康,但我一直走錯方向,體重一直增加。」

「我一天吃兩次速食,」他承認,「雖然我答應自己要停止這樣的行為。我會怪自己沒有自制力,然後上班時又狂吃薯條和販賣機裡的糖果。」

「我了解了,」我對威斯說,「你覺得自己困在一個模式裡。」

「沒錯,」威斯說。「而且我覺得無法擺脫這個模式。」

威斯白天有一個坐辦公室的工作,晚上則是保全。他的父母會接他的孩子們下課,顧孩子們寫作業並準備晚餐,然後帶他們上床睡覺。威斯每天晚上會在一間連鎖漢堡店的停車場打電話給孩子,這是他兩份工作之間最近的一間餐廳,他會到這間餐廳快速解決晚餐。

威斯盡己所能做到最好。

「我知道每天晚餐吃漢堡和薯條不健康,」他告訴我:「但卻是最容易、最便宜的選擇,而且不會影響我和孩子們說話。」

在我們那天的對話之前,威斯的醫生已經鼓勵他減重,但他們沒有時間去深入了解他的生活模式。威斯並不是因為知識不足或資訊不夠。對於為什麼減重是他維持健康最重要的事情,他有所有需要的知識和資訊。事實上,他每次去看醫生,還有他自己上網搜尋的過程,都已經不斷受到這些資訊轟炸。但他在網路上讀到的許多減重方法感覺都不切實際,沒有辦法直接應用在生活中。他沒有辦法花大把時間上

健身房,沒有辦法每天吃沙拉,也沒有辦法不外食都自己煮。

由於威斯扛著沉重的工作和家庭責任,壓力很大,他的杏仁核一直在過度運轉。他處於生存模式。他沒有任何喘口氣的時間可以冷靜思考該如何將蒐集到的減重知識和資訊應用在壓力不斷的日常生活中。

威斯就像我許多的病患一樣。他很清楚知道該做什麼,卻沒有辦法付諸實踐,因為他日常生活中有許多真實存在的阻礙。

我發現大部分的病患,通常在知道和實踐之間都有落差。我的工作就是要找到方法消弭這個落差。我為病患做的許多工作是根據動機式晤談(Motivational Interviewing)的基本原則,這是一種在醫療情境使用的技巧,幫助病患克服改變的障礙並消弭落差。這是一種以病患當下處境,幫助他們找出什麼對自己最重要的方法。動機式晤談中最重要的三項要素,就是在了解如何消弭知道與執行間的落差時,要有同理心、好奇心、不批評。你不能為自己做動機式晤談,需要由受過訓練的專業人員來執行。但你可以**擁抱自己的同理心、好奇心並且不做批評**,藉此幫助自己找到該如何消弭落差的方法。

威斯一直都準備好要採取行動,但他需要我幫他設計出一個實際的計畫,讓他能達成目標。我的工作則是幫助他消除知識與行動之間的落差。

至於威斯的兩個改變法則,我們聚焦在他的飲食習慣和

體重控制，因為這兩項是引發他最多壓力並需要立即解決的問題。這些能解決他最想要的目標——減重。

第一個做法是鼓勵威斯在家裡準備快速、健康的晚餐，帶去工作。這個解決方法看似簡單，但威斯早上往往忙著讓孩子準備好去上學，一直要到都出門了才想到自己的需求。由於威斯的大腦每天早上都充滿壓力，受到杏仁核主導，而杏仁核則專注在讓他自己和孩子們準時離開家門這樣立即的需求，而不是規劃並準備十二個小時之後的晚餐。未來的規劃要仰賴你的前額葉皮質，但有壓力時就無法運作得當。這就是為什麼當早上很趕、壓力很大時，你很容易就會忘記鑰匙、錢包或手機這些簡單的事物。

威斯和我想出了一個計畫，在前一晚壓力比較小的時候先準備好隔天的晚餐。早上只要拿起來並跟著孩子出門即可。

至於第二個做法，我們同意更好的減重方式是，他打電話給孩子時身體也要動，而不是坐在停好的車子裡。他會在辦公室附近一個有池塘的公園裡和孩子們視訊。威斯熱愛釣魚和水上活動，雖然他沒辦法每天釣魚放鬆，但至少可以花20分鐘在池塘邊散步。他會一邊和孩子們聊聊一天發生的事情，同時也享受一下城市中的水景。他週末會帶孩子們去釣魚，所以他週間在池塘邊的視訊就成為他們週末親子活動的延伸。然後他會開車到第二份工作所在地，在第一段休息時間吃自己準備的晚餐。

這些做法看似簡單，但威斯因為壓力大到陷入自我保衛

的模式，無法思考或為隔天提前計畫。他被自己的杏仁核主導，而不是前額葉皮質。這兩個日常改變的干預做法，也就是威斯的一次兩個改變法則，幫助他控制了體重。

這對威斯來說是一大成就。這為他的身體和大腦帶來了改變，並在他的生活中創造了漣漪效應。他的壓力變小，活力及動力也因此改善。他的杏仁核慢慢地脫離自我保衛模式，主導權漸漸回到前額葉皮質。威斯開始事前檢視他一個月的工作排程，藉此在特定日子規劃 30 分鐘更長的散步行程。隨著每一小步的進展，威斯又更靠近減重的目標。

威斯的心態發生了什麼變化才得以改變？他發現短期內對他而言重要的事，並創造了我所謂的 MOST 目標。

你的結局會揭露你的 MOST 目標

找出什麼對你來說最重要，是做出改變很重要的一步。幾乎所有病患來我的診間，我都是這樣開始的。在我的病患開始減壓和增強韌性之旅時，我會問他們這個問題：「你的結局是什麼？你眼中的『成功』看起來像是怎樣？」

有時候，他們可以立即反射回答；有時候則需要再稍微挖掘一下。多年來，我聽過數千種答案，像是：

「我希望痛苦少一點，這樣今年夏天我就能去歐洲旅遊。」

「我想要改善倦怠感,讓我有力氣主持今年的感恩節晚宴。」

「我想要一個不會讓我那麼焦慮的工作,但我累到沒有辦法找工作。」

「二十五週年高中同學會時,我想要內在外在都看起來很不錯。」

「我想要撐過癌症治療,然後寫一本童書。」

「我想要一些平靜的閒暇時光,為我的教會籌辦一個慈善活動。」

他們藉由思考自己想要的是什麼,才能開始專注在什麼對他們來說最重要。知道什麼對你來說最重要,是觸發改變很強大的催化劑。有時候會需要想一想。如果你沒有辦法想出來什麼對你最重要,那就試著找出你的 MOST 目標。

方法 1
找出你的 MOST 目標

我們每個人的腦海中都能想像一個最棒的自己。你正在讀這本書,因為你意識到太多不健康的壓力已經讓你偏離了那樣理想的自我形象。你想像的理想自我目前可能看似難以達成,但那是飽受壓力的你在說

話。你的韌性還在，而你韌性的那一面則知道「為什麼」你準備好了，並願意去改變。你的「為什麼」能幫助你找到在不遠的未來什麼對你來說才最重要。一旦你找到自己的 MOST 目標，就有了更明確的目標往前邁進。

以下四點建議能幫助你找出自己的 MOST 目標，指導原則是要有動機（Motivating）、客觀（Objective）、微小（Small）且及時（Timely）：

M：動機（Motivating）──寫下一個簡短的目標清單。然後從清單中挑出一個能給你動機又能達到的目標。你的清單中哪一個目標讓你覺得充滿活力，又能給予你動機？就算你現在覺得被耗盡、倦怠，也試著找出能照亮你、給你一些希望的目標。將這個做為你的 MOST 目標。

O：客觀（Objective）──你可以固定監測進展的客觀改變，不管多微小，將能幫助你在朝向 MOST 目標時督促你前進。

S：微小（Small）──選個夠小的目標，確保你能成功。然後你便能在不打斷許多生活步調的狀況下朝著這個目標邁進，你會感覺到真正的成就感。

T：及時（Timely）──選擇一個有時效的目標。理

> 想上，你在接下來三個月將能達成你的 MOST 目標。

如果你選擇的目標符合 MOST 的指導原則，那恭喜你！你在通往減壓和韌性的道路上有了能指引你的路標。現在，寫下你的 MOST 目標，同時也列出從現在算起三個月內的日期。將那個日期設定為你完成旅程的正式日期。

威斯從一開始就很清楚自己的 MOST 目標，但難以負荷的心情阻礙他改變。「我覺得想要到達的目標和我現在所處的狀態之間，有很大的距離，」他說。一開始，準備隔天晚餐這件事，感覺是在原本繁忙的行程中又加上了一件要做的事。「我習慣得來速，很方便，」他坦承。

說不定你也能從威斯的困境中得到共鳴。不假思索地進行每日活動、固守著現況並在沉默中繼續受苦，這樣比較簡單。你通常可以持續這樣做一陣子，但有一天你內在的金絲雀會警告你壞事即將發生。然後你別無選擇，只能做出行動。

我向威斯保證，覺得難以負荷、不想做出改變是很正常的。改變很困難。充滿了不確定性又不舒服，而人類的大腦自動就會避開這兩者。預期不適是做出改變最大的障礙。[3] 就算你知道就長期而言改變最終會幫到你，要做出改變還是很難。「但是，」我告訴威斯：「你在改善壓力時做出新的

正向改變會感覺不舒服,這是成長的訊號。」

有一個研究顯示,那些正在進行像是寫作或學習等不同個人成長活動的人,如果能夠同時忍受著一些暫時的不適,那麼更可能達成目標。研究結論指出:「成長往往很不舒服,但人們應該去追尋那些成長必然會出現的不適,將其視為進步的徵兆,而非避開。」[4]

所以當你為人生做出健康的改變,同時能夠忍受一點暫時不適,這顯示你正要踏入成長圈。

威斯已經準備好踏入他的成長圈,他從韌性的兩個改變法則開始,一次只做一點點生活型態上的改變。他釐清了自己的 MOST 目標,在邁向目標的過程中,也接受自己對全新正向的習慣會感到不舒服。

「我要承認,」威斯說:「我真的不知道要怎麼開始。要從哪裡開始?」

我給威斯一張空白的紙。「要找出來的方法就是從終點開始,」我告訴他,「我們從一起擬定你的回推計畫開始。」

計畫回推,生活向前

我請威斯在一張空白紙張的最上方寫下「終點」一詞,旁邊寫下他的 MOST 目標、未來三個月內的一個日期。我建議他將日期訂得寬鬆一些,比較有彈性。

在紙張的最下方,我請威斯寫下「起點」一詞,旁邊寫

上今天的日期。然後我們從他的 MOST 目標「終點」回推到「起點」，也就是今天。在他的 MOST 目標下方，我請威斯寫下就在達成里程碑之前會發生什麼事。例如，威斯寫道：我會買一些尺寸小一點的新褲子，穿起來很好看，會激勵我繼續減重。

在那句話下方，我請威斯寫下他要做什麼事情才能夠買新褲子。他寫下：我需要繼續維持我的飲食選擇，才能再減掉 1 公斤的體重，維持我到目前為止每週都在做的事情。

「威斯，這很棒，」我告訴他。「現在，繼續回推。你要減掉接下來這 1 公斤前，要做什麼？」

「我會繼續有效的做法。我會吃前一晚準備的晚餐。我甚至會準備點心，這樣我上班時就完全不會去買販賣機的東西，」威斯說完，接著寫下來。

「好的。再往下一行。要提前準備好食物，要做什麼？」我問他。

威斯想了一下，然後寫道：我值完夜班回到家，會一邊聽主題很神秘有趣的 podcast，一邊準備隔天的晚餐和點心，然後也準備好孩子們的食物。

威斯往後一靠，靠在椅背上，覺得很滿意。「你知道嗎，我很喜歡我正在規劃的內容。這是一個很棒的 podcast，我從來都沒有時間聽。」

「這就對了，威斯。現在我們快要到了這張紙的最下方，也就是你現在的階段。從現在這個階段要走到提前準備好食物的第一步是什麼？」

「好的。從現在開始，週六早上孩子們會跟我去雜貨店，我們可以選能讓午餐和點心吃得健康的食物，買足夠吃到下個週六的份量。然後下一週我們會再去店裡。」

「威斯，我覺得你已經找到開始的方法了。」

威斯重新讀了一次他的計畫。

藉由回推計畫中一步步的推展，他了解到自己的 MOST 目標比他預期的更容易實踐。拿著這張自己手寫的紙能賦予他力量，邁向個人成功的道路。這個計畫透過具體有形的方式，幫助他想像每一步。

方法 2
擬定一個回推計畫

試試看這個練習。

1. 在一張空白紙張的最上方寫下：「終點」，旁邊寫下你的 MOST 目標，以及未來三個月內的一個日期。
2. 在這張紙的最下方，寫下「起點」和今天的日期。
3. 接著往下繼續寫，就像是倒著寫 Google 地圖的路況指示，從終點寫到起點。在「終點」下方寫下你在抵達終點前會採取的最後一步。

4. 然後再往下一行。寫下你在採取最後一步前會做的事情。
5. 繼續以回推的方式思考並寫下每一步。確切要採取多少步並沒有一定——只要在你的回推計畫中能清楚看到如何從「終點」（達成 MOST 目標）回到「起點」（今天）就夠了。

當你一步步回推到「起點」，你就得到一個能一步步遵循的完整指示清單。

你的回推計畫以視覺化的方式呈現你實際的旅程。大部分偉大的運動員都會告訴你，如果你可以看到，你就能做到。你的回推計畫幫助你克服要做出改變的最大障礙：採取行動的第一步。

當威斯兩個月後再來見我時，他給我看他的回推計畫。他已經做到一半了；他已經減掉了 6 公斤多，從來沒有離目標如此近。

「我要坦承，我有三天退步，」威斯告訴我。「那天是我工作上好夥伴的生日，我們出去吃了洋蔥圈、奶昔、雙層漢堡。真的很好吃，接下來兩天晚上我自己又再去了那家漢堡店。第二天晚上吃完之後，我對自己很生氣。然後，接下來那個晚上我又去了。」

「威斯，沒關係，」我說。「我們有時候會受到同儕壓力影響。我相信你的工作夥伴已經習慣你過去會吃漢堡和薯條。」

「對。我不想跟他解釋我的兩個改變法則，我怕自己會失敗。然後接下來兩晚我又讓自己失敗了。」

「但感覺你又調整回來了。我們在重新設定一個舊有模式時是可以有彈性的，威斯。這時多體諒自己真的會有幫助，」我說。「我想知道你怎麼又重新回去執行你的 MOST 目標？」

「我希望我能告訴你是因為我不想讓你或我自己失望，」威斯害羞地微笑著說。「但其實是孩子們和我會去一家雜貨店，管雜貨店的一個很棒的單身女生跟我說，我每次看起來都愈來愈好。」

我笑了起來，威斯也是。

「嗯，感覺改變其實沒有那麼難，」我說。

見證像威斯這樣的病患在努力邁向並達成個人 MOST 目標的過程中感受到全新不同的快樂，沒有什麼比這更好了。

追求快樂的渴望

如果我要問你一個大哉問，像是：「你人生中最想要什麼？」你可能會說：「我想要快樂。」事實上，「要如何變得快樂」已經成為過去五年來 Google 上最常被搜尋的字詞，

在 2020 年全世界封城之際，搜尋次數更達到頂峰。很合理對吧？快樂是大家都渴望的目標，不只是我的病患，世界上大部分的人都想追求快樂。

快樂無法幫助你更接近你的「為什麼」，因為快樂是模糊又不斷變動的目標。我們都想要快樂，這是地球上所有人類普遍渴望的目標，但研究顯示我們並不太擅長預測什麼能讓我們變得快樂。[5] 因此，明確訂下你的終點和 MOST 目標，以及回推計畫的所有重要步驟，就變得很重要。這些都具體有形，快樂則不是。

36 歲的雷恩是音樂總監，他因為無法控制焦慮而來找我。他在音樂圈工作，和業界一些最大咖的表演者合作。雷恩無疑擁有了許多人羨慕的生活。他有三間公寓，一間在曼哈頓，一間在亞斯本，另一間在巴黎。夏天都在地中海的遊艇度過，冬天則在亞斯本過。他很努力才達到這樣的成就，但現在卻因為不斷被焦慮侵蝕所苦。

「你會想說，我能負擔得起幾乎所有想要的東西，我對自己的現狀應該會覺得很棒，但卻沒有，」雷恩第一次來看診時這樣跟我說。「我覺得自己由裡到外都在顫抖。我每晚都在踱步，整個晚上。有時候雙臂和嘴唇感覺很刺痛。因為焦慮很嚴重，甚至無法看書。」雷恩去看了精神科醫師，並接受藥物治療，同時也做諮商治療。

「他們兩個是我唯一不會感到害怕對話的人。我本來非常善於社交，現在完全不是。我會盡快從後台的門逃走，避免見到不認識的人還要跟他們說話。」

他當初開始做這行時有一個明確的目標。他熱愛音樂，感覺和音樂圈有很深的連結。在事業初期，他渴望獲得隨著工作一併得到的好處：派對、設計師設計的服裝、車、現金、高檔餐廳；奢華生活的各種好處。但進入這行十年後，忙翻的出差行程和一直在調時差都對他的健康造成了影響。他開始討厭自己的工作，一直很想要離開這個產業。他對於自己的成功感到麻木，很想要做出改變。

　　聽完他的故事，我問雷恩在他現有的事業之前，有什麼事會讓他感到快樂。

　　「我不知道，」雷恩說。「我幾乎記不得在這之前的生活。」

　　「那回到你已經年紀大到開始追尋事業之前，」我這樣建議。「你童年或青春期時，最期待做的事是什麼？」

　　這是看診過程中，雷恩第一次露出微笑。「和爺爺在一起的時光最棒了。他的身體很好，雖然都七十幾歲了。我週末會跟他待在新罕布夏州，然後我們會到白山健行。」

　　雷恩一邊回憶，臉部和肩膀都放鬆下來，呼吸也變得緩和。「那是一段很棒的時光，」他繼續說。「我們會選一條很陡的小徑，爬到最高處後坐下來聊天。我們會觀察老鷹，有時候會看見一隻鵰。我甚至連下雨的日子都喜歡。然後，晚上我們會在爺爺的後院裡搭一個火堆，我會彈吉他給他聽。」

　　「你現在還彈吉他嗎？」我問他。

　　「大概十年沒彈了。很奇怪。我是因為彈吉他才開始很

想要在音樂產業工作，」他說。「現在我完全不彈了。」

「你失去興趣了？」

「沒有，我很想念彈吉他。我也想念我爺爺。他大概四年前過世。我在亞斯本買了一間公寓紀念他，但都不一樣了。」

「爺爺的事我很遺憾，但你的吉他現在還在吧？你還是可以去爬山，如果你想要的話。」

雷恩點點頭，他已經知道我要說什麼了。

在他離開我的診間前，我們訂下一個計畫，讓雷恩可以重新設定壓力和倦怠。我建議他從兩個改變法則中最喜歡的活動開始。

雷恩承諾，開始純粹為了自娛，每天至少彈20分鐘的吉他。他不用為任何人表演，也不用彈得很棒。目標是感受他曾經如此熱愛音樂。

雖然他因為出差，不是很容易有機會去健行，但他努力用別種方式走進大自然，每天都出外走走。我希望他能感受到身邊可以接觸到的大自然，不管是天空或樹木，就算只是在城市裡幾個街區快速走個幾圈都好。

我有四個月沒見到雷恩，但我們透過電子郵件保持聯絡。頭兩個月過去後，他傳來好消息。他重新調整工作排程，減少出差次數。他花更多時間待在更接近山區的亞斯本的家。他已經加入了一個登山社團；社團的負責人讓他想起爺爺。他也每天彈吉他，並考慮要加入城裡的一個吉他小組。

雷恩重新調整生活，追求對內在有意義的經驗，而非外

在世界的認可，這樣的做法幫助他重新設定壓力，效應並進一步外擴，改善了他的睡眠與焦慮。所有的改變讓他的神經系統鎮定下來。

幾個月後，當我再次面對面見到雷恩時，他已經很明顯有了改變。

他看起來平靜又有目標，不再浮躁不定。也更能控制自己的焦慮。因為他的狀況很好，是多年來最好的一次，他的精神科醫師甚至考慮要將他的藥物減量，並一邊持續觀察。

在四個月內，雷恩重新設定了自己的大腦和身體，並控制住焦慮感。

雷恩能尋求許多物質上的慰藉，卻仍發現自己困在自我保衛的模式，沒有逃脫的出口。所以你或許會想：「他為什麼自己沒想到，然後趕快做出改變？他怎麼會走到那麼失控的狀態？」

他做的都是微小簡單的改變，在任何地方、在任何時候都可以每天彈吉他和健行，但因為他的杏仁核處於過度運轉狀態，導致他難以做出改變。

當牽涉到你和你的生活時，為什麼好的改變感覺很困難，為什麼那些改變不像是一件單純會讓你覺得更快樂的事？原來快樂有兩種，這兩種快樂會用不同的方式影響大腦和身體。快樂是很複雜的組成，會用到許多不同的大腦區塊，但其中一種快樂會更持久，而雷恩原本追求的則是不長久的快樂。

兩種快樂

第一種快樂被稱為享樂型快樂（*hedonic happiness*）。這種類型的快樂主要透過娛樂和消費獲得，這是雷恩一開始所追求的。美食、到熱帶地區度假、狂看 Netflix 節目等都屬於現代的享樂型快樂。這不一定和物品的價格有關，而是做這件事給你的感受。

當你在進行一件享樂型活動時，像是喝一杯特大杯咖啡配發泡鮮奶油、花錢敗下最新的電子產品，或幫自己買雙鞋等等，你就是在給自己的大腦和身體一份禮物。在這些時候，你的大腦會充滿快樂的賀爾蒙「多巴胺」（dopamine），全身會立刻感受到幸福感。對你的大腦來說，這種快樂非常真實。這有一個很重要的目的：從日常生活中給大腦和身體一個短暫但必要的喘息。偶爾給自己一些機會享受這類的享樂型快樂，就像是暫時的排氣閥，釋放有如在煮水壺裡累積的壓力。但就像壓力依據程度與頻率不同，會出現適量健康的壓力和不健康的壓力，享樂型快樂也是如此。

一點點享樂型快樂對你的心理健康扮演了很重要的角色。但如果這樣的快樂來得太多又太頻繁，對大腦和身體會失去吸引力。你不能像雷恩一樣，將享樂型快樂當作主要的快樂來源，正是因為這種快樂的效果瞬間即逝。享樂型快樂的本質就是要讓你想要再得到更多。這種現象稱之為享樂跑步機（hedonic treadmill）。[6]

科學家認為，我們每個人都有一個設定值，會決定我們

能體驗到多少享樂型快樂。這被稱為跑步機，因為除了你做任何享樂型活動一開始感受到的愉悅感之外，你的大腦最終還是會回到快樂的基線。你可以追求大量的享樂型快樂，但沒有辦法讓這種快樂延續下去。

有一位叫做黛博拉的女子這樣描述：「當我那一週工作很辛苦的時候，我會去路易威登或 Gucci 的店，找一個我喜歡的包包。店員總是很熱情，殷勤款待。店裡的一切都很美，所以去那裡感覺很好。然後他們會把我新買的包包像一份特別的禮物一樣包起來，放進優雅的購物袋裡讓我提著走出去。感覺像在天堂一樣。但幾個禮拜以後，在同事們對我的戰利品一輪稱讚後，我的快樂感便結束了，那個包包就成為我櫃子裡眾多包包的其中一個。我工作上的壓力完全沒有改善，下一期帳單帶來的壓力又再加重原本的壓力。」

享樂跑步機可以有很多形式。像是蛋糕吃到第三塊不會像第一塊吃起來那麼令人愉悅，追求新的對象不再有興奮刺激的感覺。隨著時間過去，享樂型快樂不再那麼令人興奮，因為大腦中最初上升的多巴胺慢慢降下來。你又回到了原點。你可能會上癮，想要更多一樣的東西，或你會想要追求新事物，感受到另一種立即得到快樂的感受。

這並不是你大腦設計上的缺陷。你大腦的享樂跑步機其實是一種保護機制。研究顯示，就算人們經歷過很棒或很悲慘的經驗，最終還是會回到原來快樂的設定值。[7] 無論外在經驗是正向或負面的，享樂型快樂會打開你壓力飆升的排氣閥，幫助你暫時應付當前狀況。

在一整天開會、和一大群人說話、育兒和甚至是寫這本書的同時，我也曾想要狂看 Netflix 兩小時。就算個人時間有限，一些線上購物治療會給我一點多巴胺的幸福感。而按摩日則是我最喜歡的罪惡享樂時光。這些正向的時光可以打破循環，在我的壓力反應失控時很有幫助。但無疑地，這些只是暫時的解決方法，並不太能重新設定大腦，就長期而言幫助我們減壓。

我們不能只仰賴享樂型活動來消除壓力，因為享樂跑步機總是在背景運作。長期而言，如果要消除壓力，必須要學習與身體合作。此時就需要一種不同的新的快樂。這種快樂稱為潛能實現型快樂（eudaimonic happiness），而這才是能真正消除不健康壓力的方法。[8]

「有人來找我，請我以景觀設計師的身分去協助規劃一座城市裡的社區花園。」凱文這樣跟我說。「這是一個讓低收入戶家庭種植蔬菜的計畫，地點就在老舊建築物拆除後的空地上。雖然我曾經為高級辦公大樓設計過綠色空間，但參與這個社區花園計畫真的讓我感到很滿足。當我在那裡執行計畫、幫孩子們種彩椒時，我完全不會查看手機或想現在到底幾點了。工作很多，但我從來沒有那麼快樂過。而意外的好處是，醫生說我的血壓降低了！」

潛能實現型快樂的重點和享樂型快樂不一樣，不在於追求愉悅和享樂，重點在意義與目的。人類是會尋找意義、受目的驅動的生物，而這就是我們在減壓之旅上最想追求的那種快樂。我們可以不斷將創造意義與目的的體驗升級，同時

間卻不用擔心效果會瞬間即逝,因為並沒有潛能實現型跑步機的存在。

你人生中已經有許多潛能實現型的經驗,只是你不知道而已。想想那些創造了平靜滿足感的體驗。這些都是就長期來看能激發成長的活動。潛能實現型的經驗會給你歸屬感、社群感、連結及利他精神。像是為了某個目標撥出時間、從事園藝活動、學習樂器、畫畫、為傳教活動煮飯,或為鄰居建造一個無障礙坡道等,這些都是潛能實現型快樂的體驗。

因為潛能實現型快樂的重點在意義與目的,而且非常因人而異,所以每個人感受到這種快樂的方式會很不一樣。不管是哪種潛能實現型的活動,只要你開始找到了意義與目的,你的大腦和身體會辨識出來並以驚人的方式回應。

一項研究顯示,有 80 人接受「享樂型和潛能實現型幸福」的評估。[9] 研究人員檢視這些人 DNA 編碼的基因組,並發現在基因表現上出現相當大的差異。潛能實現型的幸福和更強大的抗病毒與抗體反應、低發炎指標有關,而享樂型幸福的效果則相反。在這個討論中,發炎指數愈低愈好。這是第一個呈現兩種不同的快樂在基因上會呈現不同結果的研究。重點是什麼?不是所有的快樂都是一樣的!

研究人員指出:「做好事和感覺良好對人類的基因組有非常不同的效果……對於達到快樂的不同方式,人類基因顯然比我們的大腦意識更敏感。」[10] 在這份研究中很清楚看到,我們的身體很善於分辨出兩種不同快樂之間的差異。問題就在於我們作為人類卻不是那樣擅長!

什麼讓我們感到快樂？

不管我們花多少時間和思緒試圖得到快樂，我們其實非常不擅長找出到底什麼會讓自己快樂。我請教耶魯大學的心理學教授勞麗・桑托斯（Laurie Santos）博士為什麼會這樣，桑托斯博士同時也是「快樂實驗室」（The Happiness Lab）的主持人。

「如果你問大家，他們覺得真正快樂的生活是怎樣的生活⋯⋯〔可能會是〕躺在沙灘上吃冰淇淋，和壓力沒有關係的活動。大家對壓力和快樂有誤解。有一點壓力是好事，」桑托斯表示。

如同我們先前討論過的，壓力是你身體健康運作過程中必要的一環。結果發現，壓力其實對你的快樂也很重要。

「快樂有很多面向，」桑托斯繼續說。「有意義的感受能讓你更滿足⋯⋯因為你正在做〔對你來說〕有意義的事。因為你處於心流之中，會感覺很好。」

心流（flow）一詞最早是心理學家米哈里・契克森米哈伊（Mihaly Csikszentmihalyi）所創造，指的是當你徹底沉浸在一個活動，會感到放鬆、有掌控感、愉快，且感受不到時間的流逝。

「大家辛苦工作一天後，要從事休閒活動時，並不一定會想到心流。」桑托斯說。我理解。經過漫長一週的工作，我會想要做最簡單的事情，像是叫外賣、在串流頻台上追劇。我知道這樣不會創造長久持續的快樂，但確實能在當下提供

短暫的滿足，而這也是我在漫長辛苦工作一週後有時所需要的。享樂型體驗有其價值，能暫時打破壓力的迴路。在辛勞工作一天後，讓自己分心是一個可行的應對策略，而享樂型體驗是在需要時很棒的分心活動。只是不能仰賴這類活動提供持久的快樂。

桑托斯也表示，我們對於休閒活動的直覺反應並非總是正確。充滿享樂型體驗的簡單休閒娛樂很快就會讓人感到無聊，失去吸引力，就像雷恩的例子一樣。最終，投入對大腦有一點挑戰的休閒活動，能幫助你創造出心流的狀態，創造出更實在且持久的快樂。

事實上，在短暫滿足的享樂型體驗和可以創造長久意義與目的的潛能實現型體驗之間，如果能取得平衡最好。這兩種類型的快樂都會對你的人生有幫助，但只有其中一種對你的大腦和身體帶來持久的好處。有時候，當你一直在享樂跑步機上跑，一場意外的危機能幫助你重新檢視什麼對你來說最重要。

卡門經由她的腫瘤科醫師轉介到我這裡，那時她才剛被診斷出患有第四期的卵巢癌。卡門的腫瘤科醫師很直接告訴她末期的預後評估，但醫師願意試試看一種實驗性的治療方法，試著減緩癌症蔓延的速度。卡門是一位62歲的律師。她多年來都長時間工作。她的工作很緊繃，常常同一時間要處理好幾個案件。

「我總是告訴自己，接近退休年齡時，我要減少工作時數，」一個天氣溫暖的四月午後，她在我的診間這樣告訴我。

「但實際狀況卻恰恰相反。有愈來愈多客戶需要我。結果我工作的時數比以前還要多。」

她停下來看看我是否了解。我的確能理解。我們的工作都是要幫助遇到麻煩的人。很難拒絕他人。我同理卡門。

她被診斷患有癌症時，試著在接受治療的同時持續處理一堆案件，想藉此「分心」，但最終卻難以負荷。她必須放棄工作。

對於必須放棄工作，她甚至感覺有點抱歉。「我不是輕言放棄的人。如果我可以，我會一直工作到 80 歲。」

「你想念嗎？你之前享受你的工作嗎？」我問。她的答案令我大吃一驚。

「其實沒有。我年輕時曾經很熱愛我的工作。但過去十年來，我完全無法樂在其中。」

卡門出身貧寒，以她自己的話來說，她必須自己「拚出來」。她對於自己的成就很自豪。她自學並打造了自己的事業，為自己和家人提供穩定的生活。

「我從來都沒有對自己所得到的一切感到理所當然，但這個診斷結果真的讓我沒法繼續做下去了，」她說。「我開始質疑一切。」

卡門很想要重新設定自己的狀態。「沒有了工作，我真的不知道要怎麼辦了。如果我不能說『我是律師』，那我到底是誰？我不想被看作一個接受癌症治療的人。一定還有其他的。」

「我們會一起找到屬於你的其他事物。那如果你把人生

這段時間拿來做讓自己快樂的事呢?」我問。

「這想法不錯。我喜歡,」卡門說。

「哪些事情能帶給你快樂?」

卡門被難倒了。「我上一次自問做什麼能讓自己快樂已經是很久以前的事了。我永遠都在幫其他人做事情——我的家人、我的客戶、我的社群。永遠不是為我自己。」

我讀了一段卡爾‧榮格(Carl Jung)的話,請她想想看:「你小時候做什麼事情,會感覺時間過得很快?這就是你在人世間追求各種目標的祕密。」

卡門的臉亮了起來。「我小時候很喜歡自己動手做東西。我會花好幾個小時捏黏土人。我姊姊和我會在我們家門廊階梯上玩一整個下午。這是我自己的小小世界,讓我很開心。」

然後她說:「其實,我覺得當初會買下現在住的這間房子,就是因為這房子的門廊讓我想起小時候那些愉快的午後時光。我們甚至會坐在門廊上做功課。現在我的門廊有一個很棒的柳條編織家具,但我只是經過而已。我從來不會花時間坐在那裡看看外頭的世界。」

「就從那裡開始!」我說。

我建議她在離開診間後培養潛能實現型快樂,先使用兩個改變法則,專注在她可以做的兩件事上。我希望她純粹因為開心而去做這些活動,不用追求外界認可或稱讚。

「在妳日常行程中加上兩件讓妳開心的事情。妳今天回家的時候,去美術用品店帶一些黏土回去。接下來一個月,

至少每週做一個雕像，從這樣開始。在做的時候不要自我評判。妳沒有要給任何人看，只是為了自己而做。

「妳要做的第二件事情，」我繼續說：「就是花時間使用妳門廊前的柳編椅，趁天氣還溫暖時每週去坐在上面幾次，一次至少半小時。這是你接下來一個月要做的兩個改變。」

「這就是我的處方？坐在門廊前？什麼都不做？」卡門很驚訝地問。

「你可以閱讀、寫寫東西，或做任何你想做的事情。」我說。「但我覺得什麼都不做，純粹只是看著外頭的世界就是利用時間很好的方式。」

「感覺像天堂一樣，」卡門說。

卡門的起始點感覺很清楚，因為她在回憶童年愉快時光時，臉上綻放出純粹的喜悅。

卡門同時也和一個專業的醫師和心理師團隊合作，管理她個人照護的基本面向，像是睡眠、食慾、疾病因應。我的門診又是額外的照護。我的工作是要協助卡門邁向癒合之旅。

癒合和治癒並不同。如果你得了無法治癒的疾病，你還是可以癒合。癒合是邁向正面結果的活動，釋放負面的模式與情緒，在生理的診斷之外，心理和情緒上同時也感到療癒。不管卡門的癌症診斷結果如何，我的工作就是要幫助她癒合。

與病患之間創造一個溫暖、有連結且療癒的關係不僅僅是暖心之舉，對病患的健康也有正面影響。研究顯示，醫生對病患提供支持、安慰與善意，能改善病患的不適與症狀。

「醫生為了與病患連結所說出的簡單話語或做出的舉動，會造成不一樣的健康成果，」兩位心理學研究人員寫道。[11] 從醫學角度來看，卡門癌症末期的狀況不太可能被治癒。但我們一起努力，在困難且往往令人喪氣的治療過程中幫助她減緩壓力，創造意義與目的。[12] 不管你是否像卡門一樣正面臨健康上的問題，找到相處起來很療癒的醫生會很有幫助。

當卡門四週後回來複診時，我對她的進步感到訝異。她非常努力執行她的兩個改變功課！她沉浸在自己的黏土雕塑中，在家裡創造了一個小小的藝術空間持續進行這個活動。她把作品的照片帶來給我看，我看得出來她真的蠻有天分。她也幾乎每天花30分鐘坐在門廊上。她說這兩個活動讓她非常快樂。

我在卡門的癒合之旅中，持續每週跟她見面。她的雕塑愈來愈大，愈來愈精細。她告訴我有個朋友覺得她的作品很棒，想要為她辦展覽，她也還在想——但她願意的話才會辦。我問她感覺如何時，她說：「我很久沒有覺得這麼充實滿足了。」然後她開玩笑說：「都是癌症診斷才帶我走到這一步！」

隨著一個月又一個月過去，卡門繼續執行她的兩個改變法則。多年來，我有很多像卡門一樣的病患，他們在面臨末期診斷時突然警醒，並做出人生重大改變。這些通常都是他們一直計畫想做的改變，卻往往被延後或因為種種原因擱置。

我常常在想為什麼要到出現末期診斷如此可怕的事情，

我們才會檢視自己的人生已經發展成什麼樣子。難道沒有更好、更溫和的方式可以思考什麼對我們最重要嗎？

我要告訴你，你今天開始就能找到更多潛能實現型快樂。這是你每天都值得為自己做的事情。沒有必要等到危機發生。事實上，現在找到你的潛能實現型快樂，或許能避免未來出現更痛苦的警醒事件。

這就是你的金絲雀能幫助你的地方。對我的許多病患來說，他們往往會描述一個特定的時間，他們在那個時刻有了頓悟，覺得應該要有所改變。但這不是電影裡美麗的旅行，像是到一個天氣晴朗的草地上開始反思人生。它通常會是某個令你措手不及的週二下午。你再也受不了現狀，亟需改變，已經沒有辦法忽視你內在鳴叫的金絲雀。對我來說，那個時刻就是每晚十點到處竄逃的野馬。讓你有所啟發的那一刻又是如何？

方法 3

找到你埋藏起來的寶藏

1. 在不要自我審查的狀態下，寫下小時候或過去做過能帶給你快樂的五件事，你在做這些事情的時候時間便過得飛快。
2. 選其中一個或兩個活動，從明天開始就融入生活

中。

3. 準備好你做這項活動需要的東西：筆和顏料、樂器、一雙球鞋、模型組、一些園藝工具，或腳踏車？說不定你家裡某處還有這些東西。

4. 每天至少花 10 或 20 分鐘做這個活動，就算只是在街上來回騎著腳踏車、在紙上塗鴉、把土裝進花盆裡，或用樂器彈音階。就算只是每天 5 分鐘，也會有很大的不同。再短的時間、再微小的努力，對你的大腦都能有正向的影響。

5. 每天做完這項活動後，在行事曆上做標記。就算生活再繁忙，也試著不要讓連續的標記中斷。如果你跳過幾天也沒關係。你可能很久沒有讓自己單純享受其中。再重新開始吧。

6. 每天畫了標記後，好好恭喜自己！這一天，你做了某件對大腦有益的事情。你正慢慢重新設定自己的大腦，獲得更持久的快樂。

感受目標成真的可能

在你弄清楚自己的「為什麼」,並決定了你的結局、什麼對你來說最重要之後,允許自己感受一下這一切都將成真的可能性。不一定是現在,這樣感覺不夠真實,而是這一切在不遠的未來將可能發生,因為你觸手可及,目標比你想得還要近。

為什麼要去感受可能性?因為這是啟動物理學法則的一個方法,能讓我們的大腦和身體準備好迎接改變。這裡沒有要細談,但物理上共有兩種能量:動能(kinetic energy)和位能(potential energy)。動能是運動狀態,位能則是靜止慣性的狀態。根據牛頓的說法,能量不生不滅;只能改變形式,從位能變成動能或反之。當我們將自己拉遠,思考自己的 MOST 目標成真的可能性,我們會開始將沉睡的位能從現狀喚醒,成為改變的動能。

真實世界中的成就常常會使用到可能性的力量,尤其像是專業運動這種賭注很高的情況。在所有人中最仰賴身心連結力量的,莫過於職業運動員了。運動員天生就知道在競技場外自身的心理狀態,就跟他們在競技場上的生理表現一樣重要。任何訓練菜單都會有運動心理學家參與,因為他們幫助運動員重新設定大腦去想像並看到成功的畫面。傳奇籃球明星麥可・喬丹(Michael Jordan)、網球冠軍小威廉絲(Serena Williams)、奧運游泳金牌選手麥可・菲爾普斯(Michael Phelps)和其他頂尖運動員都使用了視覺化的力

量,達成偉大成果。[13] 說不定視覺化也能幫助你達成自己的偉大成就。

如果你現在沒有很想改變,或懷疑自己是不是真的能重新連結大腦和身體去減壓並增加韌性,這也完全沒問題。儘管相信過程就好。懷疑是這個過程中很健康也很正常的一部分。我很喜歡那些保持懷疑態度的病患,因為當改變無可避免地發生了,他們往往是最充滿熱情的一群人。以科學的術語來說,他們提升了個人的自我效能,或更有自信能為自己創造改變。這就是為什麼我要請你從微小的活動開始做起,建立你對自我效能的信心,知道自己有力量可以改變,從靜止不動到開始行動。

愛德華・菲利普斯醫師(Dr. Edward Phillips)曾經和我分享一個從微小行動發展成絕佳自我效能的例子:他的一名病患不願意散步,但同意和友人一週散步兩次。持續散步了幾週後,她回去見醫生,臉上掛著笑容。「我知道我說過要一週散步兩次。但我沒有做到我們說好的事。我很開心能見到朋友,天氣也變得愈來愈好了。所以我現在一週散步五天!」

「我們的身體適應力很好,基本上這就是生理的運作,」菲利普斯說。「我們也有心理上的適應力,而且我們都想變得更好。我覺得,大家天生就想要變得更好。」

在現代生活中,我們常常沒有好好處理壓力和倦怠,因為我們沒有檢視自己的時間和注意力都用到哪去了。如果我們知道得更多,就能做得更好。我知道很多病患都很驚訝地發現,他們每天用了一整天的某個東西是造成壓力的主要原

因。當他們知道了這個默默持續造成壓力的來源後，便能意識到生活中有數不盡的機會能練習並讓個人的自我效能變得更好。這點我們在下一章會談到。

你現在知道了，「重新設定技巧一」是關於找出壓力並擬定減壓計畫，於此同時也讓你每天有所期待。像威斯一樣，你選定一個合理的 MOST 目標，這是一個你知道能帶給你動力的目標，並在三個月內達成。一旦有了 MOST 目標，你可以透過使用回推計畫，想像這個目標一步步成真。最後，在你朝著三個月的 MOST 目標前進時，你可以像雷恩和卡門一樣，透過「找到你埋藏起來的寶藏」，每天進行減壓活動。這個你一直以來擱置的簡單又愉快的活動，將能幫助你培養持久的潛能實現型快樂。

「重新設定技巧一」以及相關方法會奠定基礎，就整體而言增加韌性並減壓，你現在就能開始做。那就一起持續向前邁進吧。在「重新設定技巧二」中，你會學到如何在吵雜的世界中找到片刻寧靜，保護你的心智頻寬，最終讓大腦和身體休息和復原。

第 4 章

重新設定技巧二
在吵雜世界找到片刻寧靜

設立數位界線，獲取深度修復的睡眠

我參加完員工會議後,發現診間門上貼了字條。之前的一位病患妮可過來找我。她在紙條上寫她要告訴我發生在她身上的一件事。

前一年,我們密切合作了五個月,幫助她處理難以負荷的壓力,還有她所稱的「我的過動症」。她之前看過的精神科醫師向她保證,她並沒有被診斷出注意力不足過動症,但她告訴我,她無法完成案子,總是在分心。她想要學習管理自己的壓力,就長期而言改善專注力。

我們採用了兩個改變法則,而妮可的專注能力出現了驚人的改善。她努力要在吵雜的世界中找到片刻寧靜。

我在下一個休息時間撥了電話給她,有點擔心她是不是發生了什麼事情,引發了急性壓力。

「你不會相信我接下來要告訴你的事情,」妮可邊說邊笑。

我鬆了一口氣。我聽得出來她的語氣中充滿興奮。她聽起來比之前備受壓力折磨時更好了。

「怎麼了?」

「兩小時!我整整兩個小時都沒有看它一次!」妮可這樣告訴我。「事實上,我連放它的桌子抽屜都沒有打開。我要跟你分享這個難以置信的里程碑。」聽到這,我也開始笑了。我完全知道「它」是什麼:她的智慧型手機。

你生活中最有害的關係最有可能就是你手掌中那個發光的東西:你的智慧型手機。研究顯示,你和手機之間的關係對你的壓力程度有很大的影響,手機會消耗掉你大部分的

注意力與心智頻寬，比你和伴侶、孩子，甚至是其他家人與同事的關係所造成的影響還要大。你可能會覺得智慧型手機無害又能讓人放鬆，能從日常痛苦的生活中得到喘息，但效果其實恰恰相反。手機顯然會重新連結你的大腦，讓大腦接收更多壓力。近期統計顯示，將近半數的人每天花 5～6 小時在手機上，而我們每天會碰手機約 2,617 次！[1]

智慧型手機不是唯一在我們生活中造成壓力的數位噪音：各種 3C 產品，包括有線電視、平板電腦、電腦等也都會偷走我們心理上的精力與注意力。大部分的人都知道花太多時間在這些裝置上對我們「不好」，但作為醫師，我可以告訴你，這些產品對你的大腦、壓力程度，甚至是整體健康福祉會造成更大的影響，遠比我們想得還要嚴重。

「重新設定技巧二：在吵雜的世界找到片刻寧靜」會針對這些令你分心又增加不健康壓力的數位裝置，幫助你設定實際可行的界線，並教導你一些能獲得深度恢復性睡眠的新方法，因為不健康的壓力可能已經奪走你的睡眠。這不是你的問題，作為現代社會中資訊充足的公民，你一直在減少大腦休息與恢復的能力，卻不自知。「重新設定技巧二」中的方法將會幫助你重新獲得大腦所需的休息與恢復力。

妮可說她好幾個小時沒有查看手機，這對她來說是一大進展。我之前見到她的時候，她隨身都帶著手機。事實上，手機曾一度是她生活中最重要的一段關係。不是只有妮可處於這種非常消耗的關係；我們大部分的人都有過類似的經驗。但她卻能夠改變自己的模式，也很興奮發現自己能夠有兩小

時專注在工作上的新能力，完全沒有去滑手機。對於一個承認自己一小時就會查看手機十幾二十次的人來說，真的是很大的改變。妮可的經驗證明了我們所有的人都能改變與令人分心的數位裝置之間的關係，因為我們都值得在吵雜的世界找到片刻寧靜。

　　妮可透過兩個改變法則發現，你的注意力放在哪，你的能量和心智頻寬也會轉移到那件事物上。

　　你的心智頻寬是什麼？你的心智頻寬是大腦能專注、學習新的想法、做決定、持之以恆的能力。這就是你的注意力。與此同時，有無數外在力量正相互競逐，要吸引你的注意力。

　　你可能會想：「有什麼了不起？每個人都會在手機上傳訊息、查看電子郵件和社群媒體。這就是現代人的生活。」但儘管有這麼多科技發明能讓你的生活變得更快速又更有效率，作為人類，你的心智頻寬明顯有其限制。並沒有無窮無盡的資源。就像你的身體會因為過度使用而感到疲累，你的大腦也可能感到疲累。

　　像我一樣，你可能會不斷受到各種不同優先事項拉扯：工作壓力、家庭義務、健康，甚至是撥出時間追求個人興趣。很容易就覺得要消耗殆盡。如何在心智頻寬都用盡的狀況下，處理你的壓力課題？只有一種方式。在你最有價值的資源，也就是你的注意力，設立界線。

設立數位界線

我們對手機的依賴和以下相關：逐漸惡化的壓力、情緒障礙、睡眠障礙、更易怒、過度警覺、焦慮、專注力不佳、難以完成複雜的工作。而這只是你在使用手機時的狀況。研究也顯示，光是手機放在一旁沒有使用，都能透過「腦力流失」（brain drain）的現象導致你的腦力衰減，因為手機本身就會讓人分心。[2]

原來你握在手掌中這個沒有生命的小小物品對你的注意力、大腦健康和壓力都會造成很大的影響力。要減少手機對你的影響，唯一方式是設立界線，減少你對這項物品的依賴。「重新設定技巧二」的目標不是要你放棄手機，就科學的角度而言，這樣做不切實際也沒有必要。一項調查了619人的研究顯示，減少使用智慧型手機，而非完全戒斷，有助於整體健康，心理健康也會更持久。[3]

因此，我不會要求你完全戒斷數位產品，放棄科技，過著類比時代的生活。科技很棒，能幫助我們持續獲得資訊、與人連結、參與其中。隨著許多產業都採用AI，科技已成為現代生活中重要的一部分。然而，了解數位電子設備有可能竊取你的心智頻寬，這對減壓、從倦怠中復原非常重要。

「重新設定技巧二：在吵雜的世界找到片刻寧靜」並不是要你和智慧型手機徹底劃清界線。就像我對許多病人說過的，是時候該重新思考你和手機的關係。這是關於你如何掌控手機的使用，而不是被手機所役使，讓手機控制你一整

天的想法和感覺。我想要教導你如何為注意力設立健康的界線，讓你能重新將專注力導向減壓之旅重要的事情上。把我看成你的關係教練。

你可能不覺得你和手機的關係影響了自己的壓力。我大部分的病人一開始都不了解其中連結。他們覺得智慧型手機讓生活變得更輕鬆。就許多面向而言，的確如此。我們再也不用在路邊停好車，才能去打公共電話。我們可以立即收到家人朋友的訊息。我們可以在幾秒鐘之內得到路線指引，沒有人需要在儀表板上把地圖攤開，試著找出南北方向。誰不會感恩智慧型手機能做到這一切？然而，大部分的人不會只在需要的時候使用手機；我們對手機養成了不健康的依賴──一整天都在用手機，有時候甚至一整晚也在用。

有一個簡單的方法可以判斷出你對智慧型手機的心理依賴程度。在接下來三到四個小時中，手邊準備一張紙和一支筆。每當你想要查看手機時，就在紙上畫正字記號。就算沒有真的拿起手機，試著在每次心中浮現想查看手機的念頭時，就誠實記錄下來。我大部分的病人和朋友都對紙上正字記號的數量感到震驚。

有一個朋友甚至緊張到笑著開玩笑說：「太難以置信了！我把紙張的正面都記完，還必須翻面用到背面。我知道我們每小時會呼吸大概 960 次。這幾乎等於我每吸進一口氣，就想查看手機一次！幫幫我！」

我會不帶評判態度提供協助，因為我沒有立場批評我的朋友或其他人。相信我，我也跟你一樣。我知道所有關於

壓力和媒體使用的科學知識,而我自己每小時還是會想要查看手機好幾次。我們的心智頻寬受到這些小小裝置強烈地吸引。

當我注意到病患出現這個現象時,我清楚了解到,我需要詢問他們使用媒體的狀況、對智慧型手機的心理依賴程度,將這些資訊納入臨床決策的標準程序之一。我從許多病患身上親眼目睹科技對壓力的嚴重影響。

朱利安就是一個例子。他因為醫學上無法解釋的疲憊感來見我,那時他的主要照護醫師為他做了徹底檢查,但從血液檢查和心臟影像檢查都沒有發現異狀。朱利安變得非常疲憊,嚴重到會影響他擔任大眾運輸火車列車長的工作。他來見我時已經受夠了,而且非常疲憊。他的疲憊影響了他的情緒和生活品質。

朱利安一直都很熱愛他的工作,但這是他十七年來第一次因為太過疲憊而無法值完班。他開始常常一有機會就擠出時間到休息室小睡片刻。以前他通常可以再多輪一個班,現在卻完全不可能。事實上,他開始因為疲憊而減少工作時數。

他也注意到自己個性上的變化。他形容自己是「無憂無慮」、個性「圓融」的人,但過去幾個月來,他變得很煩躁,動不動就生氣。「感覺我一直在等待不好的事情發生,」他說,「我不知道自己為什麼那麼緊張。」

我問他,沒有工作的時候都在幹嘛。「我很關心時事,」他很自豪地跟我說,「我可以告訴你幾乎世界上所有地方發

第 4 章　重新設定技巧二:在吵雜世界找到片刻寧靜　　117

生的事情。」

當我問他關注即時和重要新聞的次數有多頻繁時，他回答：「只要我在家醒著的時候，有時睡著時也是。」

我笑了，我以為他在開玩笑。但朱利安說的並不是玩笑話。

他早上六點起床。他會從床邊桌上拿起手機，開始讀新聞頭條，然後才從床上爬起來。接著他會在吃早餐時滑社群媒體，在臥房換衣服準備上班時會看一下電視。工作中間的休息時間，他會讀完所有的頭條新聞。吃午餐時也一樣。回到家的時候，他會一邊做晚餐，背景播放著新聞，吃晚餐的時候繼續滑手機看社群媒體。晚上準備睡覺時，他會看24小時的新聞頻道，一路看到睡著。

「我覺得過去幾年來新聞報導的事件對我造成很大的困擾，」朱利安告訴我。「我愈看愈多，幾乎每晚都比我想要的更晚睡。我晚上常常會在沙發上睡著，幾個小時醒來後，電視還開著。」

他沒有打算讓電視播整晚，但這卻變成了習慣，現在電視沒有開著他就睡不著。所以當朱利安說他醒著，有時睡著時都在看新聞，並不是玩笑話！

他最近去一個朋友辦的烤肉聚會，有幾個好朋友因為他一直看手機而開始逗他。有一個人甚至開玩笑說，朱利安本來應該去當新聞主播。

「你覺得朋友們其實想說什麼？」我問他。

「我的朋友知道我狂看新聞，」朱利安說。「他們顯然

不覺得這個世界現在有多糟。根本就是一團亂。每分鐘都有新的事情發生。很難跟上,但我還是努力吸收所有訊息。」

「說不定他們只是不需要知道每分鐘發生了什麼事情,」我建議。「從你描述的內容聽來,感覺他們可能覺得你跟他們在一起時都心不在焉。」

「當然。可能是這樣。我完全能理解,」朱利安說,同時很快地瞄了一眼手機螢幕上跳出來的新聞即時通知。然後他抬頭看著我,有點羞怯地說:「好吧,我猜已經有點失控了。」

朱利安的疲憊感、睡眠問題、情緒變化都和他瘋狂使用媒體的狀況高度相關。我認為這其中有關聯,他則揚起眉毛表示懷疑。他不認為自己使用媒體的狀況和他的症狀有關。「拜託!你真的覺得是手機和電視把我搞成這樣的?現在大家都這樣!」

朱利安說的沒錯。我們從來沒有這麼倚賴 3C 產品。不管我們去哪,在排隊時、在等候室裡、下課接小孩,或甚至在繁忙的街道等待行人通行號誌的時候,我們都會停下來查看手機。只要沒事,我們很可能就在盯著手機螢幕。甚至連非休息時間也是。在我居住的波士頓,不管日夜,我常常看到行人在巔峰時刻穿越街道,雙眼直盯著手機螢幕。現在有愈來愈多行人因為分心看手機,沒有注意周遭環境而差點受傷,這已成為日益嚴重的公共安全議題。[4]

典型的爆米花腦

朱利安的症狀是現在愈來愈常見的「爆米花腦」（popcorn brain）。這雖然不是真正的醫學診斷名詞，卻是愈來愈常見的文化現象。這是研究人員大衛・李維（David Levy）創造的名詞，用來形容當我們花太多時間在網路上時，大腦會發生什麼事。[5] 我們的大腦迴路因為資訊不斷快速湧現，受到過度刺激而「像爆米花一樣瞬間爆開」。久而久之，大腦開始習慣不斷湧現的資訊，讓我們更難放下手上的裝置、放慢思考、在線下好好生活，因為在線下的世界，一切都以不同且更緩慢的速度進行。[6] 我們很難察覺出現爆米花腦的狀況，因為這個現象太普遍了，就像朱利安說的，這個現象已經逐漸成為常態。事實上，85%的美國成人每天都會上網，十個人中有三人表示自己「一直在上網。」[7]

只要是過度使用媒體都可能出現爆米花腦。說不定你不像朱利安一樣那麼愛看新聞；說不定你比較喜歡用社群媒體。我有一個病人擔心自己有「IG成癮」，因為他每15分鐘就會拿手機查看Instagram。另一個病人則是社群媒體上的網紅，晚上幾乎每個小時都會醒來監控追蹤她貼文的互動率。就像適應不良的壓力會以許多不同方式呈現，爆米花腦也會以不同形式呈現。

對朱利安來說，他的筋疲力盡、煩躁和疲憊感都是爆米花腦的徵兆。他受夠了筋疲力盡的感覺，很擔心自己在工作時如此疲累可能會發生意外。他同意遵循我的建議，在毫無

期待下於接下來 60 天採用兩個改變法則。他離開我的診間時，有兩個任務要做。

媒體使用菜單

朱利安想要改善疲憊感，並在吵雜的世界中找到片刻寧靜，而他要做的第一步是開始照著媒體使用菜單的內容做。他因為過度使用媒體，引發了疲憊、睡眠、情緒改變等問題，而我們必須從問題的源頭著手處理。

當我看到病患壓力很大，心智頻寬變得狹窄，我給的第一個干預做法通常是給他們一份媒體使用菜單，這個做法能夠大幅減少壓力和倦怠感。如我們先前所見，就算你沒有像朱利安一樣因為過度使用媒體而感到困擾，經過證實，限制自己使用電子產品的時間，對心理健康和整體健康都會有好處。

「媒體使用菜單」策略共分為三部分──包括時間限制、地理限制、使用規劃限制──這麼多年來，我將這個處方開給無數的病患，有時也給朋友和家人，效果都非常好。

時間限制：朱利安的第一步是要訂定使用媒體的時間限制。我給他的處方是一天使用媒體兩次，一次 20 分鐘。他在手機上計時，然後開始看新聞頭條。20 分鐘到了就必須停止滑手機，並把手機放在遠處。

因為不停滑手機已成為朱利安生活的一大部分，我知道

這對他來說，一開始會很困難。我建議他在手邊準備一個自己喜歡做的替代活動。朱利安很喜歡某系列的書，所以他決定要看書。他決定每當想要拿起手機查看新聞時，就先讀幾頁書。他第一次來看診時，我趁著他還在診間時請他將手機螢幕從彩色調成黑白或灰階。過去十年來，新聞和媒體網站的內容做得愈來愈色彩繽紛，視覺效果很強，有時候甚至很嚇人。絕對能抓住你的注意力。將螢幕調成黑白可以減少視覺上的吸引力。這是朱利安和我為他設定的第一個策略。看起來對他是有效的。

地理限制：第二個策略是設立一些地理限制，藉此為朱利安的手機創造實體界線。我請他做的第一件事是買一個便宜的鬧鐘，不要用手機當鬧鐘，睡覺時就不用把手機放在床邊桌上。他告訴我，他會把手機放在房間另一端的桌上充電。我向他解釋，現在的他早上還沒起床就會無意識地習慣拿起手機瀏覽新聞，而這樣的行為會為接下來一整天定調。設立這個地理界線能打破他的迴路，能保護他的心智頻寬，用和過去兩年不一樣的方式開始一整天。研究顯示，62% 的人醒來後 15 分鐘內會查看手機，約 50% 的人會在半夜看手機。[8] 所以床邊桌上不要放手機，對他的睡眠會有幫助。

白天時，尤其是工作的時候，我建議朱利安將手機放得離自己愈遠愈好，最好是放在看不到的地方。這個地理界線能避免他無意識地滑手機。

使用規劃限制：朱利安的媒體使用菜單最後一步則是針對科技及媒體使用做出限制，讓他在使用媒體時變得更不

方便。他取消了所有新聞自動通知與推播訊息，也取消所有社群媒體的最新動態通知。這能進一步移除他想看手機的誘惑。

朱利安在八週後再來複診時，跟著媒體使用菜單照做的進度很不錯。他開始在吵雜的世界中找到片刻寧靜。

「一開始我很不確定，」他告訴我，「老實說，我覺得我做不到。但我堅持下去，真的改變了很多。」

「太棒了，朱利安！」我為此歡呼。

「我每天慢慢減少用手機的時間，每天減少30分鐘。然後在四週內，我終於可以做到一天只滑手機兩次，一次20分鐘，」朱利安告訴我。

「有變得愈來愈容易嗎？」

「嗯，告訴你，在執行媒體使用菜單的頭十天，我從想讀的書籍系列中讀完了兩本書，」朱利安笑著說。「真的是很好看的書！」

我問朱利安晚上睡得如何。

「把手機放在房間另一頭的書桌上，這可能是我為自己做過最棒的事情，」他說。「我通常會看書看到感覺睏了，大約是看了一兩章之後。我晚上還是蠻常醒來，但不會一直想看手機。」

我能明顯看出他行為上的不同。他更開心、放鬆且平靜。顯然朱利安已經找到自己的平靜，並對這個發現感到開心。

「我覺得大大鬆了一口氣，好像卸下了肩膀上的重

擔，」他說。「我覺得又回到以前的樣子。終於可以呼吸。我覺得我有兩年都沒有深呼吸過。這樣正常嗎？」

我向他保證這樣很正常。「過度使用科技產品會導致壓力飆升。讓你變得煩躁又警戒心很強。你做了很多很棒的改變，感覺這些改變重新設定了你的壓力反應。」

朱利安的經驗和科學研究一致。在一項調查了 1,095 人的研究中，僅僅停止使用臉書一週便能改善生活滿意度和正向情緒，而這些改變在臉書重度使用者身上最明顯，就像朱利安在使用其他社群媒體和新聞來源一樣。[9]

朱利安在科技及媒體使用上的改變也改善了他的疲憊感。他工作時不再需要小憩片刻，但晚上的睡眠還是不太好。一整晚都常常會一直醒來。由於他先前六個月都一整晚開著電視睡覺，他需要花更多時間才能改善睡眠。

在科技和媒體使用受到控制後，我們同意下一次回診時繼續增加他要執行的兩個改變法則。他決定將睡眠列為最優先處理事項，並且又再採取了幾個我的重新設定壓力方法。朱利安又繼續執行八週，媒體使用菜單便成為一種新的生活方式。他的睡眠改善許多。他說晚上醒來的次數變少，醒來時也覺得身體有好好休息到。

「我總是說我沒有時間多睡一點或運動，」他告訴我。「但現在不再狂用手機後，我有更多時間可以做那些讓我開心的事情。我已經很多年沒有這麼樂觀了！」

我每兩個月就見朱利安一次，幫助他好好維持，我們一起見證他每次回診時個人壓力分數（見第一章）都愈變愈

低。最終,朱利安找到了自己的平衡。他能夠使用媒體,而不是讓媒體控制他。

「我還是很愛看新聞,永遠都會,」朱利安總結。「但不會再讓生活受到影響。我終於覺得自己獲得了掌控權!」

朱利安能夠重新設定自己的壓力,找到方法成為最理想的自己。他在吵雜的世界中找到了片刻寧靜。就像朱利安在某次回診時告訴我的:「和我一起烤肉的朋友們現在都對那系列書上癮了,因為聚會時我都一直在講那系列的書。我和他們在一起的時候,甚至全程都把手機放在口袋裡。」

方法 4
治療你的爆米花腦

你可以遵循以下計畫,盡可能減少出現爆米花腦的風險,或治好你的爆米花腦:

1. 把目標放在一天最多滑兩次手機,一次 20 分鐘。其他時間,只能用手機打重要的電話,或傳送重要訊息和電子郵件。計時並為自己負責。在數位的空間中,很容易就忘記時間。
2. 選擇取消推播通知和自動跳出的功能。如果真的有你需要知道的事情,你遲早會知道。

3. 工作的時候,試著將智慧型手機放在離工作檯面至少 3 公尺遠的地方。在家的時候也一樣,尤其是和家人在一起的時候。
4. 睡覺時,不要把手機放在床邊桌。這樣能避免夜間查看手機,也避免你早上起床第一件事就是找手機。告訴家人或同事,如果有緊急狀況就打電話給你。

想要滑手機的原始衝動

朱利安極度依賴手機且過度使用媒體,這種狀況也很可能發生在我們其他人身上。問題不在於你的意志力。你的身體會逼著你過度使用媒體。當你有壓力的時候,你會自然而然使用更多媒體,因為獲得資訊是感到安全的一種方式。雖然網路一直到 1990 年代才出現,你想滑手機的衝動卻是你原始天性的一部分。你現在已經知道,在處於壓力的狀態下大腦會進入生存模式,而你的蜥蜴腦,也就是杏仁核,則會接管(請見第二章)。滑手機是現代版的自我保衛機制,你會瀏覽周遭環境查看是否有危險,幫助你在混亂的世界中感到安全。

在部落文化中,負責看守的人可能會一整晚都坐在火堆

旁邊，查看是否有危險，讓部落裡的其他人能安心睡覺。我們現在都成了守衛的人。所以我們會瀏覽。一·整·天。在現今充滿不確定性的世界中，滑手機成為我們感到安全的夜間看守人。

可惜，想要滑手機的原始衝動會讓壓力反應惡化，導致我們繼續再多滑一下，然後不斷循環。這是一個不斷重複的負面反饋迴圈。點擊誘餌對壓力有效。閱讀新聞對大腦化學有直接的影響。你可能聽過「末日狂滑」（doom scrolling）一詞，指的是瘋狂滑社群媒體或網站看負面的新聞。末日狂滑的行為是受到啟動戰逃反應的同一個大腦機制所控制，會在壓力很大的狀況下啟動。

這就是朱利安之前所陷入的循環，「重新設定技巧二」透過重新校準他想滑手機的原始衝動，幫助他脫離這個循環，並因此重新設定他的大腦壓力路徑。

盡可能減少媒體使用並不是要貶低新聞的重要性，也不是要貶低那些在瞬息萬變世界中想持續獲得資訊的公民。但代價是什麼？當然不能因此犧牲了你的心理健康。我一直非常支持媒體使用，因為我一直以來都致力健康傳播。在我成為醫生之前，本來想當記者，我很幸運能繼續發展這兩項興趣。我上過 NBC 新聞、MSNBC、CNN 頭條新聞、CBS 新聞等節目幾百次，主要是在新冠疫情期間以醫師的身分提供大眾專業建議。參與幕後的這些經驗幫助我了解內部觀點，知道製作媒體內容給大眾的過程。大部分的媒體都是能長久經營的企業，業內人士的目標是報導有新聞價值且重要的及時

新聞，提供給像你一樣的閱聽眾。但這畢竟是一個爭奪注意力的產業，媒體公司知道要抓住你的注意力萬分重要。我堅信新聞行業是文化中很重要且寶貴的一部分，能為世界上許多重要議題發聲。然而，你可以熱愛新聞（我個人則是實際參與其中）、持續接收世界各地的資訊，同時也保持自己的理智。

接收與過度接收媒體資訊之間的差異只有一線之隔。如果你不知道自己是否已過度接收媒體資訊，並造成不健康的壓力的話，我建議你注意自己的金絲雀症狀。你有沒有一些可能已經過度接收資訊的症狀？你覺得自己是否有爆米花腦的狀況？你會不會經常不由自主地想去查看手機？你有沒有過本來只想稍微看一下手機，結果大把時間便因此流逝的經驗？如果你沒有隨時隨地連上網，會不會因此覺得焦慮或煩躁？你是否出現愈來愈多生理上的問題，像朱利安的疲憊與煩躁？

很多人告訴我，如果他們真的去檢視自己的媒體使用狀況，會發現出現了好幾個金絲雀警示的問題，像是：難以專注、記憶力差、惶惶不安或沒有活力。有些人告訴我，他們覺得很焦慮、鬱鬱寡歡、感到被耗盡，或覺得失去希望。我有一些病患過度使用媒體，沒有出現心理健康上的問題，卻出現生理上的問題，像是頭痛、脖子痛、肩膀痛、背痛、眼睛疲勞等。你的金絲雀提出了什麼樣的警告，才讓你注意到自己的媒體使用狀況呢？花一兩分鐘寫下那些可能因為你過度接收媒體資訊，而一直試著想警告你的金絲雀症狀。

在剛開始執行媒體使用菜單的時候，你沒有特定原因就會有想查看手機的強烈衝動。事先預期到這個狀況，在手邊準備一個可行的替代選項：塗鴉的筆記本或紓壓玩具。在房間快速走動，或瀏覽色彩繽紛的雜誌或書。重新連結你的大腦並克服想滑手機的原始衝動，這是很了不起的事。每天都恭喜自己，你在盡可能減少出現爆米花腦的風險。隨著時間過去，你的壓力會感謝你，因為你將會決定誰以及什麼事物能得到你的注意力，而不是讓你掌中的裝置來決定。

創傷循環

當新聞上充斥著痛苦悲傷的消息，並在社群媒體上重複出現，這時我常常會接到病患的電話或電子郵件，他們因為這樣的新聞週期而出現負面反應。對很多人來說，這無關他們接收到的新聞量，而是特定新聞內容一直出現，加重了他們的壓力。如果你過去有過受創的生活經驗，又會更容易發生。在我臨床的經驗中，這種模式很明顯，我幾乎可以根據世界上正在發生的事情來預測哪些病患因為媒體引發的壓力而需要協助。

賽爾瑪焦慮地哭著進到我的診間。過去兩週，她幾乎醒著的時候都在觀看布雷特・卡瓦諾（Brett Kavanaugh）的美國最高法院大法官提名聽證會，當時的證詞是關於控訴他性侵的內容。

賽爾瑪當時46歲，長期投入政治社會運動。在幾十年來的工作中，她一直以健康的方式使用媒體。

她解釋：「新聞對我來說只是噪音。如果要做好我的工作，我需要知道世界上發生了什麼事情，但不能因此分心。我在一些真的很艱困的時刻也一直持續做著這份工作。」

賽爾瑪站起來，在我的診間踱步。「這場聽證會讓我措手不及。我一直看，停不下來。我很焦慮，還出現心悸。我上個禮拜沒有辦法去工作；幾乎沒辦法離開床舖，因為我每晚只睡一個或兩個小時。老實說我今天為了來見你，費盡了全力。」

結果發現，賽爾瑪在20多歲時有過被性侵的創傷經歷。透過媒體接收時事而引發了過去經歷的強烈情緒，她從沒想過事件發生多年後，會發生這樣的狀況。她自我保護的反饋迴路進入過度使用的狀態。

賽爾瑪開始注意到這類新聞前，過得非常好。她每個月都會接受心理治療，每三個月去看心理醫生。過去十年來，她服用少量治療焦慮與憂鬱的藥物，效果很好。

賽爾瑪因為觀看美國最高法院聽證會而引發十多年前早已癒合的創傷，「全部如洪水般再度湧現，」她告訴我。「好像我又再經歷一次。我的身體和大腦記憶猶新，仿若昨日。」

由於情況緊急，需要立刻採取行動，並透過兩個方式處理賽爾瑪的心理健康：立刻和諮商師談談，並和精神科醫師討論是否需要調整藥物劑量。

當週稍後我再查看賽爾瑪的狀況時，她已經重新開始治療，並認真思考提高藥物劑量。在賽爾瑪的情況中，她只是單純接收新聞資訊，並沒有過量，壓力卻一下子就快速攀升到需要緊急醫療處理的狀況。這顯示了媒體使用對你的大腦和身體造成強大的影響。賽爾瑪的經驗顯示觀看敏感媒體內容會觸發警示的重要性。

最近，我和一位女子談話後得知，她88歲的祖母因為烏俄戰爭相關影像而受到觸發。[10] 她不再戴醫生要她戴的呼吸中止症面罩，因為她在媒體上處處看到烏克蘭的消息，想起自己在第二次世界大戰和父親一起戴防毒面罩的記憶。她大腦中的壓力路徑仍記得八十年前發生的創傷！

你不需要有創傷的經歷才會被令人痛苦的新聞內容影響。在現代世界中，我們彼此超高度連結，程度更勝以往。你坐在家中客廳沙發就能即時接收到數千公里外實地發生的消息。你受到理性邏輯控制、掌管思考的大腦會發現其中差異並標註距離。但你的杏仁核，也就是受到自我保護機制所控制、負責掌管情緒的大腦，則不太能理解。杏仁核會將這些事件視為立即的威脅，並因此啟動你的壓力機制。對於創傷倖存者來說，先前的經驗又會導致情況變得更嚴重。他們又再度受創。

我在臨床經驗中，很常看到這個現象出現在病患身上，於是我找了一位研究員詢問，他研究的是媒體對廣大人口大腦的影響。加州大學爾灣分校（University of California-Irvine）的心理學研究員羅珊・寇恩・西爾弗（Roxane Cohen

Silver）博士表示，我們出現的是「集體創傷瀑布」（cascade of collective traumas）。「使用媒體的人要知道，一直接收負面新聞會影響心理，這點非常重要，」西爾弗表示。「隨著接收到的媒體資訊愈多，我們看到人們痛苦、焦慮、高度警覺和其他緊急壓力反應的狀況增加⋯⋯大家看到愈多〔影像〕內容，表現出來的痛苦就愈多。他們愈覺得痛苦，就愈可能再去看這樣的內容。⋯⋯這是一個循環。」

西爾弗繼續說：「我絕對不贊成審查制度⋯⋯新聞很重要⋯⋯〔但是〕大家可以有意識地做出決定，監控自己花在使用媒體的時間⋯⋯不要一再沉浸其中。」

當自己的父母

負面新聞一直都會在。但我們需要用更好的方式管理持續湧入的資訊，保護我們的心理和整體健康，並且持續接收資訊，當一個見識廣博且有判斷思考能力的公民。要達到這樣的平衡不容易，但的確可以做到。做法不用很複雜或令人痛苦。看看我們就好，我們很輕鬆容易地就幫孩子們設定螢幕使用時間。

這一代的青少年和兒童都是數位原住民。他們從小就玩電玩遊戲，在學校用平板電腦和桌機，有些孩子因為父母繁忙為了聯繫方便，還有手機可以用。

妮可前一年來見過我，她有天晚上和家人一起去最喜歡

的披薩店用餐,那時才發現自己已過度使用媒體。當時他們正等著餐點上桌,她滑完手機抬頭發現先生和12歲的女兒都在滑手機,4歲的兒子則在用 iPad 玩遊戲。隔週,她來我的診間時告訴我:「我發現我先生和我不知不覺在用身教告訴我們的孩子,一直看電子產品沒有關係。我不想要他們跟我一樣出現爆米花腦。」妮可已經成功將媒體使用菜單融入生活中,透過這個練習,她了解到過度上網和使用媒體對女兒和兒子大腦的發展會造成哪些危險。

成人大腦發展和兒童的大腦發展不太一樣,但還是在持續發展,透過神經可塑性受到外在刺激影響(請見第二章)。3C產品對成人和孩童影響的研究結果相似:成人和兒童的情緒都會變差、更煩躁、睡眠障礙、壓力變大,而且更容易發怒。是時候我們要開始當自己的父母了,無論年齡大小都重新思考螢幕使用時間對大腦的影響。

用睡眠做治療

有一個社團你真的不會想加入,但隨著一年又一年過去,這個社團變得愈來愈熱門。這個社團成員都是睡眠不足的人,每三個美國人就有一人是社團成員。大家失眠的原因很多——慢性疾病、需要提供照護、時差、輪夜班、緊急狀況——但幾乎有半數的美國人都說壓力是導致他們睡眠不足的幕後兇手。[11] 如果你的睡眠因為不健康的壓力而變差,那

你並不孤單。

好消息是更深入了解壓力如何影響睡眠,能幫助你克服許多睡眠上的障礙。讓你也能在吵雜的世界中找到片刻寧靜。

就像之前看到朱利安和賽爾瑪一樣,螢幕使用時間和睡眠障礙密切相關。科學研究顯示,這兩者彼此間呈現明顯的負相關:媒體使用愈多,睡眠就愈可能變差。不管在哪一個年齡組,從嬰兒到更年長的成人,研究證實螢幕使用時間和睡眠之間呈現負相關。[12]

從我們起床到入睡,睡眠就與螢幕使用呈現直接競爭的關係。你醒來後做的第一件事是什麼?如果你和87%的人一樣,那你很可能醒來後5分鐘內做的第一件事就是滑手機,往往在你的眼睛還沒適應白天光線之前就開始滑。[13]

你在準備上班前可能會短暫休息一下,但你工作時很可能都一直盯著另一個螢幕。然後,一天工作結束準備下線時,你可能又會看更多螢幕來紓壓。但就像朱利安和賽爾瑪發現的一樣,滑手機不是良性無害的舉動。這個行為可能會啟動你大腦裡的壓力機制。你對任何大小螢幕的依賴可能會對睡眠造成重大影響。

譚雅就是如此。譚雅是一個一邊在打工兼職的研究生,她因為睡眠問題愈來愈嚴重而來找我。還有六個月就要畢業,譚雅的壓力愈來愈大,睡得很不好,這也影響到她的學業表現。

她覺得很痛苦:「我已經快燃燒殆盡了。很認真思考要

休學。我不確定自己還可以撐多久。」

譚雅告訴我她通常怎麼過一天。她早上按掉鬧鐘的貪睡按鈕好幾次後在七點鐘起床。她花30分鐘用手機看社群媒體動態後，再趕去上課。她在學校一直待到下午稍早的時段。下課後，她在當地的科學博物館工作到晚上七點。等到回家時，她已經感到筋疲力盡。「感覺我一天的每一分鐘都是在為別人而活，」她這樣說。

她讀書讀到晚上十點。然後在漫長又充滿壓力的一天後，她會盯著螢幕紓壓，不是看手機就是看電視，一直看到凌晨一、兩點鐘。隔天，又是同樣的循環。

「並不是一直都這樣，」譚雅解釋。「我本來睡得很好。我是生理學的博士生。我知道所有關於睡眠的好處。但現在感覺就算我已經累到不行，還是不能在凌晨一點鐘前睡著，而且一整晚都翻來覆去。我的大腦好像不想要關機！」

「只有當我們白天過得很好時，晚上也才能睡得很好，」我解釋。

白天時，譚雅沒有撥出時間慢慢釋放她的壓力，所以壓力就持續和她同床共枕，在晚上釋放出來。

我用第一章使用的煮水壺比喻，向她解釋發生了什麼事情。「面對像研究所最後幾個月，這樣壓力龐大的狀況，你大腦的反應就像煮水壺一樣。你沒有辦法把當下的熱氣降低，對嗎？」

「現在沒有辦法，」譚雅同意。「我必須完成論文，接下來還有幾個考試。辭掉工作也不是辦法，因為我需要錢付

帳單。」

「那就把這些看作是你無法控制的外在力量。這些外在力量的時程表都是無法更動的，」我說。

「我生活中的熱度被調到很高。我覺得自己要炸開了，」譚雅說完開始哭。

我繼續說：「煮水壺不會爆炸，因為有蒸氣釋壓閥。我和你的工作就是要教你怎麼把釋壓閥打開，釋放一些療癒的蒸氣，讓被悶住的壓力在除了睡覺的時間之外，還有其他機會釋放。」

譚雅擦了擦眼淚，同時感到鬆了一口氣又筋疲力盡。她已經準備好要投入我給她的計畫。我們共同的目標就是處理她的睡眠，讓她可以準時以不錯的成績畢業。

在譚雅身上一次同時出現三種最常見的睡眠問題：難以入眠、難以保持入睡狀態、睡眠中斷導致睡眠變得片段。對譚雅來說，睡眠不足是她的金絲雀。

對許多人來說，睡眠中斷是不健康、適應不良的壓力最常見的首要徵兆。這些年來成千上萬個飽受壓力所苦的人來找我諮詢，其中，睡眠是最常見的問題。

你可能不像譚雅一樣難以入睡，或跟我一樣睡覺時會心悸，但如果你出現適應不良又不健康的壓力，你很有可能睡得沒有之前那樣好。

睡眠與壓力的循環

睡眠和壓力緊密相關,因為這兩者間有一個共同的幕後兇手:皮質醇。皮質醇又稱為壓力賀爾蒙,白天時皮質醇分泌會上下變動,幫助你應對所處的環境。就像壓力會因為程度和頻率而被視作是健康或不健康的,皮質醇也是一樣。皮質醇原本並非有害的激素;這是維持日常許多機能一個重要且必要的賀爾蒙。一切都關乎分泌的量和頻率。

當你有壓力的時候,腎上腺(位於腎臟上方)接收到來自大腦腦下垂體的訊號後會製造皮質醇。接著釋放皮質醇進入你的血液,並啟動你的戰逃反應。在人類歷史中,皮質醇一直都很努力運作。早期人類遇到像是迎面衝過來的老虎等各種危險時,皮質醇能幫助他們逃走。皮質醇會讓心臟更快製造出血液運送到身體比較大塊的肌肉(像是你腿部的肌肉),並使用儲存的葡萄糖去讓大塊肌肉開始活動。這是一個生存賀爾蒙,幫助你快速躲開或擊退威脅你的危險事件。對我們早期的祖先來說,當危險解除後,急性壓力也結束,皮質醇會回到正常基準水平。

現代世界的挑戰,獨特之處在於,我們的壓力並非急性,而是長期慢性的壓力,所以我們的壓力不會真的消失,只是一直累積下去。皮質醇就和你的杏仁核一樣,沒有隨著時間進化;皮質醇並不知道你是因為財務而備感壓力,並不是因為有隻老虎正在追著你。慢性壓力會導致皮質醇像背景音一樣持續釋放。

皮質醇在身體中另一個重要角色則是管理你的睡眠循環，所以不難看出來，慢性壓力的持續威脅會導致你的睡眠循環愈變愈糟。隨著時間過去，你高於異常的皮質醇分泌量會開始影響你的睡眠，讓你更難以入眠、難以保持睡眠狀態，醒來後也覺得沒有真的好好休息到。這樣的睡眠與壓力循環會每晚持續上演。[14]

如果你正因壓力所苦，你就完全明白我的意思——那熟悉到不行、難以入眠的夜晚。你白天倍感壓力時，身體適時增加皮質醇的分泌作為回應，而這會影響到你的睡眠，睡眠又再加重壓力，身體又會因此釋放更多皮質醇。

好消息是有辦法打斷這樣的循環。當你在執行兩個改變法則時，可以透過管理壓力來重新調整你的睡眠。改變不會一夕發生，但透過一點時間、努力和耐性就能發生。採用兩個改變法則後，隨著一週又一週過去，你可以將睡眠調整到壓力還沒失控前的狀態。

睡眠對飽受壓力的大腦很重要，因為睡眠對大腦有神經保護作用，意思就是說，睡眠能幫助大腦維持健康。兩位研究員在文章中寫道：「睡眠最重要的目的就是作為大腦的垃圾桶。基本上，睡眠就像是收垃圾的清潔隊員，在晚上出現，將大腦中的廢棄物〔剩下的蛋白質和代謝副產品〕都倒掉。讓大腦隔天能再如常運作。」[15]

睡眠能幫助你處理困難的情緒，應對生活中的種種要求。諷刺的是，當你壓力很大，最需要這些移除廢棄物的專家幫助時，它們卻罷工了。它們晚上放假去，而你心理的垃

垃圾開始不斷累積。

　　透過研究睡眠不足對大腦的影響，我們了解到睡眠如何影響大腦。睡眠剝奪會降低大腦的認知、專注、記憶、注意力等能力。[16] 會減弱你的前額葉皮質，導致杏仁核更容易起反應。[17] 給受試者看會引發負面情緒的影像後，出現睡眠剝奪的人，他們的腦部掃描影像顯示，杏仁核起反應的機會，會比好好休息過的大腦高出六成。[18]

　　這些腦部發現可能與你睡眠剝奪的經驗符合：煩躁、憂鬱、無法控制自己的情緒。下一次你告訴別人：「我現在情緒很差，因為我睡不好。」記得是你過度反應的杏仁核在作祟。

　　不管你的年紀大小，睡眠剝奪不僅會對你的大腦造成負面影響，也可能對整個身體有害。針對青少年的研究發現，睡眠剝奪和血壓升高、膽固醇異常、胰島素阻抗（糖尿病前兆）之間有關係。[19] 睡眠剝奪的成人罹患慢性健康疾病的風險高出了三成。[20]

　　你睡得多好或多差也能用來預測你未來的心理健康。睡眠剝奪的青少年和成人更容易出現焦慮和抑鬱，而且未來也更可能罹患抑鬱症。[21] 一項涵蓋了 17 萬成人的分析研究指出，睡眠問題會導致未來罹患抑鬱症的風險翻倍。[22]

　　雖然睡眠的科學清楚又精確——你的大腦需要睡眠休息才能以最好的狀態運作——人生卻很混亂又複雜。就算再怎麼努力，但希望自己每一晚都睡得安穩，也不太實際。一定會有些夜晚，你沒辦法得到需要的睡眠休息。你可能去慶

祝某個節日而晚歸，因為旅行而出現時差，因為迫近的截止期限而努力工作著，又或是因為合理的擔憂而輾轉難眠。你也可能調整想早一點上床，卻整晚睡得很差。那怎麼辦呢？科學提供我們重要的指引，但我們最終只是人類，不是可以用程式操控的機器人。我們都盡力而為。不要因為幾個晚上睡不好就增加自己的壓力，讓自己的狀況變得更差。幾天、幾週或甚至幾個月睡不好，並不會對你的大腦和身體造成永久的負面影響。這些科學警告針對的都是經歷了好幾個月或甚至數年的慢性睡眠剝奪的狀況。

就像壓力一樣，大腦和身體本身很善於應付急性、短期的壓力。常見的睡眠問題往往伴隨短期壓力出現，這是由於睡眠與壓力循環及皮質醇所導致。當你無可避免地感受到壓力，而壓力也影響到你的睡眠時（因為這就跟壓力一樣是很普遍的經驗），對自己好一點。不要因為睡得不好而苛責自己，就讓這件事過去。把睡眠問題當作一個練習善待自己的機會。

出現睡眠剝奪的時候，將重點放在恢復。可以考慮將最重要的任務放在當天稍早進行，在你心智頻寬最充裕的時候處理它們。為自己的媒體使用設定界線，給大腦一點喘息空間。避免過度勞動，持續補充水分和營養。如果你一定要睡一下，只能小睡片刻，而且不要到傍晚才睡。[23] 如果你需要咖啡因幫助你撐過去，避免下午三點之後攝取。午睡時間太長、太晚攝取咖啡因，都會影響晚上的睡眠。

在這些能量低落、睡眠遭到剝奪的日子，請善待自己，

明天再盡己所能。相信你有能力透過這章提供的方法，重新找回好睡眠。隨著時間、耐性和練習，你的大腦會重新找回恢復性睡眠，在吵雜的世界中找到片刻寧靜。

「譚雅，」我說：「我和你分享睡眠的科學，要在睡眠剝奪對你造成永久傷害前，幫助你先做好準備。」

「太好了！我不想要現在的睡眠循環影響到我的未來，」譚雅告訴我。「畢業後我有很多事想做，所以我需要很多能量。」

我和譚雅分享，為什麼要把重點放在睡眠的許多原因，因為這對她現在及未來的減壓之路都相當重要。不管譚雅一開始有多猶豫，聽完之後，她的猶豫也消退了。

譚雅的目標是開始每晚睡滿 7～9 小時，很快就入睡，並且整晚都維持睡眠狀態。這是一項艱難的任務，但我知道透過減少壓力，將能夠改善她的睡眠。

睡前拖延症

第一步是改變譚雅的睡覺時間，從凌晨一點調整到更早，最好是在午夜之前，接近晚上十點鐘。譚雅一直對睡眠很焦慮也睡得很差，所以一直把就寢時間往後延。「我知道睡眠很重要，但我就是沒有辦法讓自己在比較好的時間上床睡覺，」她有點惱怒地說。

出現在譚雅身上的是一個愈來愈普遍的文化現象，叫做

「睡前拖延症」。在一個針對 308 名病患、其中大部分是女性的研究中，發現有睡前拖延症和其中最焦慮的病患，兩者有強烈關聯。[24] 他們每晚睡的時數更少，而且和比較不焦慮的病患相比，睡眠問題也更多。驚人的是，有睡前拖延症的人承認睡眠的重要性，但還是沒有辦法早一點上床睡覺。

研究人員對這點感到驚訝。「我們發現絕大部分的參與者都同意睡眠很重要，」他們寫道。「這很棒，這代表我們不用說服大家為什麼睡眠很重要。另一方面，這顯示睡眠不足是個更複雜的問題，不只是動機的問題而已。」[25]（這就像是威斯的例子：知識和行動之間的差距。）

這些發現與我的臨床經驗一致。我所有患有睡眠剝奪的病人，幾乎每個人都想要更早去睡覺，卻因為各種原因而無法做到。

「你當然想要再多睡一點，」我向譚雅保證。「首先，你需要打破困住你的現有循環。我們要一起找到突破這個循環的方式。你需要好好睡覺。」

原本弓著身體的譚雅開始放鬆肩膀，她淚水盈眶地說：「你不知道我有多需要休息。」

我大部分有睡眠問題的病患都再也無法忽視他們內在的金絲雀，金絲雀警告他們需要重新設定自己的壓力。而他們的兩個改變法則做法中，第一個要處理的就是睡眠。他們不需要找到自己為什麼沒法好好睡覺的華麗複雜理論。他們只是想要有一個簡單可行的計畫能幫助他們獲得渴望已久且亟需獲得的睡眠。

「請告訴我要怎麼做，我就會去做。我已經受夠了疲累的感覺，」譚雅大大地嘆口氣說：「我真的很想要好好休息。」譚雅和我開始打破她睡前拖延症的循環，這是造成她睡眠剝奪的主要原因。我們將重點放在提早就寢時間。你有一個24小時的循環，這是你身體的內在時鐘，稱為生理時鐘（circadian rhythm），是由皮質醇所控制。一天中，皮質醇的分泌時而升高時而減少，但通常在午夜時最低，在一早六點至八點間最高。

第一個目標是和你的內在時鐘一致。我就是這樣開始幫助譚雅。她七點起床，但因為太晚就寢，內在時鐘獲得的睡眠時間太少。藉由把目標放在午夜前就寢，把入睡和醒來的循環調整到與身體自然生理時鐘一致，這樣的改變會對她有幫助。我們睿智的祖先曾說過：「午夜前一小時的睡眠勝過午夜後兩小時的睡眠」，會有這樣的說法，說不定是祖先對內在生理時鐘的直覺。

如果你入睡與醒來的循環和譚雅一樣，比自己想要的更晚就寢，那你不是少數。根據我一位專精睡眠醫學的同事表示，這是他在處理睡眠剝奪病患時最常聽到的抱怨。事實上，有次和他談話後，讓我重新思考自己在處理病患睡眠上的問題。

「我已經問了我數百位的病患這兩個問題，答案永遠都一樣，」他說。「問你的病患：『你幾點上床睡覺？』然後接著問：『理想上你希望幾點上床睡覺？』答案會出現兩個小時的落差。你的病患可能會想要晚上十點鐘去睡覺，最後

第 4 章　重新設定技巧二：在吵雜世界找到片刻寧靜

卻在午夜才就寢。當我進一步了解背後原因時,幾乎每個人都告訴我說:『我在用手機／電視／筆電!』3C產品是造成睡前拖延症的主要兇手,」他說。

你也有同感嗎?你目前睡覺的時間和理想的就寢時間是否有兩個小時的落差?

如果有的話,非常合理。因為工作、家庭義務或其他的行程安排,你起床的時間可能沒有太大彈性。但你睡覺的時間則有選擇的空間。當你壓力很大、感到倦怠時,你一整天都沒有什麼掌控感。每一分鐘都被排滿,往往都是照著別人的行程在走。但那些美好的夜晚時光是屬於你的,能做任何你想做的事情。你有很大的掌控感。所以我們會拖到很晚都不睡,就像是在對充滿挑戰的白天「復仇」。

認知神經科學家羅倫・懷特赫斯特（Lauren Whitehurst）表示,這是對奮鬥文化的反應,和有毒的韌性密切相關。「我們很重視生產力,所以我們把一整天都排得滿滿的,」她說。「這其實顯示了〔我們缺乏休息時間〕。」[26]

譚雅對此很有共鳴,她在我們剛開始談的時候告訴過我,她因為學業和工作,並沒有足夠的時間屬於自己。「唯一屬於我的時間是從晚上九點到半夜,」她承認。「我應該要睡覺,但我需要先紓壓才能休息,你了解嗎?」

我當然了解。我也曾經在壓力很大、感到很倦怠時,晚上不睡覺,一直狂看電視節目。我們只是凡人。事實上,我和小時候最好的朋友們有一個WhatsApp群組,裡面會持續推薦分享我們喜歡的節目。我們最常抱怨的就是:「我需要

睡覺,我不能再看更多節目了!」

但老實說,有時候再當個叛逆青少年的感覺很好,就算知道這樣不好還是待到很晚才睡。當我迷上新節目,晚上待到很晚一直狂追劇時,我會通融自己一下。我希望你也能善待自己。大部分的晚上,我在十點到十點半間就寢,所以偶爾十一點四十五分才上床睡覺並不算太糟。睡眠上的波動是生活的一部分。幾個晚上比較晚睡並不會因此破壞你睡眠的循環。畢竟你的身體有韌性。重點是盡可能趕快回到理想的睡眠作息,最好是你狂追劇後立刻調整!

我一開始建議譚雅十點睡的時候,她對我的建議感到氣餒。感覺和她目前凌晨一點的就寢時間有一大落差。就算晚睡造成她的壓力,但她非常想在吵雜的世界中找到片刻寧靜,她不確定自己是否能做到早一點就寢。

「你可以慢慢完成這個轉換,並不會讓你覺得痛苦,」我向她保證。「從現在算起的幾個月後,你會發現自己習慣了早一點的就寢時間。感覺好像一夕發生,但卻不是突然做到的。因為你的持續努力和耐性,才能達到這樣的結果。」

我們需要重新將譚雅的睡眠從現在**斷斷續續睡五個小時**,調整到一個晚上睡七到九個小時,這對大腦的表現最理想。要早一點睡,我們要看看譚雅目前睡前幾個小時都做了什麼事。對於她的兩個改變法則功課,我們將重點放在兩個干預做法上:盡可能減少夜間使用 3C 產品的時間,將早睡列為優先目標。

譚雅同意盡可能減少夜間使用 3C 產品的時間,改成營

造一個放鬆的睡前作息。在我的建議之下，她把電視搬出臥室。接著，她設定計時器，將睡前使用 3C 螢幕的時間設定為一個小時。她最終的目標是盡可能減少睡前兩個小時所有使用螢幕的時間。對於恢復性睡眠來說，睡前兩個小時不看螢幕最為理想，但對譚雅來說，就算只是一個小時不看螢幕也夠好了。

我們需要考量到譚雅對這個改變會有怎樣的感受。當你針對現有模式或作息做出一個微小改變，要預期改變會產生阻力，因為你的大腦還是想要照著你已經建立的神經路徑走。譚雅凌晨一點才睡的習慣已經持續一年了，所以她對於這個一再重複的模式已經有很穩固的神經傳導路徑。我們談到她要預期到會出現阻力，以及自然界不喜歡真空的狀態，所以她需要將使用社群媒體和電視的時間，替換成比較放鬆的活動。

譚雅告訴我，她喜歡伸展和溫和的瑜伽，但一直找不到方法把這些活動融入她排得滿滿的日常生活中。過去幾年來，她上了一些修復性的瑜伽課，學到一些自己在家就可以做的簡單伸展動作。由於她常常對朋友抱怨，一整天在電腦前弓著身體讀書，導致她肩頸很緊，在睡前做溫和的伸展動作感覺是完美的機會，既能將這些活動融入生活之中，同時幫助身體變得柔軟。

譚雅很高興地決定要在房間裡放一張方便取得的瑜珈墊，用來替代使用 3C 產品的時間。在行程滿滿的一天結束前，伸展能給她一些時間重新調整自己並釋放壓力。她在做

伸展動作時會緩慢地深呼吸，這也能加強她身心的連結（這是下一章「重新設定技巧三」的基礎）。

與其帶著緊繃的身體和過度使用的大腦入睡，譚雅會先伸展，然後帶著放鬆的肌肉和平靜的心情入睡。這能形成漣漪效應，能幫助她更快入睡，整晚都保持睡眠狀態。

譚雅很期待身心都能充分放鬆的狀態。她帶著具體的計畫離開我的診間，準備在吵雜的世界中找到片刻寧靜，並決定當晚就開始執行計畫。她甚至知道她確切要做哪些溫和的伸展動作，來開始新的作息。

減少螢幕藍光的傷害

螢幕之所以會對睡眠造成問題，是因為螢幕有兩個會影響深層、恢復性睡眠的機制：第一個純粹是技術性的問題，第二個則和心理學有關。首先，所有的螢幕都會釋放出藍光。就算你很想睡，藍光還是會啟動你腦中清醒的機制。你可能實際感受過藍光對大腦清醒中心的影響。如果你曾經在凌晨三點查看手機，雖然剛剛才處於深度睡眠的狀態，儘管身體仍舊感到筋疲力盡，腦袋卻變得警醒。螢幕的藍光會對你的大腦傳送該醒來的訊號。

藍光不僅會影響你保持入睡的能力；還會影響你睡著的能力。這兩個問題譚雅都有。我們很容易就能說服自己只是要在睡前快速查看社群媒體，然後卻發現自己一兩個小時後

才登出。突然之間,你晚間十點的就寢時間就變成半夜或更晚,而大腦則試圖破解到底是該睡覺了,還是要保持清醒。這不是大腦的錯。事實上,這正是大腦暴露在藍光時應該做的事情。請記得,任何媒體內容的主要目標就是要讓你持續觀看,電子產品的藍光做的就是這件事——讓你的大腦專注在你面前的外在內容,而不是你內在需要睡覺的需求。

有時候,你可能無法在晚上時段把手機關機。你可能有年邁的父母、青少年或剛成年的孩子,你希望他們任何時間都能找得到你。我了解。作為醫師,我常常需要在很晚的時候查看訊息和電子郵件。但你還是可以在讓人找得到的同時,又不用完全啟動大腦的日間清醒模式。大部分的手機都有方法可以調成睡眠或夜間模式,或設定夜光或濾藍光模式。我在晚上八點到早上七點之間,將手機調成這個模式。這樣一來,每晚八點,我的手機就會濾掉藍光,螢幕顯示變成比較暖和的橘色調。然後,早上會自動轉成原本的藍光模式。另一種方法是考慮戴抗藍光眼鏡。這些濾藍光方法都不是百分之百有效,但當你無法在夜間完全關掉手機時,這就是可行的替代方法。

夜間看 3C 產品的螢幕會影響到睡眠的第二個原因跟生理比較無關,而是跟心理比較有關係。[27] 一天要結束時,譚雅覺得被耗盡、疲累又充滿壓力。當她終於有時間留給自己時,要從一天的活動紓壓,最簡單又不費力的方法是什麼?當然是用螢幕麻痺自己!這種紓壓方式最不幸的結果,就是導致就寢時間延後,這也是譚雅想要克服的。許多原因會影

響到報復性的睡前拖延症,像是個人調適技巧、工作的彈性,還有你覺得自己一天中有多少掌控權。[28] 家有年紀較小孩童的家長可能會在孩子們入睡後享受那段自由的時光,將就寢時間一路延到午夜之後。但就算有這些個人的原因,你腦中導致報復性睡前拖延症的最大原因就是難以逃避的倦怠和壓力。[29] 面對倦怠和壓力時,睡眠是大腦最需要的,因為睡眠能幫助大腦處理困難的情緒。睡眠對於學習、認知、記憶、注意力和幾乎身體所有機能的運作也都很重要。睡眠真的會影響身體的每一個細胞、肌肉、器官系統,包括大腦。恢復性睡眠對於倦怠和壓力的好處,說再多也不為過,但睡眠往往是人在感到倦怠和壓力時,第一個被犧牲的面向。

譚雅的兩個改變法則第二個做法,就是將早點睡列為優先事項,藉此增加睡眠時間。如之前所提,大腦和身體理想運作的最佳睡眠時間是每晚七到九個小時。「未來的你會感謝現在的你保護好你的睡眠,」我告訴譚雅。

除了睡眠對大腦的好處,我們也討論到足夠的睡眠能保護譚雅的心臟。她很年輕,她的心臟目前狀態很好,但她的家族有心臟疾病的病史。她的爺爺和外公、三個叔叔和一位阿姨都有心臟問題。我和她分享了近期一個研究結果,進一步鼓勵她做出提早到十點睡的巨大改變。我們同意將就寢時間設定在十點到十一點之間,一些很有說服力的新研究指出,這段時間可能是睡眠的「黃金時間」。

我和譚雅分享的這份研究,調查了近九萬人,研究人員發現十點到十一點入睡,心臟會更健康,而午夜之後就寢的

人罹患心臟問題的機會則增加了25%。[30] 主要研究員大衛・普蘭斯（David Plans）表示：「結果顯示，早睡或晚睡更可能會破壞生理時鐘，對於心血管健康有負面影響。」[31]

譚雅準備好重新調整她的生理時鐘，因為她現在了解到睡眠對於她能否在學業和工作上有好表現，影響重大。譚雅新的十點就寢目標會是一大改變，但我答應她，我們會一步一步到達這個目標。

在三個月的時間內，譚雅慢慢將凌晨一點的就寢時間調整到十點鐘，她照著睡眠計畫表的規劃做，每兩週就把就寢時間提早30分鐘，讓身體和大腦都能慢慢適應。第一週和第二週，譚雅的目標是十二點半就寢。第三週和第四週則調整到午夜十二點就寢。每兩週，她就從睡前拖延症的狀態提前半小時入睡，增加健康睡眠的時數。到了第十一週，譚雅已經能自在地在十點就寢。

除了以上的做法，我還反覆提到「睡眠衛生」（sleep hygiene）的基本觀念，很多醫生都會和病患分享這點。譚雅已經做到了以下很多點，但還是值得提醒：

- 創造放鬆的睡前作息。
- 讓臥室保持黑暗、涼爽。
- 把床當作睡覺和性行為的空間，不要在床上吃東西、工作或做其他活動。
- 可以的話，把電視搬出臥房。
- 避免下午三點後攝取咖啡因，盡可能減少酒精和尼古丁

的使用。
- 每天都做體能活動,但最好不要在於夜間進行激烈的有氧運動。
- 如果一定要小睡一下,小睡片刻就好,而且在白天稍早的時候小睡,才不會因此影響到夜間睡眠。
- 如果你持續睡不好,考慮是否找睡眠專家談談。

當譚雅來回診時,她的個人壓力分數大幅下降,也覺得壓力變小了。她將此歸功於全新的睡眠作息。「我對於改善睡眠習慣感到自豪,就像平均成績進步一樣引以為傲,」譚雅告訴我。「我的成績也進步了,」她帶著微笑補充。

「我很多病患都說『一天沒有那麼多時間可以把所有事情都做完,』」我回應。「但事實上,當你給大腦需要的睡眠,你的專注力會改善,你便能夠在更短時間內做完更多事。」

譚雅持續早睡,偶爾在考試週或因為參加社交活動而比較晚睡。自從譚雅建立起更好的睡眠習慣後,就算有時晚睡也能回到正軌,而偶爾晚睡也是充實生活中很正常且可預期的一部分。

透過採用漸進式的兩個改變原則,譚雅的睡眠在三個月內獲得非常大的改善,也達成了自己的目標。她準時畢業,成績優異。她現在做著一份很辛苦、壓力很大的全職工作,但還是持續盡可能減少使用 3C 螢幕的時間,保護重要且珍貴的睡眠時間。

方法 5

獲得你該有的睡眠

1. 將目標設定在十點就寢。如果你目前就寢的時間是午夜之後，慢慢地每兩週就將入睡時間提前 30 分鐘，直到你調整到理想的就寢時間。
2. 在你預定就寢時間約一個小時前設定鬧鐘，鼓勵自己開始轉換到睡眠模式。
3. 創造放鬆的睡前作息。睡前閱讀書籍能幫助放鬆呼吸、改善壓力、減少心理困擾。或者也可以考慮聽聽放鬆的音樂，或練習一些溫和的瑜伽伸展，這兩種活動都能幫助大腦開始休息，讓睡眠機制開始啟動。
4. 試著盡可能減少晚間看 3C 螢幕的時間，尤其是睡前兩個小時，避免因螢幕釋放出的藍光而人為啟動了大腦的清醒機制。
5. 床邊桌上不要放手機，改用便宜的鬧鐘。這能幫助你避免在半夜的時候查看手機，也避免在早上一醒來就開始滑手機。
6. 可以的話，把電視搬出臥房。如果你會在臥室裡看電視，則減少看電視的時數。
7. 享受全新改善的睡眠作息為身心健康帶來的好處。你的壓力和倦怠感將會朝著新的方向改善！

睡眠剝奪的大腦

像譚雅一樣,我深受睡眠剝奪所苦的其他病患往往也充滿擔憂。當你睡不好時,很容易就聚焦在睡眠問題上。睡覺變成一個很有壓力的事情,還沒開始睡就混雜著悲觀憂鬱的心情:

- 如果我今天晚上又睡不著該怎麼辦?
- 如果我晚上一直醒來該怎麼辦?
- 如果我醒來又感到筋疲力盡該怎麼辦?
- 如果我永遠無法再一覺到天亮該怎麼辦?

如果你有睡眠剝奪的困擾,在你試著睡著時,這些「如果……該怎麼辦?」和其他種種問題會讓你一直感到焦慮,無法入睡。這是很正常的心理反應,叫做預期性焦慮(anticipatory anxiety)。這是當你想著某件即將發生的事情時,所產生的害怕不安心情。你可以對任何事情產生預期性焦慮,因為焦慮是專注在未來的一種情緒,充滿了「如果……該怎麼辦?」的想法。但當你睡得不好,身體缺乏睡眠也會讓你變得更焦慮。[32]

研究人員稱這種狀況是「過度焦慮與睡眠不足」(overanxious and underslept)。[33] 一項針對健康自願受試者進行的研究顯示,睡眠剝奪的人一個晚上沒有睡覺,焦慮程度會增加三成,其中一半的人符合焦慮症的標準。[34] 結果顯

示,睡眠剝奪的大腦和焦慮的頭腦有很多共通點。研究顯示,健康、睡眠剝奪的大腦影像掃描中,會出現一種有趣的新現象:大腦在焦慮時會過度運作的區域,像是杏仁核,在睡眠剝奪的大腦中也同樣會呈現過度運作的狀態。相反的,大腦在焦慮時呈現低活動性的區域,像是前額葉皮質,在睡眠剝奪的大腦中也同樣呈現低活動性。

「睡眠不足會啟動大腦特定機制,而這同一個機制也會讓我們容易感到焦慮,」研究人員艾提‧班‧賽蒙(Eti Ben Simon)表示。「當我們好好休息後,幫助我們管理情緒的區域也同樣會讓我們保持平靜。這些區域都對睡眠不足很敏感。一旦我們睡眠不足,這些區域就會喪失功能。我們沒有辦法啟動這些管理情緒的功能。」[35]

記得古老洞穴人的蜥蜴腦,也就是你的杏仁核,是引發壓力傳導路徑的主要推手,而你的前額葉皮質能幫助過度運轉的杏仁核平靜下來。有了這些全新的大腦影像掃描結果,科學家發現深層療癒睡眠的絕佳角色:能抑制焦慮,幫助你的大腦重新設定壓力。[36]

每天都有新發現的資訊告訴我們身體如何影響睡眠。所以不只是你,而是你的身體。不要對自己太過嚴苛。

我剛成為媽媽的時候因睡眠問題所苦,我希望我當時能聽進自己的建議就好了。在我的孩子剛出生的頭幾個月,我很擔心睡眠剝奪的問題。我愈擔心接下來當晚的睡眠,壓力就愈大,感覺就愈糟,然後睡得就愈差。

有次我和一位同事聊天,她是睡眠醫學醫師,幾年前才

剛生了小孩,是她導正了我的想法。我在吃午餐時向她坦承我睡得不好。我沒想到自己會因為不能睡而感到羞愧。我向病患鼓吹良好睡眠的好處,而我照著自己的睡眠處方做了之後,為什麼還是睡不好?

我準備好接受她作為睡眠醫學專家的批評。

結果她聽完笑了,還給了我一個擁抱。「我的寶寶出生後我有一年都沒睡好!」她說。「盡力而為,不要太用力。你最後會好好睡上一覺的。」

我大大鬆了一口氣。她的話讓我可以好好善待自己,就像我要我的病患做的一樣。我不再期待要好好睡上一覺。

結果證明她是對的。新研究的數據顯示,家長在孩子出生之後,睡眠剝奪的情況可能會持續長達六年。[37]

當我不再給自己要睡得好的壓力後,我開始睡得愈來愈好。我用在自己身上的方法和我用在病患身上的一樣。我不再專注在晚上的睡眠品質,開始聚焦在白天的生活品質。我開始在下班後運動,在中午休息時間進行冥想。當我白天開始過得更好後,晚上也過得更好了。我用間接的方式讓自己睡得更好。

這個間接的方式幫助了我的許多病患。如果你很焦慮,感覺自己不斷在擔心睡眠,或因為睡眠剝奪而苦,那我要邀請你照著方法 5 的睡眠處方做,同時多體諒自己。我也鼓勵你試試看本書中其他沒有特別與睡眠相關的策略,像是運動或 4-7-8 呼吸技巧(請見第五章),因為這些做法都能改善你的壓力,並進一步重新調整你的睡眠。

數位世界愈連結，現實生活愈疏離

透過社群媒體，你可能已經知道蠻多朋友、親戚、老同學的生活，但數位敘舊其實也會帶來負面影響。如果數據會說話，那你可能花了更多時間在手機，更少時間在睡覺，但跟過去相比，你可能也花更多時間獨處。

經濟學家布萊斯・沃德（Bryce Ward）表示，直到十年前，美國人和朋友相處的時間還和 1960 年代的人一樣多。[38] 然後在 2014 年出現了明顯的轉變，美國人開始花愈來愈多時間獨處。為什麼我們的社交習慣在 2014 年出現改變？那年是智慧型手機使用攀升的一年──從這一年開始，超過 50% 的大多數美國人開始使用智慧型手機。[39] 自 2014 年起，我們看到美國人使用智慧型手機的人數逐步攀升。這兩個趨勢之間的呈現並非精確的因果關係：你並不是純粹因為手機用得愈來愈多而花更多時間獨處。但研究顯示兩者間有關聯。[40] 當我們花更多時間獨處，我們更有可能會情緒低迷、難以入眠、壓力變大。

根據這樣的研究，顯然我們因為科技而變得高度連結，但彼此間卻愈來愈疏離。科學家無法精確指出這樣的狀況對我們長期心理健康和壓力的影響，但我直覺上認為，這樣的現象讓我們的孤獨感愈來愈強。

過去十年來，我們看到世界各地人們的孤獨感在增加。全球來說，至少有三億三千萬的成人兩週才跟朋友或家人說上一次話。[41] 在美國，孤獨變成如此急迫的問題，國家醫務

總監（Surgeon General）發布的建議中，宣布孤獨已成為公共健康危機。[42] 近期估計顯示，每兩位美國成人中就有一位覺得孤獨，Z 世代的孤獨程度更高達 78%！[43]

孤獨和壓力之間關係複雜，研究顯示孤獨可能會讓壓力惡化。[44] 孤獨還會造成其他健康問題。研究發現，孤獨會增加 29% 罹患心臟疾病的風險，增加 32% 中風風險。和每天抽 15 根菸的致死風險一樣高。[45] 孤獨也可能會縮短壽命。一項研究發現，孤獨會增加你因為任何原因提早死亡的風險。主要研究員卡珊卓・艾爾卡拉茲（Kassandra Alcaraz）證實：「社交孤立引發的風險程度……和肥胖、抽菸、缺乏運動等非常相似。」[46] 有鑒於這些發現，我們亟需解決孤獨的問題！

我在臨床經驗中很常看到這樣的狀況。我許多飽受壓力所苦的病患都很孤獨，我臨床工作中有一大部分是透過預防或事後治療來處理這個問題。對於每一個病人，我都會問以下問題來了解他們的社會支持情況：「你覺得在發生困難時，有可以信任並倚靠的朋友嗎？」我的很多病患都說沒有。當我請他們描述最親近的朋友時，有些會告訴我：「我沒有最好的朋友。如果我有，那就會是你，內魯卡醫生。」

這個答案反映了當前的孤獨流行病。我們渴望緊密連結。知道有人關心你在生活中發生什麼事，會是很大的安慰。我常常在想，統計顯示 60 ～ 80% 去看醫生的人都有壓力相關因素，而其中有多少是社會孤立所造成的啊。如果病患能得到更多的社會支持，更有歸屬感，還會有這麼多因為壓力相關原因去看病的人嗎？我不確定，但我覺得不會。

社會支持對壓力管理非常關鍵,所以我將此列為你生活型態概覽中的主要部分(請見第二章的「你的社群歸屬感」)。你可能有不同的社會需求和門檻——有些人內向,有些人外向——但不管個人的性格特點如何,社群感以及與他人的連結都能讓我們過得更好。哈佛成人發展研究(Harvard Study of Adult Development)指出,你和其他人類關係的品質是預測你整體人生快樂程度的最重要指標,這項研究是關於快樂的主題歷時最長的研究,長達超過八十年。[47] 社會支持也一樣。擁有社會支持很重要,成為他人的社會支持來源同樣也能改善你的健康。[48]

　　有壓力的時候,很容易就會感到孤立或想要獨處。但就算你是個性內向的人,有時與他人連結互動能減少你的壓力。有很多方式能培養有意義的連結。考慮在你一週的生活中,融入簡單與人連結的時刻。和鄰居聊聊、打電話查看朋友的狀況、參加當地的藝術課程或其他社團、邀請同事一起吃午餐,或花一個下午和朋友或家人逛跳蚤市場。

　　如果覺得忙到沒有時間社交,在你的一週中安排社會連結的活動。每週都至少安排一次和你喜歡相處的人互動。找能引發話題和連結的活動。找一個簡單的方式和其他人連結互動。你不需要當個社交花蝴蝶,但在生活中多和其他人互動,能幫助改善壓力和倦怠感。人類天生就需要社交連結,所以培養我們的歸屬感可以幫助我們維持身心健康。

　　拋開你必須要一直很有生產力或和他人連結時要帶有特定目的並獲得樂趣的迷思。這是奮鬥文化造成的。科學記

者凱薩琳‧普萊斯（Catherine Price）說：「我們通常會覺得只有在事情都進展得很好時，才能獲得或體驗到樂趣。事實上，樂趣能強化我們的韌性和精神，讓我們更容易面對生活中遇到的各種事情。」[49]

我的病患賽爾瑪因為觀看最高法院任命布雷特‧卡瓦諾的聽證會而再次受創，她投入了無數時間從事政治社會活動，而這些活動幾乎都非常緊繃。她花最多時間相處的人都投入嚴肅且激烈的任務，要創造政治上的改變。賽爾瑪下一次回診時已經採用了媒體使用菜單，也看到壓力和睡眠狀況獲得改善。我建議她在現有的兩個改變法則外，再多加另一項做法——拓展她社會支持與樂趣的策略。

「你要放鬆和享樂時會做什麼？」我問賽爾瑪。「嗯，我想想⋯⋯我上一次為了好玩而做的事，是去參加國慶演唱會，」賽爾瑪告訴我。「我帶一些來自社福機構的弱勢青少年去參加，所以我是在護送陪伴他們。」

「國慶日已經是六個月前的事了，賽爾瑪。我覺得護送陪伴聽起來不是很放鬆的活動，」我溫柔地說，我了解賽爾瑪並不會撥時間做自己喜歡的事情。

「不是很放鬆，」賽爾瑪承認。「年紀比較大的孩子們一直會偷跑去抽菸。」

我們兩個都笑了一下。但我知道需要採取一個不同的做法。「好，那換到你人生中另一個不同的時光。你在青少年時期，做什麼事會讓你感到開心？」我問。

「喔，有！我高中時是足球隊成員，我們的隊贏了很多

比賽,」賽爾瑪笑著告訴我。「我們都很棒。我的新鄰居愛麗絲要組一支女子成人隊伍。她問我想不想參加。」

「何不參加看看?你可能又會再愛上足球。」

「那已經是三十年前的事了!如果我踢得很爛怎麼辦?」賽爾瑪邊說邊憋住笑意。

「我覺得愛麗絲問你的時候應該沒有在乎這件事,」我告訴她。

「嗯,說不定我可以打電話給她,」賽爾瑪有點擔心地說。

「不如今天就打給她?」

賽爾瑪帶著決心站了起來:「好。今天。你知道嗎,我整個成年生活都覺得自己應該要把所有精力投入在政治事務上,很認真嚴肅地投入,不要浪費時間在興趣或其他『不重要』的事情上。」

「就算你把所有的精力都專注在一個好的目標上,還是可能成為不健康的壓力和倦怠感的來源,」我說。「我們都需要透過某種自我照顧的活動重新設定自我,有時候包括和別人一起做純粹為了好玩而做的事情。」

兩個月後,賽爾瑪又來到我的診間。她給我看一張照片,裡面有她、愛麗絲和另外兩位女生,大家都穿著一樣的足球制服。然後她謝謝我幫助她想起如何再次感到快樂。

「我的足球隊很好玩,」賽爾瑪告訴我:「但最棒的是愛麗絲和我每週一起開車去踢球,回家的時候會去一家奶昔店試不同口味。我們會聊到生活。常常笑成一團。很簡單,

但我覺得更快樂了。」

「我猜你足球沒有踢得很爛？」我笑著問她。

「沒有。我其實還覺得身體在謝謝我，感謝有這個機會可以在場上盡力踢球，」賽爾瑪說。「做這個運動也讓我覺得內心情緒更強大。而且我每週去踢球時，還遇到一些很酷、想法相近的女性。我們正計畫一群女生一起去洛杉磯，看當地的女子足球隊比賽！」

賽爾瑪對足球的描述讓我想到，每一場足球比賽都充滿機會，讓每週都有重新設定的可能性。透過一次兩個微小的改變，賽爾瑪學習到用「重新設定技巧二」中的方法保護她的心智頻寬。她在吵雜的世界中找到了片刻寧靜。她採納媒體使用菜單的元素，克服想要滑手機的原始衝動，在過程中重新奪回身心休息和復原的需求。因為她已經不再感到被耗盡，才得以使用自己的心智頻寬和足球隊上的其他人建立有意義的連結。藉由與網路世界斷訊，賽爾瑪在線下的生活中找到與他人的連結、歸屬感和樂趣。

賽爾瑪有了大幅進展，現在則感受到「重新設定技巧三」的好處——如何連結大腦與身體，控制不健康的壓力——這點我們接下來會談到！

第 5 章

重新設定技巧三
讓大腦和身體同步

———— ✳ ————

強化你的身心連結,克服不健康的壓力

你的壓力和倦怠感可能讓你感覺慘澹、永遠都好不了，但好消息是這兩者都能完全恢復。藉由了解「重新設定技巧三」，你可以透過身心連結將大腦和身體同步，逆轉慢性壓力對大腦和身體的負面影響，而這也是本書立論的科學假設。

我們當然都知道大腦在我們的身體裡，但卻常常忘記兩者如何彼此密切影響。你幾乎會一直感受到身心的連結。參加重大會議前感覺心跳加速、第一次墜入愛河時感覺到緊張不已、尷尬時臉紅、對於什麼是對或錯的而出現直覺反應——這些都是你身心連結正在運作的明顯例子。矛盾的是，身心連結是「重新設定技巧三」的基礎，卻往往被認為與我們的壓力程度和整體健康無關。

身心連結並非怪力亂神的說法；這是經過研究證實的，你的大腦和身體一直在溝通，並且緊密相連。下視丘-腦垂體-腎上腺系統（HPA軸）——你的下視丘、腦下垂體、腎上腺彼此的連結（請見第二章）——就是身心連結的具體例子，因為這個系統實際連結部分大腦和身體。身心連結的一個重要原則就是，對身體好的，也會對大腦有益，反之亦然。你過得愈好，感覺就愈好。一切都在你做了什麼。

不管你有沒有注意到這樣的關係，你的大腦會持續向身體傳遞訊號，身體會因此進行回應。就像重力一樣，身心連結是自然法則——在背景運作，讓你在前景中的生活得以繼續進行。

讓身心好好連結

　　如果你能影響這樣的對話,在過程中重新連結大腦去對抗壓力與倦怠,該有多好?事實上,你的確可以做到。儘管身心連結是無須費力的自然現象,但要有意識地好好進行連結,一開始可能會覺得很不自然。所以這才會被納入「重新設定技巧三」:你可以學習將大腦和身體同步,強化你的身心連結,克服不健康的壓力。

　　除了頂尖運動員之外,大部分的人花在用腦的時間比運用身體的時間還多。你的身體和大腦一整天都會彼此傳遞訊號,但你很少會停下來注意這些訊息。不過,一旦你察覺到身心連結的運作方式,了解如何運作,就再也無法忽視了——這是件好事,因為有非常多的方式可以控制這個連結,重新調整大腦和身體,減少壓力並強化韌性。

　　再回來看看我在第一章講到,我當實習醫師時因壓力所苦的經驗。在當住院醫師早晚漫長的工作中,我唯一的目標就是持續撐下去。我告訴自己就繼續撐下去。你會完成實習,你會成功的。但我卻常常在睡覺時感到心悸,導致睡眠被剝奪,感到被耗盡。我當時想自己是不是有心臟問題,但還是繼續逼迫自己長工時辛苦地工作。我深陷在壓力和倦怠的泥淖裡,沒有注意到自己的金絲雀症狀正在告訴我要停下來重新設定。儘管有這些症狀,我還是逼著自己繼續向前,因為我覺得不舒服應該是醫生實習過程中很正常的一部分。我的大腦和身體彼此對話,但我卻更努力想要讓它們安靜。

我的大腦和身體感覺就像是在真空中吶喊。

那時的我從來沒聽過身心連結的概念。這不是我實習訓練課程的一部分，在 2000 年代初期時的傳統醫學領域也不太會提到。學習這個重要的連結是我最後能尋求的手段。我做了必要的醫療檢查，被告知一切都「正常」，但那些亂竄的野馬並沒有停止。所以就像我的許多病患一樣，我開始自己做研究。作為受訓中的醫師，我能接觸到龐大的研究資料，不用像許多病患一樣需要透過 Google 查詢。我讀到關於身心連結的科學資料，得知在第一章提到的「醫療服務提供者的正念覺察」課程。

我第一次看到這堂課的宣傳廣告時，心想：「試一試又何妨？這在我下班回家的路上。一週一次，共八週的課程。也沒有很貴。如果不喜歡，可以第一週上完就放棄。」

上第一堂課後，我不僅迫不及待想上下一堂課，而且一切就像是一個大開眼界的經驗，改變了我醫學職涯的方向。

這堂課的老師麥可・貝姆（Michael Baime）似乎知道課堂上大部分的研修醫師會需要一個簡單的第一步，揭開並重新設定身心連結。我們需要一件就算在無比繁忙、行程過滿的生活中也能做的事情，不需要特地排開時間，也不用離開工作崗位或家庭生活去進行。我隔天就用了他教的一個方法，並持續使用到今天。

要了解身心連結實際運作方式，沒有什麼比專注呼吸法（Stop-Breathe-Be，也就是停下來-呼吸-專注當下）更能幫助理解了。只要幾秒鐘就可以學會，可以幫助任何人控制並

重新設定他們的身心連結,減少壓力並增加韌性。

方法 6

專注呼吸法

大目標是在做一件可能會引發壓力事件的任務時,使用這個技巧。選一個你每天都會做的微小、不太需要動腦的重複性工作。最好是選一個接下來會引發一系列活動的事情,像是泡咖啡、清廚房檯面、坐進你的車裡、查看電子郵件、登入虛擬工作會議,或為接下來一天準備行李或背包。這件事愈不用動腦、重複性愈高,結果愈好。我個人最喜歡的是拿起手機查看工作的電子郵件。

就在你準備要開始這件事的時候,在心中告訴自己或大聲說出「停下來」。刻意讓整個身體完全徹底停下來。暫停,並盡可能不要動,察覺到自己在當下靜止的狀態。

然後告訴自己:「呼吸。」當然,你一直都在呼吸,但花幾秒鐘的時間徹底感覺你的呼吸,深吸一口氣,然後吐氣。深呼吸的時候試著放鬆身體。

最後說:「專注當下。」讓自己安定下來,活在當下。將注意力放在當下,享受暫時停止的片刻。在

準備要開始進行接下來的任務前,純粹感受自己的存在。

專注呼吸法只花 5 秒鐘的時間暫停、存在當下和靜止,卻能有效地利用身心連結的概念重新設定你的壓力。就像是你在查看自身的狀況。

我一開始使用專注呼吸法時,正在忙碌的診所工作,而我選擇查看自己的時刻,是敲門準備進到檢查室看病患的前一刻。當我在檢視一整天滿滿的看診行程時,一開始很容易覺得難以負荷,隨著時間過去會開始倦怠,就像許多其他醫生一樣。專注呼吸法改變了我和工作的關係、我專注在當下和每位病患相處的能力,以及我的壓力。這個技巧首次解開了我啟動身心連結的能力。

每次病人來看診,都成為我練習連結自己身心的全新機會。我一整天都會重複這 5 秒鐘的練習,而這個練習重新設定了我的心智頻寬,幫助我專注當下,並因此徹底改變我一整天的狀態。我還是忙著照顧病人,但從一個診間換到下一個診間的過程中,不再感到忙亂。

我開始練習專注呼吸法的技巧時會站在診間門口,在敲門之前非常小聲地對自己說:「停下來、呼吸、專注當下」,然後照著我前面提到的提示做。隨著時間過去,這變成了一個習慣,我再也不需要口頭提示自己。

在一整天漫長的工作中重複練習這個技巧，能重新設定一整天的節奏，並對我整體的生活形成漣漪效應。我開始在工作時掌握專注呼吸法，接著也練習在家裡融入這個技巧。我在每天早上打開百葉窗時練習，在早晨喝第一杯茶的時候練習，在煮飯之後清理廚房檯面時練習，也在洗碗時練習。我將專注呼吸法的 5 秒鐘練習融入所有普通日常活動之中。

　　有趣的是，身心連結的概念聽起來很厲害，實際上要達到強健的身心連結，做法卻很樸實無華。這樣乏味重複的活動，對改變我們的生活有強大的力量！而這正是我對本書的減壓技巧感到如此興奮的原因。每個人隨時都能使用這些工具。你不需要高級的按摩、到山中靜修或有 AI 功能的高科技裝置才能做到。你可以利用像專注呼吸法等新學到的技巧，重新設定大腦和身體去減壓並增加韌性，在進行洗衣服或洗碗這些家務時就能開始做。

　　我建議 33 歲的特教老師蓋比瑞拉（Gabrielle）在工作時練習專注呼吸法。她告訴我，她那群 7～8 歲的學生都患有自閉症，精力旺盛，常常讓她感到難以負荷。她開始因為工作上持續不斷的種種需求感到倦怠。我請她每次轉向黑板時就練習專注呼吸法。

　　後來她說：「一整天重複利用這 5 秒鐘去自我連結，對我造成很大的改變。我一天至少就練習幾十次。接下來我要教學生這個技巧。」

　　專注呼吸法只要用到短短的 5 秒鐘，效果卻很持久。這個方法能啟動你的身心連結，因為專注呼吸法會訓練大腦在

當下去注意到身體和感官，以及你的想法與情緒，而不是像平常那樣什麼都沒多想就一股勁向前衝。在那個當下，這個練習要你快速檢視，並透過呼吸調節神經系統，遠離壓力，幫助控制壓力反應。

在進行專注呼吸法的當下，牽涉到一個複雜的生物現象。

你知道呼吸是唯一能同時有意識地控制和自主運作的生理機能嗎？你能有意識地控制呼吸（像是深呼吸），但你沒有在注意自己的呼吸時，身體會自動運作。很酷吧？其他身體的機能都做不到——心跳、腸胃消化或大腦思考都無法做到。這也是為什麼呼吸是能開發身心連結的方法。

研究也顯示，你的呼吸模式會影響你的情緒。[1] 多年來，科學家已經知道這樣的狀況會透過壓力賀爾蒙皮質醇呈現，還有迷走神經也是，迷走神經在你的身體中扮演許多角色，包括控制你的呼吸、消化、甚至是放鬆的能力。

科學家在很久之前就發現皮質醇和迷走神經在呼吸和情緒之間的關係扮演重要角色，但卻沒有辦法明確指出大腦實際到底如何運作。最近一項新研究則改變了這一切。一群史丹佛大學的科學家成功發現，他們稱之為「呼吸調節器」的一小群大腦細胞負責連結呼吸及情緒狀態。[2] 這個發現很重要，讓我們能夠更清楚地從細胞層次了解深呼吸時大腦如何運作，而你的呼吸能如何幫助你控制不健康的壓力。大腦中的呼吸調節器是你的身心連結大本營，而你的呼吸則能利用這個功能。

專注呼吸法能非常有效地隨著時間逐步啟動你的身心連結，但在壓力破表的情況下，你還需要一些其他工具的幫助。

輕鬆呼吸，輕鬆減壓

不管你在哪裡都能用腹式呼吸法、4-7-8 呼吸法、以心為中心的呼吸法（Heart-Centered Breathing）這三個技巧來減壓。我在參加商務會議時、開車、做晚餐、趕著赴約途中，甚至和別人一起看電影時，都練習過這三種方法。沒有人會注意到你在做這些練習。

腹式呼吸法

在混亂、沉重、難以負荷的情況下，最能立即有效停止壓力反應的呼吸法就是腹式呼吸法——這其實就是用腹部做深度呼吸的花稍說法。當你有壓力的時候，你的呼吸會變快變淺，呼吸只停留在胸腔部位。當你感到平靜的時候，呼吸會變慢且變得深沉，會用到腹部的力量。嬰兒非常會使用腹式呼吸法，但在長大的過程中卻改變了。不過你可以學習在焦慮或壓力大的時候，暫時刻意控制又淺又急促的呼吸，透過切換到腹式呼吸法來停止壓力反應。[3]

你可以這樣練習腹式呼吸法：

1. 在學習這個技巧時,將雙手放在腹部。
2. 從鼻子吸入空氣,吸氣的時候讓腹部隆起。然後從鼻子或嘴巴吐氣,在吐氣過程中讓腹部往內縮。

你會發現在練習腹式呼吸法的時候,你會開始用腹部做更慢更深層的呼吸,而不是用胸腔。因為比較慢且深層的呼吸無法與焦慮、又淺又急促的呼吸同時存在,當你在壓力很大或難以負荷的當下主動練習腹式呼吸法,你就是在最需要的時刻進行減壓。

我在第三章提到的病患雷恩是音樂產業的總監,某個下午他從倫敦打電話給我。他很焦慮。「我已經睡得更好了,每天都依照建議去散步和彈吉他。一切都很棒,」雷恩告訴我。「但我在參加會議、和別人說話時還是會覺得焦慮。今天的節目開始前,我本來應該要和廣播製作人有些互動,但我卻一直很怕。我一整天都在責怪自己怎麼這麼軟弱。我以前從來不會這樣。」

我從電話中能聽到雷恩幾乎沒法呼吸。「好的,雷恩,」我平靜地說:「現在先讓失控的壓力減緩下來。我要教你如何克服戰逃反應,換成讓休息消化反應來接管。」

「你要怎麼做?」

「我們要讓你的身體為你服務,而不是跟你對抗,讓你能平靜地參加今天的會議。你在無謂地責怪自己,因為你的身體其實在試著保護你。」

雷恩和我在電話中一起練習腹式呼吸法。我請他將雙手

放在腹部上,確保呼吸從胸部進到腹部,讓他感覺到自己的腹部隨著呼吸隆起和下沉。在這樣急性緊繃的壓力時刻,雷恩在學習如何啟動自己的副交感神經系統。

　　副交感神經系統會引發「休息與消化」反應。它和交感神經系統的運作相反,交感神經系統是透過戰逃反應來掌管壓力傳遞路徑。很實用的一點是,這兩個系統互斥;無法同時啟動。當交感神經系統在主導時,你會覺得壓力很大。當副交感神經系統主導時,你會感到平靜。這樣有如**翹翹板**的效果是因為這兩個系統運作密切。而這兩個系統各自的效果幾乎都會立即出現。

　　雷恩和我一起做了幾個深呼吸,然後我教他如何做專注呼吸法,鼓勵他在見每一位廣播製作人之前,都先做這個練習。

　　從電話中聽得出來,雷恩的呼吸變得平緩。「好快就有效了!謝謝你!我要把這個列入我新的兩個改變法則。」

　　那天後來,雷恩傳了訊息告訴我新的呼吸工具非常有效,他那天和必須要見的人互動都非常好。

　　和雷恩一樣,透過這本書的策略技巧,你的壓力將會慢慢減緩。壓力煮水壺的重點就是要打開壓力閥,讓大腦和身體慢慢釋放累積的龐大壓力。打開壓力閥自然會減緩你交感神經系統中的戰逃反應。

　　要正面處理交感神經系統的反應,需要一些時間。這些呼吸技巧很快就奏效,因為這些技巧跳過交感神經系統,直接啟動副交感神經系統的活動,幫助你感覺更平靜、更能專

第 5 章　重新設定技巧三:讓大腦和身體同步

注當下,幾乎立刻就覺得壓力變小,尤其是當你正受到適應不良的壓力反應影響時。這些呼吸技巧能幫助你暫時讓心中的金絲雀安靜下來,而本書其他的技巧則能幫助你的金絲雀不再鳴唱。

4-7-8 呼吸法

在練習過腹式呼吸法後,你可以學習更進階的 4-7-8 呼吸法。[4] 除了教病人,我自己也會使用這個方法。這在你難以入眠或難以保持入睡狀態時最有效。最好是躺下時進行,因為作為新手,站著或坐著進行可能會覺得有點頭昏。

照著簡單腹式呼吸法的同樣方式,慢慢深呼吸、吐氣:

1. 將一隻手放在肚子上,另一隻手放在胸部。哪隻手放哪都可以。在呼吸同時,感受你的腹部隆起並下沉。
2. 透過鼻子深呼吸,慢慢從 1 數到 4。
3. 然後屏住氣,慢慢從 1 數到 7。
4. 最後,用鼻子或嘴巴吐氣,慢慢從 1 數到 8。
5. 重複這個呼吸循環二或三次,然後休息一下,用你的自然呼吸模式正常呼吸。
6. 你休息調整好之後,再試一次 4-7-8 呼吸法,重複循環二或三次。

我的很多病患都說這是他們用過最有效的助眠法。4-7-8 呼吸法之所以這麼有效,是因為這是根據身心呼吸連結的一

種技巧。當你練習 4-7-8 呼吸法，或甚至簡單的腹式呼吸法，就是在刻意啟動你的副交感神經系統，並直接解除交感神經系統活動。這也是為什麼腹式呼吸法和 4-7-8 呼吸法在由內而外重新設定壓力時會這麼有效。

以心為中心的呼吸法

在你感到耗盡時，另一個能幫助你的呼吸技巧則是以心為中心的呼吸法。和另外兩個技巧的做法很相似，但因為是將手放在心臟上，在特別哀傷或絕望的時刻能幫助你感到療癒：

1. 將一隻手放在心臟上，一隻手放在腹部。哪隻手放哪都可以。在呼吸的同時，感受你的腹部隆起與下沉。
2. 透過鼻子吸氣，慢慢數到 4。
3. 用鼻子或嘴巴吐氣，慢慢數到 7。
4. 做幾次這樣的呼吸循環，直到你能安撫自己。

當我在診所教導病人這個技巧時，他們告訴我這個呼吸法幫助他們更能在當下與自己連結，更能善待體諒自己。你在情緒耗盡的當下，可以試試看這個練習是否能幫助你應對當下的情況並自我安撫。

方法 7

三種輕鬆呼吸減壓法

腹式呼吸法
1. 雙手放在腹部。
2. 從鼻子吸入空氣,吸氣的時候讓腹部隆起。然後從鼻子或嘴巴吐氣,在吐氣過程中讓腹部往內縮。

4-7-8 呼吸法

照著簡單腹式呼吸法同樣的方式,慢慢深呼吸、吐氣:
1. 將一隻手放在肚子上,另一隻手放在胸部。哪隻手放哪都可以。在呼吸的同時,感受你的腹部隆起並下沉。
2. 透過鼻子深呼吸,慢慢從 1 數到 4。
3. 然後屏住氣,慢慢從 1 數到 7。
4. 最後,用鼻子或嘴巴吐氣,慢慢從 1 數到 8。
5. 重複這個呼吸循環二或三次,然後休息一下,正常呼吸。
6. 休息調整好後,再試一次 4-7-8 呼吸法,重複循環二或三次。

以心為中心的呼吸法
1. 一隻手放在心臟上,另隻手放在腹部。呼吸時,感受你的腹部隆起並下沉。
2. 透過鼻子吸氣,慢慢數到 4。
3. 用鼻子或嘴巴吐氣,慢慢數到 7。
4. 多做幾次這樣的呼吸循環,直到你能安撫自己。

不管你用的是哪一種呼吸技巧,呼吸都是非常強大的工具,能啟動並影響你的身心連結,幫助你減壓並增加韌性。

我在學習這些呼吸技巧時,很喜歡心靈導師艾克哈特・托勒(Eckhart Tolle)說過的一句話,這句話貼切地描述了呼吸對情緒狀態的影響:「記得的時候都盡可能注意你的呼吸。這樣做一年,會出現非常強大的改變……而且是免費的。」[5]

在一天的不同時間檢視自己的呼吸,這樣做能提醒自己,你的呼吸其實和你的心理狀態密切相關。平常可以花幾秒鐘注意你的呼吸,且不要干擾。單純觀察。注意你的呼吸在哪裡——在鼻孔、胸腔或腹部。注意呼吸如何以特定節奏進出你的身體。這是你呼吸的自然節奏。熟悉你自然呼吸的模式,能幫助刺激並啟動身心連結。

在需要的時候,開始將這四個技巧(專注呼吸法、腹式呼吸法、4-7-8 呼吸法、以心為中心的呼吸法)融入日常生活中。在我練習這些方法的初期,我會把寫了「停下來 - 呼吸 -

專注當下」的便利貼貼在工作的電腦螢幕上、浴室的牙刷架上、洗衣機、廚房裡的快煮壺上。這四個平凡的時刻充滿了各種啟動身心連結的機會，能幫助你重新設定大腦，讓壓力減少。隨著你開始注意到生活中的身心與呼吸連結，你會開始覺得愈來愈好。

在充滿混亂與壓力的時刻，透過呼吸讓自己穩定下來，能幫助你減緩不斷湧現的壓力，專注當下並保持頭腦清晰。不管情況如何都能專注當下，這就是好的身心連結！

動一動就能幫大腦減壓

還記得我在第一章提到一個叫邁爾斯的病人嗎？他是軟體部門的經理，他覺得自己根本沒有壓力的問題，是在太太堅持下才來找我。六個月後，他回到我的診間。這次他的態度變得很不一樣。

邁爾斯被迫面對現實。他的醫生最近才診斷他患有高血壓和糖尿病前期。他建議邁爾斯開始服藥，但在邁爾斯的堅持下，醫生同意先等兩個月，給他一個機會先改變現有的生活型態。這次，邁爾斯不是因為太太的關係而來見我，而是要阻止壓力不斷惡化。

當然，我不是第一次遇到像邁爾斯這樣忽視自身壓力影響生活的病患。對大部分的人來說，通常都要到窮盡所有其他方法之後，才會接受自己的壓力已經變得不健康。奮鬥文

化和韌性迷思已經根深柢固,向自己承認失控的壓力正在影響你的健康並引發各種症狀,往往會讓人感到挫敗。然而,知道除非自己做出改變,否則將全盤皆輸,並因此放棄與自己對抗,反而能讓人鬆一口氣。就算你從來沒有想過自己會陷入這樣的處境,但能正視自己龐大的壓力,並決定採取行動,這其實是力量的展現。

「我不能一直這樣惡化下去,」邁爾斯告訴我,語氣中帶著恐懼。「我需要變得健康。我有家庭要照顧,我有孩子要養。」我看得出來他對於自己變得情緒化或身體處於很脆弱的狀態,並不習慣,尤其因為他過去在大學還是一位頂尖的運動員。

「我前一刻還是很強的年輕運動員,下一刻就變成了身材走樣的中年上班族,和孩子們輕鬆騎個腳踏車就感到氣喘如牛,」邁爾斯難以置信地說:「我還是很震驚醫生叫我開始吃藥。」

「這不是你的錯,邁爾斯,」我向他保證。「我們日常的生活就是要讓我們坐一整天。不是只有你這樣。」

數據顯示,相較於過去,美國人有愈來愈多時間都坐著,有時候一天坐著的時間超過八小時。[6] 雖然坐太久感覺無傷大雅,卻會影響你的健康。一項調查了近 80 萬人的研究顯示,坐最久的人得到糖尿病的機會高出 112%,得到心臟疾病的風險高出 147%、因心臟疾病致死風險高出 90%、整體死亡的風險高出 50%![7]

如果你聽過「久坐有如抽菸一樣致命」,這些研究發現

則指出背後原因。久坐會對生理健康造成風險,也可能對心理健康造成危害。研究人員發現久坐和心情之間有關聯。有幾個研究顯示,久坐和焦慮及抑鬱有強烈關聯。[8]「坐著很危險,」研究人員指出。「我們常常沒有多想就一直坐著。」[9]

邁爾斯回想他的日常行程。「你說得沒錯。我整天坐在桌子前工作。晚上又在沙發上坐幾個小時。我甚至不用站起來關燈或把暖氣調低。我用智慧型手機就可以做到了!天啊。」

「我懂,」我說:「有時候,我連先生就在隔壁房間都會傳訊息給他!這樣快多了,也省力多了。」

邁爾斯笑了,但還是看起來很嚴肅。「我站最久的時間可能是在淋浴,還有刷牙的時候。我真的完全沒有想到。」

邁爾斯顫抖地吸了一口氣,我看到他的淚水在眼眶打轉。

「記得我上次告訴你,我父親以前上班從來沒有請過一天假嗎?」他說。「我一直以為這很值得欽佩。他在公司上班一整天,然後回家又坐在家裡的辦公室。他整天都在想工作的事情,從來都沒有享受過人生。我也從來沒看過他睡覺。隨著時間推移,他體重愈來愈重,就像我一樣。」

我說:「這是很好的發現,邁爾斯。我相信你的父親已經就他當時能得到的資訊做到最好了。但我們現在對於壓力如何影響大腦和身體,已經知道更多。你現在有機會能運用可以獲得的新資訊盡力做到最好。」

邁爾斯現在意識到他不能「等到」有時間才處理壓力這

件事。他在醫生的診間有了頓悟,覺得必須立刻採取行動,重新設定他的壓力。

「我猜我要去花錢請教練,或回去健身房一週健身十個小時,」邁爾斯說道。「這樣很難。」

「並不需要這麼難,」我建議。「只要一點點活動就可以做出改變。一開始,你可以每天花一點時間把腦袋清空,專注在你的身體上。這樣對你的心理也會有幫助。」

我們討論到兩個改變法則的好處,而我開給邁爾斯的第一個做法就是每天走 20 分鐘。他懷疑地看著我。「我無意冒犯,」他說,「但走 20 分鐘對我來說不會有太大幫助。我以前是運動員。我知道要減掉 9 公斤要花多少力氣。而且,我很難在我的一天中找到 20 分鐘的空檔。」

「你每天都會滑 LinkedIn 嗎?」我問。

他告訴我,他每天因為工作會上 LinkedIn 好幾次,一次 20 分鐘,為的是在上面尋找有工程學位的應徵者。

我開給他一個替換的做法。「把其中一次查看 LinkedIn 的時間換掉,去散步,」我這樣建議。

邁爾斯聳聳肩膀笑道:「嗯,我可以因為你要求而這樣做,但這樣是行不通的。」

「生活型態突然之間要做出那麼大的改變,會造成你更大的壓力,」我這樣向邁爾斯解釋。「先從兩個小的改變逐步開始,會更有效、更持久。第一個先從散步開始。」

做一點點就能走得長遠

邁爾斯跟我的許多病人一樣,覺得只有長時間激烈的運動才能改善健康。邁爾斯因為沒有辦法在繁忙的日常中塞進更長的運動時間,乾脆完全放棄運動,雖然他知道運動對他的整體健康非常重要。

邁爾斯不是唯一有這種「要做就要做到極致,不然乾脆不要做」想法的人。雖然75%的人認為運動對健康很重要,卻只有30%的人會做到建議的運動量。[10]這樣的落差無關知識,而是行動。

我們都認識一兩個運動狂,但大部分的人都很難固定運動。對大部分的人來說,運動讓人恐懼。要養成運動習慣很難。當你因為壓力而感到耗盡,感覺要窮盡洪荒之力才能動起來。如果你終於試著動起來並穿上運動鞋,你可能需要面對開始運動的身心不適。你可能會因為好久沒使用肌肉而感到痠痛。你可能會覺得自己的身體動作不協調,或不滿意。你可能也不會喜歡要花這麼多力氣才覺得自己達成了什麼。就連一些最偉大的運動員都不喜歡運動。坐擁重量級拳王地位多年的阿里曾說過:「我討厭訓練的每一刻。但我對自己說,不要放棄。現在受苦,然後在接下來的餘生都過得像個冠軍。」

雖然知道就連頂尖運動員都不喜歡運動,令人感到安慰,但差別是他們還是會去運動。他們相信運動需要紀律,而我們其他人則相信運動需要動力。說實話,沒有人有動力

每天都運動。我問病患他們怎麼開始規律運動,幾乎所有人的答案都一樣:「我不想運動的時候,會想想自己做完運動的感覺。有時候,那是唯一能讓我開始運動的原因。」

這些年來,我的病患有真實且合理的關卡而無法運動,像是沒有時間、沒有精力和動力。但我從病患(和我自己身上)看到了一個最大阻礙,沒有人明說,可是大家想到運動就自然會覺得要做就要做到極致,不然就乾脆不要做。如果我們今天無法投注所有力氣去運動,那又何必開始嘗試?

在講到睡眠和飲食等其他健康面向時,我們給自己很多彈性,但換成是運動的時候,我們卻堅持完美。想像你用面對睡眠的態度對待運動。你可能睡得不夠、拖到最後一刻才睡、接受自己的睡眠不可能總是很完美,但你在 24 小時的期間內還是會試著睡一下。你不會想說:「我今天晚上沒有時間睡滿 8 小時,那幹嘛還要睡?」我們接受睡眠的不完美,當睡得很差時,能小憩片刻就感到感恩。為什麼不給運動同樣的寬容?

我們對於運動要做就要做到極致的想法,很多時候都是因為我們想到運動時,往往把重點放在身體外貌上的理想形象。緊實的小腹和充滿肌肉的線條,這種種關於運動的形象和想法都感覺遙不可及,有時甚至令人倍感壓力,導致很多人在暫停許久後想再度運動,卻往往感到沮喪。

很可惜,運動和社會上大家執著的減重與瘦身緊密連結,因為研究顯示,運動最棒的好處都是在改善整體健康和幸福感,而不一定是減重。就算沒有改變體重,開始運動的

成人可以減少血壓變高、膽固醇和糖尿病的風險。[11] 過重的成人開始運動後，在體重沒有改變的狀況下，提早死亡的風險可以減少三成。[12] 運動對大腦和身體帶來的好處，遠遠勝過對你的體重帶來的改變。事實上，聽我建議而開始養成運動習慣的數千個病患中，沒有人是因為運動會帶來外觀上的改變而受到激勵開始去運動。對我的病患來說，轉折點永遠都是心理層面帶來的好處：運動可以透過許多方式改善他們充滿壓力的大腦。

邁爾斯因為運動可能會改善心適能（mental fitness）和大腦健康而受到吸引。[13]

「還記得煮水壺的比喻嗎？」我問邁爾斯。「運動可以成為釋放治療性蒸氣的一個有效方法。」

透過運動幫大腦應對壓力

神經科學家保羅・湯普森（Paul Thompson）研究了數千顆大腦，想了解大腦健康、壓力和運動之間的關聯。「有一個理論認為運動能減少壓力，」湯普森說。「我們掃描了皮質醇濃度高的人〔的大腦〕。如果你有壓力，你分泌出的皮質醇可能會非常多。我們的其中一個發現是皮質醇濃度高的人，大腦組織流失的速度會更快。這是很嚴重的問題。」[14]

其他研究也證實了湯普森的發現。慢性壓力會透過長期大量分泌皮質醇的方式，提早讓你的大腦萎縮。[15] 好消息是

可以預防大腦因為壓力過大而萎縮,有時候甚至可以逆轉這個情況。湯普森給了我們希望:「一旦你知道這件事真實存在,你就能找到減少皮質醇分泌的方式。這很簡單。我們可以透過運動、走路、休息來減少壓力。有很多方式可以照顧你的大腦。」[16]

壓力會讓你的大腦萎縮,而運動則能幫助大腦特定區域成長。研究指出,體能活動能讓前額葉皮質變厚,增加其連結度並改善機能。[17] 這就是為什麼就一定程度來說,運動能提升你解決問題的能力、注意力、認知能力和記憶。[18]

就算你是大部分時間都坐著的人,像邁爾斯一樣一整天都坐在辦公桌前工作,然後去大部分的地方都開車代步,如果每天稍微運動,還是可以改善大腦。一項調查了30位成人的研究指出,相較於沒有每天運動的人,每天運動的人前額葉皮質比較厚。

你的前額葉皮質另一個重要功能就是直接與你的杏仁核溝通,幫助你控制壓力反應。早期的大腦研究發現,運動能改善前額葉皮質與杏仁核的連結性。[20] 當前額葉皮質變得更大、連結性愈強、功能運作愈順暢時,你的大腦就能好好應對生活中出現的各種壓力。

大腦另一個會隨著運動而增長的是海馬迴,這個部位負責學習及記憶(請見第二章)。研究顯示,運動是少數能長出新的海馬迴大腦細胞的活動,這些細胞對老化的大腦有很大的影響。[21] 事實上,研究發現運動或許能幫助減少近45%因阿茲海默症而失智的風險。[22]

邁爾斯告訴我，他的祖父因患有阿茲海默症而離世，而為了保險起見，他已經開始監測自己的記憶。如果他現在能做點什麼來保護大腦在未來不會因壓力或記憶問題受到影響，他會想這麼做。運動為大腦帶來的這些好處是觸發他做出改變的原因。

邁爾斯同意每天空出 20 分鐘（這只佔他一天中的 1.4%）來建立運動的習慣。

愈來愈多科學研究顯示，每天動幾分鐘對大腦和身體有很多好處。一項研究發現，10 分鐘的溫和運動就能改善大腦，另一項研究則顯示走路 10 分鐘能改善情緒。[23] 一個重要的研究追蹤了近七年沒有運動的 25,241 名受試者，結果顯示，每天做幾次一兩分鐘超級短的運動，像是跑步追公車或走樓梯而不搭電梯，罹患癌症的風險就能減少 40％，死於心臟疾病的風險降低近 50％。[24] 就算偶爾在高爾夫球場上走路，也可能改善膽固醇。[25]

「你要開處方讓我每天去打高爾夫球嗎？」邁爾斯笑道。他曾經非常熱衷打高爾夫球，但已經很多年沒有打了。

「你只要有時間就應該去打打高爾夫球，但現在我只需要你每天在附近散步 20 分鐘，」我說。

然後我向他解釋開這個處方背後的原因。「走路有兩個重要目的，」我說。「首先是身體健康。你需要讓身體習慣每天活動。」

「我猜應該需要，」邁爾斯承認：「尤其因為我已經二十年沒有做什麼運動了。已經停滯了很長一段期間。」

「邁爾斯,更重要的是我希望你為了自己的心適能而做。這是第二個目的,」我說。「走路 20 分鐘能幫助你的大腦迴路培養一個新習慣,並成為未來做更多運動的跳板。」

運動對邁爾斯的身體很重要,但對他的大腦來說也同等重要。「對你的身體好的,也會對你的大腦有益,」我這樣提醒他。

你都只用腦袋生活嗎?

我們大部分的人一整天都用腦袋生活,而沒有真正感受我們的身體。我們是用脖子以上在生活的人,這也是為什麼一開始要意識到身心連結會是這麼新奇的體驗。在有壓力的時候,這種都活在脖子以上大腦裡的感覺會增加,因為你可能被負面想法吞噬,沒有注意到身體發生了什麼事情──直到你身體的金絲雀持續透過身體症狀提醒你,逼著你意識到脖子以下發生了什麼事情。這常常會讓人感到恐懼。當我的金絲雀鳴叫時,我的身體會有很多感覺──心跳加速、呼吸急促、整個人漲紅──這些都讓我猝不及防並感到害怕,因為我用腦袋生活,沒有注意到身體對於壓力的反應。

養成每天走路習慣的一個重點就是,讓你熟悉自己身體以及平靜時的感覺。你在出現急性壓力反應時可能會感受到很多感覺,像是心跳加速、呼吸急促等,這些在你運動時也同樣會出現。養成每天走路的習慣,讓你在一個可控且可

預期的情境下開始習慣這些感覺，當這些同樣的感覺出現在無法預期且充滿壓力的情況時，你就不會被嚇到。它們變得沒有那麼可怕，代表你更有可能專注當下並採取行動，藉由本書提到的許多技巧，在事件發生的當下去減緩你的壓力反應。每天走路能幫助身心變得更敏感，能察覺心肺在正常壓力反應時的狀態。

每天走路 20 分鐘是個很棒的機會，幫助你脫離大腦，專注在自己的身體上。

我希望邁爾斯能這樣做，所以請他在走路時盡量不要查看手機。走路給他機會去熟悉身體的感受，在充滿壓力又匆促的一天中，有個短暫片刻可以暫停一下並思考。

因為他會全神貫注在走路上，他不會被同事的電話會議、電子郵件或訊息干擾分心。當他一旦熟悉自己走路時身體的感受，以及徹底建立起每天運動的大腦路徑後，他可以再處理工作上的事情。就現在而言，我問他是否能好好體驗走路的時光。

「我希望你真的好好腳踩地面，走路的時候感受腳下的地面，」我這樣告訴他。「然後我希望你在走路時注意自己的呼吸。然後把注意力放在走路時，身體如何移動、身體如何感覺。」我補充說：「把這個想成是移動的冥想。」

邁爾斯笑說：「我從來都沒有冥想過！我沒有辦法坐在那裡，什麼都不做。但我對這個移動式冥想很好奇。我的太太曾經嘗試冥想但做得不大好。我會把這個做法也分享給她。說不定她可以做自己的移動式冥想。」

如果邁爾斯不願意接受純粹走路的想法，我會讓他在走路的時候接工作上的電話、聽音樂或 podcast。但就過往病人的經驗來看，這樣做可能會很危險。一旦你開始接一通簡短的電話，接下來你就會在走到一半時開始低下頭檢查並回覆電子郵件。就算我們立意良善，科技卻能一下子就讓我們倒退。所以當你要開始新的走路習慣，請減少分心的事物，單純專注在走路上。

　　一開始，我大部分的病人都對此很抗拒。我當然理解。我們幾乎和電子產品裝置形影不離。20 分鐘不用科技產品感覺是個大挑戰。所以我建議他們在養成走路的日常習慣前，至少先不要使用電子產品。經過六十天把習慣建立起來後，我告訴病人想要的話可以在走路時使用手機。大部分的人都表示，他們寧願繼續維持不要看手機的習慣。這一天 20 分鐘的時間變成毫無干擾的寶貴獨處時間。他們期待這段沒有電子產品的散步時光，也想繼續保持下去。

方法 8
一天散步 20 分鐘

1. 在一天中撥出 20 分鐘的時間散步，然後就開始做，說不定今天就可以開始！
2. 走路的時候，請注意移動中的身體。在往前移動

的過程中,注意每隻腳踩在地面上的感覺。多注意自己如何吸氣與吐氣。雙眼不要盯著手機,去觀察遠近不同的環境。
3. 走完路之後,在行事曆上做標記。注意自己在簡短的移動式冥想後,變得平靜卻又充滿活力。掌握這個正向的感受,用這個感覺鼓勵自己隔天再度出門短暫散步。讓行事曆上的標記維持下去,享受自己擺脫靜態的生活,讓身體再度動起來!

打破久坐不動的生活模式

對於很多一輩子都沒有在運動的病人來說,要開始養成每天走路的習慣,常常讓他們覺得無比困難。他們因為壓力和一整天只用腦袋過活而筋疲力盡。他們最不想做的就是擺脫只用腦袋生活而開始專注在身體上。這太耗費力氣了。

我記得自己與壓力搏鬥的過程中,過勞、睡眠被剝奪、身體感到筋疲力盡,光是想到要去健身房,內心便產生非常負面的反應。我不是沒有試過。我住的那棟樓地下室有一個健身房,我去過幾次。我走進去看到那些龐大的機器和跑步機,從健身房一整面牆的鏡子裡看到自己,然後便轉身走了出去。當我的身體已經要消耗殆盡之際,這樣緊繃的環境讓

人覺得既不舒適又不平靜。

我最初是偶然開始養成每天走路的習慣。某一個特別舒服的晚上，我結束 12 小時的輪班工作，走出醫院。外頭的空氣很舒服。我沒有直接回家，反而選了住家附近景色不錯的一條路走回去。我走過住家附近的咖啡廳，經過我最喜歡的小小雜貨店後繼續往下沿著一排餐廳走，然後在附近一座公園外圍走了一圈才回家進到室內。

只多花了 10 分鐘，但我立刻感覺到自己的壓力有了改變。我享受純粹為了動而動的感覺，不是要趕去交住院病人的血液樣本或實驗室樣本，只是純粹為了走路而走路。隔天，我又再走了一次，還多加了 5 分鐘。再隔天，我又多加了 5 分鐘。經過頭三天，接下來的一週我每天都走路 20 分鐘。這變成一件我很期待的事情，用令人享受且放鬆的方式結束我的一天。這和我嘗試去健身房的感覺很不一樣。當我走完路回到公寓，感覺我的身心都變得不同——變得更平靜、更放鬆、更能專注當下。我當時不知道，但我的大腦正在創造一個走路的神經路徑。感謝大腦中像是多巴胺等的化學物質創造了獎勵的感覺，進一步強化神經傳導路徑。我每去走一次，都在重新設定我的壓力狀態。

我擺脫了久坐不動的狀態，但這個改變並非一夕之間發生，是以緩慢、逐步的方式發生。如果你有壓力，你會知道久坐不動的狀態會讓你一直有被困住的感覺。就像重力一樣。你想要突破被困住的感覺，但一想到要克服久坐不動、開始讓身體動起來非常費勁，所以你會拖延著不運動，一直

坐著，而這樣的狀態會讓你感覺更糟。這是一個循環。

如果你就是這樣，可以考慮從小小改變做起。試著在家附近散步。如果感覺不錯，隔天再多走一點。決定去走路、換衣服、走到室外、感受到臉上的新鮮空氣，這些都會讓你感覺更好。當你走完路回到室內，記得善待自己，恭喜自己突破了久坐不動的狀態。學習慶祝自己在邁向減壓之路上或大或小的各種勝利。

「你希望我走完路後鼓勵自己？」邁爾斯微笑地說，一臉不可置信的樣子。

「對，沒錯。你每次做了些什麼來重新設定壓力時，你的大腦都在改變。這很值得慶祝，」我重申。

我給邁爾斯的兩個改變法則中的第二個做法和腸腦連結有關（更多細節請見「腸道與大腦的連結」），並開始對他的飲食習慣做出小小改變。我建議邁爾斯，與其早上十點在休息室抓個甜甜圈來吃，他可以選擇一些蛋白質，像是一把杏仁或葵花籽——這些食物都很方便準備，像隨手抓個甜甜圈一樣方便。

正當邁爾斯要走出我的診間時，他一手握著門把，一邊轉頭問我：「我們的對話讓我想起大學時教練要我記住的話：Mens sana in corpore sano。這是拉丁文，意思是『健康的心理，健康的身體』。教練告訴我們這句話來自古希臘最初的奧運比賽。他那時要我們重複這句話，我們都笑他，但現在看來真的很有道理。」邁爾斯離開我的診間那個下午，開始每天走路 20 分鐘，散步幫助他開始啟動身心連結。

每日習慣的力量

邁爾斯知道要開始建立新的每日習慣需要付出努力，但他想了一個不會失敗的計畫。每個新習慣在一開始建立時都需要耗費不少心智頻寬和腦力，所以大腦需要時間適應你要它做出的改變。兩個改變法則、從微小的改變開始，這些做法能幫助你的大腦不會將改變視為壓力。一旦大腦開始自動執行新習慣，這樣的習慣就變成每日生活的一部分。

作家塔拉・帕克-波普（Tara Parker-Pope）說，要無縫接軌地在生活中建立新習慣，關鍵是讓這些習慣變得簡單。她用減少新習慣造成的摩擦來形容。摩擦有三部分：時間、距離和投入的努力。如果要提高成功建立新習慣的機會，那就要減少與此相關的摩擦。[26]

邁爾斯的新計畫就做到了這點，而他的新習慣所產生的摩擦幾乎都能被忽略掉。他將現有查看 LinkedIn 的時間換成走路，藉此突破時間的障礙。因為不用去健身房運動，距離也不是個問題。相反地，他要在工作日的時間休息一下，到戶外快速走走。我們只剩一點還沒處理：邁爾斯每天要投入的努力，就算是很小的努力。

「把每天走路想成是刷牙，」我解釋。「這是你對自己做出的承諾，沒得商量。不管想不想要都要做。不要想你要或不要；繫好鞋帶就出發。」

在美國，幾乎所有兒童和成人都在年紀很小的時候就開始被訓練要每天刷牙。這不是你決定要做的事，不是你會思

考有沒有時間做的事,也不是你今天會跳過,然後隔天再多做一點的事。這是你自然而然就會做的事情。刷牙是一件乏味又不愉快的事情,但你還是會做。我們用大腦科學的角度來看看這件事。

避免決策疲乏

你刷牙的大腦迴路是在你還是個孩子時建立的。我們往往不會想到大腦迴路,因為生活中有很多事都是在我們很小的時候就建立起來,但透過如何學會每天刷牙,可以學到很多關於建立習慣的知識。小時候照顧你的人讓你建立了口腔健康的大腦迴路,雖然刷牙很麻煩,但我們一直到成年還是維持著這個習慣。而每天走路能幫助你成年的大腦創造一個體適能健康的大腦迴路。

當開始一件新事物時,讓大腦每天做這件事會比偶一為之更容易。這能避免決策疲乏,不管你一開始有多投入都可能很容易就出現決策疲乏的狀況。想想看,你曾經多少次決定要開始一個新的健身計畫。

你一頭熱地說自己要週一、週三、週五都上健身房。第一週的時候,週一突然有事情,然後你告訴自己會週二或週四去。但你拖到了週二還是沒法做到。你決定要週三去,最後也去了。週四的時候,家裡突然有事情;然後經過了一個忙碌的週末,又回到了週一。雖然你本來很希望在第一週就

運動好幾次，但你總共運動了一天或完全沒有運動。這和你有限的意志力無關；這和你的壓力有關。建立新習慣的大腦區塊同時也負責壓力的運作機制。當你要開始做一件新的事情時，從小的改變開始，並努力每天都做。

這就是為什麼我開的運動處方永遠都從每天走路 20 分鐘開始，因為幾乎每個人都可以做到，不管他們在工作或家裡有多忙。一旦你訓練好大腦並建立運動習慣的大腦迴路後，接著便可以再加上比較激烈的健身房運動，頻繁程度多寡都隨你。透過每日運動的習慣，大腦路徑已經建立起來。

堅持走路的習慣

一旦你開始養成每天走路的習慣，你很可能會感受到一股成就感，而成就感能再進一步激起你對這件事的熱情。讓這股熱情帶著你向前。不過要注意，你的熱情可能在幾週之後就會消退。熱情消退是身體很正常的一部分，不代表你的習慣已經對大腦沒有幫助。事實上，這只是代表你進入了一個建立習慣的全新階段，而你的大腦還在適應中。

建立習慣有三個階段：你開始這個習慣的「初始期」、重複這個習慣的「學習期」、習慣變成自動反應的「穩定期」。對大部分的人來說，整個過程平均要花上兩個月的時間。你要預期會遇到一些小挫敗，像是在過程中有幾天沒有做到。這些挫敗是你大腦學習過程中的一部分。研究人員證

實:「偶爾沒有執行某個行為,並不會嚴重影響到建立習慣的過程……〔但是〕對於建立習慣的過程抱有不切實際的期待,可能會導致〔你〕在學習過程中就放棄。」[27] 相信這個過程,讓大腦花完整的兩個月去鞏固新的神經路徑。在大腦努力建立一個新習慣時,也需要我們的一點同理。科學清楚顯示:不管是每天走路或本書中提到的其他技巧,建立新習慣的重點在於有進展,而非做得完美。

當邁爾斯一個月後再來複診時,我們檢視了他過去一個月總共走了幾天的紀錄。他很驚訝地發現,那一個月 30 天中他走了 28 天!他正在邁向建立運動習慣的道路。有某些日子很難有機會散步 20 分鐘,但在那些天,他會安排和同事邊走邊開會,或在晚餐後散個步。那些也算。每天追蹤進度也給他一股成就感與完成感,這又給了他動力,繼續每天走路的習慣。

「我不敢相信走這樣一點路,卻能造成這麼大的改變!」邁爾斯這樣對我說。「我很享受新鮮空氣,看著樹葉變換顏色。我覺得自己之前都沒有注意過季節的變換。我受到鼓舞,而且感覺得出來,自從我把早上的甜甜圈換成一小把杏仁或胡桃之後,思緒已經變得更加清晰。我完全沒有預料到會這樣。」

「所以,雖然只是微小的改變,卻造成了很大的不同,」我說。

「真的是這樣。現在我不想錯過。不管怎樣,我每天都想要去走路。就連我的助理都提醒我要出去散步。現在我讀

四年級的兒子,每天早上會在我的公事包裡放一包杏仁,也在自己的午餐盒裡放一包。所以他也在學習建立好的日常習慣。」

邁爾斯正在建立每天活動的全新大腦迴路,很快地,他的大腦和身體將會從這個新習慣受惠。

透過每天走路,他的壓力獲得改善,睡眠和精力也變得更好。最終,他加上一週三次去健身房運動,飲食上也做出改變。當他四個月後再去找醫生複診時,他的血壓已經回到正常範圍。他還是有糖尿病前期的症狀,卻不用立刻開始服藥了,他的醫生同意過一個月再檢查一次他的血液,到時再評估他是否需要服藥。邁爾斯下定決心要持續有所進展。

將運動融入生活

我以前也不做運動,但深受壓力所苦時,我曾經和一位92歲的老太太聊過,那個對話改變了我對運動的看法。我那時到印度的大吉嶺健行,就在喜馬拉雅山的山腳下。我不是會健行的人,甚至也不常走路散步,所以我準備了很多最新裝備——新外套、新靴子和新背包——想說這樣會有幫助。第一天,我在一條小徑上艱難地前進,一位老太太輕快地走過我身旁,她身上只穿著紗麗、羊毛衣,穿著襪子並腳踩夾腳拖。

後來,我在她在鎮上開的戶外小商店看到她。「我記得

你!」我說。

她那時因為開店要遲到了,在健行步道上快速走過我旁邊。她經營自己的小生意已經長達五十年。

我問她在這個年紀,身心都如此敏捷的祕密是什麼?

「你不需要那些,」她一邊說,一邊指著我高科技的衣服和裝備。「你只需要這個!」她指著自己的頭。「你去哪都可以帶著這個!」

從那天開始,每當我有一百萬個沒法去運動的理由,我就會想起那位老太太的夾腳拖和心適能。

我的藉口根本站不住腳。

丹・布特尼(Dan Buettner)在他 2008 年的作品《藍色寶地:解開長壽真相,延續美好人生》(*The Blue Zone: Lessons for Living Longer from the People Who've Lived the Longest*)中,提到世界上最長壽者的日常習慣。就運動來說,很重要的一點是:這些人不會做激烈流汗的運動。他們只是將溫和的運動融入日常生活之中。

你現在知道現代生活鼓勵你一整天久坐,而日常生活中只要稍微動一動就能大大影響大腦和身體,你可以開始想想該如何輕鬆將一些運動融入生活中。明天一整天的過程中,你要如何將這些長者的智慧與能量融入你的生活中?與其將車子停在建築物的入口,不如停得稍遠一點,多走個幾百公尺。一兩層樓的高度就不要搭電梯了,改走樓梯。如果你的地鐵站或公車站距離住家或工作很近,提早一站下車,剩下的路程用走的回家。你在日常生活中有一些機會可以幫助你

將運動變成習慣。這些簡單的運動很適合用來重新設定，幫助你更接近減壓和增加韌性的目標。不管讓你開始動起來的原因是壓力、焦慮、心臟健康或長壽，讓這個動力鼓舞你繼續向前邁進。

在你思考要如何將運動融入生活的同時，想想另外一位睿智長者說過的一句話——中國哲學家老子曾說過：「天下難事，必做於易；天下大事，必做於細。千里之行，始於足下。」

腸道與大腦的連結

一直以來，運動都是一個能藉由啟動身心連結來重新設定壓力的方式。還有另一個重新設定壓力的做法比較鮮為人知，是透過啟動你的腸腦軸連結。如果你從來沒有聽過腸腦軸連結，你不是例外。這是一個比較新的科學概念，就連醫學界的人也才剛開始了解腸腦軸連結對身心健康的廣泛影響。截至目前為止，我們明確知道你的腸道功能不只是在維持消化運作；腸道在其他身體功能中扮演重要角色，像是心情、心理健康，甚至是壓力。在這裡，腸道指的是你的大腸和小腸，而這裡就是發生許多腸腦軸連結活動的地方。

就算這是你第一次知道腸腦連結的科學，但這並不是你第一次感受到腸腦軸連結對身體的影響。你使用這樣的詞彙已經幾十年了。如果你有過愁腸百結、迴腸九轉、翻腸攪肚

的感覺,那你就曾親身經歷過腸腦軸連結的經驗。

腸腦軸連結會影響你的壓力,因為腸子和大腦透過雙向資訊傳遞的管道緊密相連。科學家有時會把腸道稱為第二大腦,因為你的腸道對於你的情緒狀態很敏感。這是身體中神經細胞或神經元第二多的地方,僅次於大腦。[28] 你的大腦會「從上到下」傳遞訊號給你的腸道,而腸道則會「由下到上」回傳訊號到大腦,這稱之為「相互溝通」(cross talk)。[29] 腸腦軸的相互溝通就像一個電話接線生,將大腦與腸道連結,並透過廣泛的身心健康狀況做出反應——從糖尿病、帕金森氏症,到焦慮和抑鬱。[30] 結果顯示,你的腸腦軸相互溝通可能也會影響你的壓力反應。

雷娜告訴我她的「腸胃容易緊張」。雷娜解釋:「任何工作簡報的前一天,我就會肚子痛、感覺噁心,需要常常跑廁所。我忘記我會這樣,還說服自己這是腸胃炎。但其實一直都是壓力造成的,因為當我完成簡報之後,症狀就消失了!」

很多人都像雷娜一樣,他們的金絲雀症狀會反應在腸腦軸連結上,像是噁心、胃痛、消化不良、脹氣,或食慾和上廁所的習慣改變。如果你在壓力大的時候有過任何這些症狀,你可能也忽視了內在的金絲雀警告。

雷娜知道她緊張的腸胃症狀跟壓力有關,但她並不知道接下來該怎麼做。「我試著把時間管理做得更好,簡報前一晚放鬆,但還是沒有辦法擺脫這些症狀。這樣真的很不舒服,」她承認。

可惜的是，很多像雷娜一樣飽受腸腦連結失衡所苦的人都試著要獨自忍住不適，默默受苦，而不向醫師求助。如果你懷疑自己的腸腦軸連結症狀可能和壓力有關，請去看醫生，確認不是因為任何潛在的疾病所造成，這點非常重要。就算你覺得自己的腸胃問題和壓力無關，和醫師談談也是重要的事。在傳統醫學照護的領域中，已經逐漸意識到腸腦軸連結的現象，許多醫療機構也有專精此領域的心理學家可以提供協助。你的醫生能幫助你在複雜的醫療體系中獲得你所需要的協助和資源，不管潛在的原因到底為何。

雷娜來找我的時候，已經看過她的家庭醫師，她的醫師將她轉介給腸胃科醫師。經過徹底檢查後，雷娜被診斷患有腸躁症。她已經開始接受治療。除了治療之外，她的醫生還建議她可以好好管理壓力。

「我知道壓力讓我的症狀變得更糟，但去按摩沒有什麼幫助，」雷娜說。她覺得很生氣。「我需要找到方法來實際降低身體的壓力。」

我理解也能同理雷娜飽受壓力所苦的狀況，我想起過去醫生好心要我「再多放鬆點就好」的建議。

雷娜試過要自己管理壓力，但並不成功。她來到我的診間，希望能得到一個具體的計畫，想辦法回應金絲雀的警告。她在做的就是大部分的人意識到金絲雀警告時會做的事。她在短期間管理自己的壓力，也就是簡報的前一天。然而，一旦壓力狀況解除，她就回到原來的作息狀況。她平常的作息包括晚睡、飲食不規律、每晚習慣喝半瓶酒紓壓。

「你在壓力爆發時，能試著改變作息，這樣很好，」我這樣告訴她：「但我們的首先目標是進行預防，或至少減少壓力爆發的頻率。」

雷娜困在一個熟悉的循環中。她的壓力會在短期間爆發，逼著她把所有的注意力都放在處理壓力上。可是一旦急性壓力期結束後，她就不再注意自己的金絲雀警告，或日常習慣如何造成她的壓力。有時候一個月過去，一切都很好。然後無可避免地，又會再次需要進行簡報，而簡報會引發雷娜的壓力，她的金絲雀警告又會再次出現。

雷娜需要有人幫助她打破壓力的循環。「管理壓力是長期抗戰，」我向她解釋。「我們要把重點放在做出微小且持久的改變，一次兩個改變，可以每天都做，而不只是在重要的簡報前才做。」

雷娜的兩個改變法則的重點在逐步緩慢釋放她壓力煮水壺裡累積已久的壓力蒸氣。我們同意執行兩個重要的做法：首先，為了保護她的睡眠，要早點睡；第二，撥出時間每天走 20 分鐘。

除了這兩個干預做法之外，雷娜也同意要開始做針灸，研究顯示，針灸有助於改善腸躁症和其他腸腦軸連結的疾病。[31] 她也在主治醫師的處方建議下，開始進行心理治療。我鼓勵她和心理治療師討論她是否有依賴酒精的可能。

「我覺得你可能在用酒精自我藥療，」我說：「壓力很大的人常常都會這樣做。」

「喝酒的確會讓我舒服一點，讓我能好好處理壓力，」

她承認。「但喝酒並不能幫助我達成長期管理壓力的目標。我真的很想知道要怎麼戒掉每天喝酒的習慣。」

用酒精自我藥療是很常見的情況,尤其是壓力加劇的人。[32] 意識到這個情況並尋求專業協助是很重要的第一步。我恭喜雷娜願意探索處理壓力的方法,並準備好在生活中做出改變。

雷娜開始和醫療團隊進行全面治療計畫的頭三個月,也同時執行自己的兩個改變法則,在這段時間,她的腸腦軸連結症狀大幅改善。當她開始注意到自己的金絲雀警告,並做出有助於改善長期壓力的改變後,她的金絲雀警告便消失了。雷娜的金絲雀就是她的腸道!

世界各地的研究人員正試著了解腸腦軸連結如何運作,才能決定不同的治療法能如何幫助到像雷娜這樣的病患。「我們的兩個大腦會彼此『對話』,」約翰霍普金斯大學的醫師杰・帕斯里查(Jay Pasricha)表示,他研究的是腸腦軸連結的基礎概念。「所以幫助到其中一方的治療也可能幫助到另一方……〔像心理治療的〕心理干預做法可能會幫助主要大腦和腸道大腦『改善溝通』。」[33]

你的腸道是管理壓力的途徑

愈來愈多研究顯示,你的腸道是幫助管理壓力的有效途徑。我很早遇到的一位導師常常說:「為什麼講到壓力時要

美化大腦？我們需要放更多注意力在腸道，因為我們知道很多事實際都發生在那裡！」

　　我的教授說的是，身體中95%的血清素都在腸道中，腸道的血清素受體數也比大腦多三到五倍。[34] 血清素是大腦化學物質，又被稱作是神經傳導物質，部分功能是負責管理情緒。你可能在很受歡迎的藥物分級中聽過血清素，也就是選擇性血清素回收抑制劑（selective serotonin reuptake inhibitors，SSRIs），像是能改善情緒並治療抑鬱的百憂解（Prozac）。我們把血清素稱為大腦化學物質，但大部分的血清素其實都在腸道中，這是不是很有趣？腸道真的是我們的第二大腦！

　　了解如何影響腸腦軸連結是減少壓力很有用的工具。了解壓力如何影響腸腦軸連結，或腸腦軸連結如何影響壓力，會有幫助。

　　你的腸道是你體內健康細菌及其他有機體最大的微生態系，稱為微生物相（microbiome）。[35] 這個微生物相是你的腸道與大腦彼此傳遞訊息與互相溝通最重要的媒介。雖然這些健康的細菌住在你的腸道中，但它們除了消化之外也參與了體內許多其他功能，像是免疫、情緒調節、壓力管理，及許多其他的身體功能。

　　一如你的大腦會透過神經可塑性去改變並回應刺激，你的腸道微生物相也會根據體內狀況去改變功能。許多因素都會影響你的腸道微生物相，包括年齡、最近的疾病、用藥，尤其是壓力。時間拖得太長的慢性壓力會影響你的微生物相，改變其結構與組成，導致微生物相變差。[36] 透過本書中提到

的一些策略做法,可以強化你的腸道微生物相,像是更好的睡眠、減少壓力、多運動等等;而腸道微生物相也會因為抽菸、飲酒過多、運動不足、睡眠不佳等原因而被耗盡。

最近的研究顯示,由幾兆健康有機體組成的腸道微生物相中,有些特定細菌的唯一功能就是在調節你的情緒。你腸道微生物相中的這群細菌稱之為心理生物相(psychobiome),就心理健康而言,心理生物相是你腸腦軸連結的中心。[37] 科學界正努力了解心理生物相確切如何運作,而影響了我們的思考與感受。

「有可能我們的大腦和腸道一直在溝通,」研究關於心理生物相藥物的科學研究員約翰・克里安(John Cryan)表示。克里安的同事傑瑞・克拉克(Gerald Clark)補充說:「這對我們進一步更精確了解相關機制非常重要。」[38]

雖然關於要如何確切影響心理生物相的科學還不成熟,但已有足夠的數據顯示,你整體的微生物相會受到你的習慣和行為影響,就像你的大腦會透過神經可塑性,受到你日常行為的影響。你可以採用我在本書已經提到和接下來會講到的諸多技巧,主動強化自己整體的微生物相,以便重新設定壓力並逆轉倦怠。就像所有的方法都能重新設定大腦和壓力,這些方法也有助於重新調整整體的腸道微生物相,讓你的腸道微生物相變得更健康。

除了透過日常行為影響腸腦軸連結,微生物相對於你吃進肚子裡的東西也很敏感。研究顯示,特定食物可以直接影響你的微生物相。[39] 事實上,營養精神醫學領域正開始展露

頭角,這個領域的重點主要就在食物會如何影響心理健康,而它的基礎便建立在腸腦軸連結。[40]

營養精神醫學可以幫助你選擇能改善壓力的食物。我們在下一部分會提到這點,但你日常的經驗說不定已經教你關於壓力和食物相互作用的寶貴一課。

例如,你說不定已經注意到,壓力會讓你選擇吃特定食物。當你有壓力的時候,你可能會想吃高脂肪或高糖的食物。這個現象稱之為「壓力進食」或「情緒性進食」,是很常見的情況。像是巧克力蛋糕、得來速薯條、冰淇淋、甜甜圈。或像我,每次有壓力的時候就會吃罪惡的藍色玉米片──我說的還不是一份十一片玉米片的量。

我的病患表示,他們覺得自己在有壓力時,沒有抵抗這些食物的意志力。我們看到電視廣告不斷釋放出的訊息是,在放鬆時刻來吃包洋芋片、喝罐汽水,或吃一整盒冰淇淋。你不會看到電視廣告吹捧著來一包嫩菠菜的美好生活吧?

但在有壓力時會想吃糖、鹽、脂肪類的食物,其實背後有更深層的原因,這些原因早在電視出現之前就存在,能一路追溯到我們在洞穴人時代就擁有的小小蜥蜴腦。在壓力很大的時候,我們的大腦會自動想要吃高脂肪、高糖的食物,因為這些食物擁有很多的卡路里。如我們所見,杏仁核,也就是我們大腦類似爬蟲類腦的小小部分,在有壓力的情況下被啟動時,我們會將注意力放在生存上。用最直白的方式說,卡路里就等於生存。你的爬蟲類腦無法分辨因為要付帳單或因為飢荒造成的壓力有什麼不同,所以最好就在可以的

時候讓身體儲存些熱量。

當你去拿讓你感到療癒的食物時，這是因為大腦正在對你內在的訊號做出反應。在這個當下，很多人都會責怪自己。但與其責怪自己，不如先多體諒自己，以狄帕克・喬布拉（Deepak Chopra）提出的這個問題來問問自己：我到底在渴求什麼？[41] 可能是因為需要更多休息、需要對未來有更多確定性，或需要更多連結。試著改成問自己這個問題。

你在渴求什麼？

「我一直都是這樣一天又一天，在朋友的情感支持下撐下去，」我的新病人羅倫這樣告訴我。然後她停下來，笑了一下補充說：「還有很多巧克力蛋糕。」

49歲的羅倫從事全職緊繃的社工工作已經二十二年了。在工作之外，羅倫一直照顧著兩個想要變得更獨立的青春期女兒並為此操煩；先生也有自己的煩心事，花很多時間在汽車經銷商的工作上。羅倫的孩子還小時，她的爸媽搬到附近幫忙，但現在各自有健康問題，也仰賴羅倫照顧。

「我的焦慮不是一天兩天的事了，」羅倫告訴我。「我接受心理治療大約七年。但壓力性進食的狀況已經到達新的高點。過去兩年來，我的體重增加了將近9公斤！我一直吃巧克力蛋糕，現在開始有了反效果。」

雖然羅倫試著想要輕描淡寫，但我看著她在大腿上扭轉

雙手的樣子,我知道她陷入了撞牆期。

當我請她描述自己情緒性進食的模式時,她解釋說:「一開始是睡前偶爾會吃點東西。但現在,我每天都要吃點巧克力蛋糕。最糟的是,我會在睡前吃,隨著時間過去,吃的份量也愈來愈大。」

羅倫的臉因為覺得難堪而漲紅。「我很軟弱。我沒有辦法改掉這個壞習慣。」

「首先,羅倫,你絕對不是個軟弱的人,」我向她保證。「你的行程太滿了,工作很緊繃,你愛的人都仰賴著你,所以你靠吃東西來應付生活中的壓力,這很正常。」

羅倫回答:「但我的狀況短期內不會改變。所以該怎麼辦呢?」

「你說的沒錯,」我說。「你的慢性壓力不會突然就消失,所以我們要開始兩個改變法則。」

羅倫的第一個做法是決定每天運動,從每天都快走 20 分鐘開始。對羅倫來說,運動有兩個目的:如同前面提到的,透過大腦機制直接影響她的焦慮和壓力,並間接影響她的前額葉皮質——大腦中負責食物渴望的部分。研究顯示,增加前額葉皮質的活動能減少我們對食物的渴望,運動能幫助調整這個路徑。[42]

一項調查了 51 位女性的研究,發現以每小時平均走約 5.6 公里的速度快走 20 分鐘,能幫助受試者控制對洋芋片和巧克力這兩種食物的渴望,最終會減少對這些食物的攝取。研究人員表示,他們的發現「顯示適度做一陣子的有氧運動

能提升〔大腦的〕抑制控制、改善〔個人的〕飲食選擇。」[43] 這項研究和其他相關研究告訴我們，運動不僅能幫助身體管理壓力；運動還能有效改變壓力很大時對食物的渴望。

　　羅倫的兩個改變法則中，第二個做法是做飲食紀錄。追蹤你吃的食物與進食的時間，讓你更有自覺知道自己到底吃了多少。這是體重管理工具中最有效的一種工具。有鑒於羅倫最近增加的體重，她很想趕快控制她的整體飲食，尤其是吃巧克力蛋糕這部分，但她自己一個人很難做到。飲食紀錄能幫助她了解自己進食的模式，而覺察永遠是做出改變的第一步。

　　為了讓羅倫知道飲食紀錄有多強大，我分享一個重要的研究發現，顯示有做飲食紀錄的人減掉的重量翻倍。[44] 在研究的 1,685 位參與者中，那些有做飲食紀錄的參與者減掉的體重，是沒有做紀錄者的兩倍。寫下你一整天吃的食物，這個小小舉動會造成很大的影響。

　　這些發現結果給了羅倫很大的鼓舞。她願意追蹤自己攝取的食物，而這樣做也不會增加她現有的焦慮感，我們因此將這列為她兩個改變法則的其中一項做法。我們也討論到，如果她在睡前想吃點心，可以將巧克力蛋糕換成更富含營養而不是高卡路里的食物。她同意試著吃蘋果配花生醬。「我需要蘋果的甜脆口感，搭配花生醬濃稠罪惡的質地，」她說。

　　我開給羅倫的兩個改變法則處方是要從幫助她管理潛在壓力和焦慮開始，這樣做能進而改善她情緒性進食的問題，幫助她朝著長期健康的目標邁進。

羅倫現在有了計畫,急著想當晚就開始執行。四個禮拜後,我透過電子郵件和她確認狀況。雖然她的行程滿檔,但計畫正在發揮功效。「我真的很享受散步獨處的時光,」她告訴我。「這是我一直想要給自己的寧靜時光。這對我來說幾乎有點像是在做冥想,是一天中很好的休息時間。我每天都做,不管天氣好壞。而且我把散步的時間從20分鐘增加到45分鐘。我正在學習這些新技巧,讓我比較不會想去拿巧克力蛋糕來吃!」

我鼓勵羅倫繼續下去。

當羅倫兩個月後來複診時,她的個人壓力分數從18分掉到了8分。她和我分享她的飲食紀錄,一週平均只有兩次會在睡前吃東西——從一週七天都吃,到這樣是很大的進步!她也慢慢減掉了約3公斤多的體重。相較於幾個月前開始的減壓之路,羅倫現在的狀態更好了。

羅倫準備離開診間時,問我她還能再做些什麼。她有了一股衝勁,想要繼續邁進。「我做到我的兩個改變法則的功課。對我真的很有效,」她很自豪地說。「但我已經準備好採取下一步。我在飲食方面還可以做什麼來維持健康?」

除了繼續每天快走和記錄飲食狀況,我建議她開始慢慢在生活中融入地中海飲食。我向她解釋地中海飲食在健康上的許多好處,她聽完後很感興趣,也準備好將一些元素融入自己的飲食習慣。

健康飲食的黃金標準

當講到壓力和飲食的連結時,這是個會互相影響的關係。壓力會讓你想要吃特定食物,像羅倫會吃巧克力蛋糕,或我會吃藍色玉米片。但特定食物也會影響你的壓力程度。營養精神醫學中有許多研究,提供了挑選食物的豐富資訊。但我的病人告訴我,就算他們想要吃得更好,還是很難跟上最新的「超級食物」。他們常常會對不斷變化的趨勢感到沮喪。

當他們像羅倫一樣問我能減壓且變得更健康的最佳飲食,我總是推薦地中海飲食。地中海飲食不是很嚴格的飲食,更像是一種大概原則的飲食方式。大部分的重點在於吃新鮮水果和蔬菜、全穀類、豆類、堅果和橄欖油的單元不飽和脂肪、魚類和雞肉及一些奶製品。和其他特定飲食相比,地中海飲食並沒有特定公式;更著重在將富含營養、盡量少加工的食物融入均衡飲食中。相較於一般美國人的飲食,地中海飲食整體而言吃較少加工食品、較少紅肉、更少的簡單碳水化合物與飽和脂肪。

在所有飲食中,數百個比較了不同飲食的眾多研究一再顯示,地中海飲食是黃金標準,能改善許多疾病及整體健康。研究發現,地中海飲食有助於維持大腦健康、改善壽命、控制體重、管理糖尿病、改善包括癌症等慢性疾病。[45] 研究還發現地中海飲食能改善像是焦慮和抑鬱等心理健康問題。一項研究指出,參與者在進行改良版地中海飲食的三個月

後，自我回報的焦慮症狀因此降低。[46] 另一份研究則指出，採用富含水果、蔬菜、魚類、瘦肉等受到地中海影響的飲食會減少抑鬱症狀。[47]

而既然我們談到了腸腦軸連結，地中海飲食也能影響你的微生物相。在一個橫跨五個歐洲國家長達一年的研究中，採用地中海飲食的參與者，其腸道微生物相出現改善。[48]

地中海飲食另一個重點是益生元與益生菌食物，在世界上很多地區幾百年來都採取這樣的飲食方式。這兩種食物都能直接影響腸道微生物相，改善你的腸腦軸連結。益生元食物包括全穀食物、燕麥、蘋果、香蕉、洋蔥、洋薊、大蒜、蘆筍，甚至是可可；這些食物幫助健康的腸道菌在你的微生物相中生長。益生菌食物通常是發酵過的食物，包括優格、酸菜、克非爾發酵乳、康普茶等，能幫助你的微生物相長好菌。[49]

這類飲食通常有助於避免許多慢性疾病的發生，對於管理壓力也很重要。一項研究發現，如同地中海飲食建議的，增加蔬菜攝取量能改善壓力。[50] 另一項調查了45人的研究顯示，富含益生元及發酵的食物能降低32％的壓力，而認真遵照這樣飲食的受試者，可以減少更多的壓力。[51]

地中海飲食的健康好處這麼多，你可能會想到底要如何將這樣的飲食融入生活中。如果你現在吃的是一般美式飲食，好奇要怎麼逐步採取地中海式的新飲食法，以下有幾個簡單的選擇：[52]

- 在三餐中加入各種蔬果。每天都吃五份蔬果。一定要輪流加入一些益生元蔬菜,像是蘑菇、青豌豆、豆類、洋蔥等。
- 開始用特級初榨橄欖油作為煮菜用油。
- 與其吃紅肉,改吃魚類或雞肉,開始吃更多豆類來增加蛋白質。
- 把白麵包換成全穀麵包。也多吃全穀食物,像是燕麥和大麥。
- 喝水,不要喝汽水或果汁。
- 每週都吃一些益生菌食物,像是優格或酸菜。

就像生活中任何改變一樣,改變你吃的食物也可能增加壓力。所以要用兩個改變法則的做法,將地中海飲食融入生活:一次只做兩個小改變,幾個禮拜之後再做兩個新的改變。你會慢慢逐步地烹飪與飲食,達到更健康的目的。

隨著你開始採用新的飲食模式,你也會開始用不同的方式買菜。我會推薦一個技巧給有興趣的病人,我自己也會用,就是進入超市後在賣場的周邊選購食材。大部分超市的擺設都一樣:中間的貨架上是包裝好、加工過、高卡路里的食物,周邊則是新鮮、加工程度少、富含營養且最接近自然狀態的食材。有農產品區、穀類區、蛋白質區、乳製品區。繞著超市內的四周選購,你的食材選擇會慢慢開始接近地中海飲食,且毫不費力。

方法 9

攝取讓腸道開心的食物

大部分的人在成長過程中都會享受特定食物,我們覺得超市有賣就一定夠健康。我們現在知道店裡賣的很多食物都是為了方便和保存期限長,對身體來說並不是最好的選擇。以下有些簡單的建議,能確認哪些食物會讓你的腸道開心,也提振你的大腦運作:

- 記錄平均一天吃的東西,尤其要注意壓力大的時候攝取的食物。很多人在有壓力的時候都會想吃高脂肪、高糖的食物。
- 你下次去超市的時候,先繞著超市的四周選購,將購物車放滿新鮮食物,然後再到擺放比較多加工與罐裝食物的內側走道。
- 每週都嘗試從地中海飲食清單,多挑出一兩樣食物加到你的三餐中。
- 如果你不餓卻還是會去冰箱或櫥櫃拿點心來吃,停下來確認為什麼你想吃點心。說不定你真的很想從一天的工作中休息一下,或改變一下環境。說不定你需要好好體諒自己,因為你正面臨讓你感到不舒服的事物。或者純粹是無法用花生醬脆餅解決的無聊時刻。

情緒性進食是我們身體的一部分。我們會因為無聊、沮喪、生氣、擔憂等其他種種的情緒性原因，明明不餓卻還要吃東西。學習從身體對於這些情緒的反應，來解讀你身體飢餓的訊號。你的壓力會感謝你能分辨出這些差異。

　　我第一次見到羅倫的三個月後，她寄給我一封電子郵件，標題是：「好消息！」她藉由自己練習的三個技巧，減掉了近5公斤的體重。透過每天快走20分鐘、記錄飲食、選擇更接近地中海的飲食，羅倫在壓力、體重、腸腦軸連結上都有了很大的進步。除了體重計上的數字外，羅倫在短短三個月內，透過兩個改變法則的簡單技巧就做到這一切，她感覺很有成就感。這樣的自信也影響到她生活的其他面向。她的同事和家人都注意到了。

　　「大家都一直問我做了什麼。不只是我的外表，更重要的是我的感覺，」羅倫說。「之前我覺得自己失控了，但這些微小的改變幫助我對生活又重新擁有了掌控感。」

　　儘管外在環境沒有任何改變，但羅倫透過兩個改變法則找到方法減緩失控的壓力。她在家中與工作上還是遇到同樣的挑戰，但她已經能夠用更好的方式管理生活中的壓力。羅倫的成功要歸功於她的進步，而不是執行的完美與否。

　　羅倫需要某件事來幫助她自我療癒，處理困難的情緒。食物是生活中很大的愉悅，應該是要用來享受。完全不吃巧克力蛋糕太過不切實際。羅倫以體諒的態度溫柔處理自己的情緒，搭配運動、飲食紀錄、逐步改善飲食，得以成功重新設定自己的壓力。她學會了讓自己的大腦和身體同步。

雷娜和羅倫看起來彷彿都是一夕成功的案例，但他們其實採取的都是微小且緩慢逐步的改變（過程中也常常遇到挫敗）。讓大腦和身體同步來強化身心連結，是一種需要練習的技能。但透過這章的四個方法──利用專注呼吸法學習專注當下、透過幾個呼吸技巧重新設定壓力反應、每天動動身體、攝取讓腸道開心的食物──你很快也能創造自己的成功故事。只需要稍加練習就能達成。

第 6 章

重新設定技巧四
喘口氣,維持心理空間

找出健康的壓力甜蜜點,兼顧生產力與休息

「我什麼都做不好。不管我再怎麼努力,我的生產力還是比以前更差!」荷莉一邊解釋,一邊揮舞著雙手。「我比以往更努力要撐下去。每一天結束的時候都徹底被耗盡了。感覺好像沒法喘口氣!」

非常多的人都感到倦怠,我知道荷莉不是唯一一個覺得自己已拚盡全力,卻只能原地踏步的人。

「我在科技業工作了十七年,」她說。「我曾經能全部一手包辦。但隨著 AI 出現,我對很多快速的改變感到擔憂。如果我的進度落後,我的工作可能就會被外包給 AI。」

荷莉的成就卓越——她畢業於麻省理工學院,在科技業的職涯表現傑出。但近來,她陷入了壓力爆表、生產力低落的狀態。我告訴荷莉,她感受到的壓力和倦怠感並非例外,是正常的。「你的擔憂很合理。這是新的常態,舊有的規則不適用了,」我說。「但 AI 無法做到你每天提供的人性化要素。」

「我知道,」荷莉嘆道。「我的公司很重視我和我的專業。只是我沒有足夠的時間可以跟上所有快速變遷。」

「沒有人能在不休息的狀態下,跟上腳步,持續這場競賽,」我同情地說。「就連馬拉松比賽都有終點,但我們的工作和家庭生活卻沒有。所以我們需要撥出喘息的時間。」

過去幾年來,荷莉一直勉強撐著。她知道自己出現倦怠感,卻還是要求自己維持著倦怠感出現前的高產值狀態。

就像我的許多病人一樣,荷莉還小的時候就被教導要以他人的需求為主,所以要她注意自己的金絲雀症狀,需要先

調整一下心態。說不定你正經歷著和荷莉相似的經驗。如果是這樣的話，你可能會想：「如果我已經盡力做到最好，還是沒有什麼幫助，我怎麼有辦法從倦怠中重新調整呢？」

在「重新設定技巧四：喘口氣，維持心理空間」中，你會學到如何在不犧牲生產力的狀況下，讓自己的大腦喘口氣。事實上，就算你深陷壓力和倦怠之中，技巧四提到的方法或許能幫助你提升生產力。透過以下三個方法，你將能做得更少卻達成更多，設立健康的界線來維持你的精力與專注度，在工作與家庭切換各種角色的同時，可以更有掌控感。

不管你現在的狀況如何，就算壓力非常大，「重新設定技巧四」將能幫助你找到心理空間，讓大腦能逐步重新調整到最佳運作狀態。科學研究顯示，大腦在沒有過載的情況下，運作狀況最佳，而這也是為什麼兩個改變法則的成功率這麼高的緣故。所以你在這章學習金髮姑娘原則、一心一用的魔力（或多工迷思）、假裝通勤這三個方法時，要謹記著兩個改變法則。

金髮姑娘原則

仿效金髮姑娘（Goldilocks）能如何對你的壓力程度產生好的影響？這個一頭金髮的小女孩，就算在面對三隻熊生氣的威脅之下，還是能夠找到「剛剛好」的方式照顧好自己。

如果你最近覺得有壓力和倦怠感，你的生產力很可能也

受到影響了。你在生活中任何面向都沒有表現到最好。你只是勉強撐著,絕對沒有發光發熱。你內在的自我對話可能會逼你要更努力工作、做得更快,才趕得上你過去生產力的標準,但這樣只會把自己拖得更慢、生產力變得更差。

荷莉活在韌性迷思中,所以針對她的兩個改變法則,我第一個建議是工作時做得少一點,休息時間則要確實好好休息。她的眼睛瞇了起來,對我的建議顯然抱著嘲諷的態度。做得更少從來都不是她的選項。但隨著倦怠感和壓力變得愈來愈嚴重,她開始覺得自己已經沒有選擇了。「我現在做的顯然沒有用,」她說。

荷莉決定要開始擁抱新的工作方式。我向她保證,第一個處方要她在短期內做得更少,但長期而言卻能幫助她達成更多。

「你可能會以為壓力是以一種直接的方式影響大腦和身體,」我解釋,一邊在紙上畫出一條往上的斜線。「壓力愈大,你就過得愈糟,對嗎?」

荷莉點點頭。「聽起來是這樣。」

「但事實上,研究顯示我們的壓力反應像鐘型曲線,」我解釋。[1]「當你生活中的壓力太少時,你會出現在曲線的左側。表現的方式包括你會感到無聊、沒有動力、生產力低落。但相反的,當你的壓力太大時,像現在這樣,你會出現在曲線的右邊。你會感到焦慮、被耗盡、生產力低落。」

我繼續說:「曲線中間則是壓力的甜蜜點──你的壓力剛剛好,不會太多也不會太少。這是你健康的壓力程度,你

會有動力但不會難以負荷,忙碌但不會感到被耗盡。[2] 在這個壓力的甜蜜點,你的大腦和身體表現得最好。這稱之為身體的『壓力適應反應』。」

我向荷莉描述的,就是我所說的壓力的「金髮姑娘原則」。

我或許能假設你可能像荷莉一樣,現在正處於曲線的右邊,壓力過大,可能也出現了倦怠感。我們的工作就是要幫助你慢慢從壓力過大的曲線右側移動到中間,也就是鐘型曲線的上方,接近健康壓力甜蜜點附近的位置。

要到達壓力甜蜜點,做法當然就是要放慢下來,做得少一點。但在嚴厲的老闆還有各種截止期限的壓力下,這個做法感覺太不切實際。

你可能覺得金髮姑娘原則理論上聽起來很棒,但在生活中並不實際。你覺得如果放慢下來,少做一點工作的話,一切都將崩塌,或者可能會被炒魷魚。

我理解。故事裡的金髮女孩實際上侵入了三隻熊的家,沒有面對現實。她沒有待很久,假裝這樣不同的生活是屬於她的。

你還有真實世界要盡的責任,像是工作、付帳單、付每月貸款或租金;維持各種關係等等。你沒有餘裕把事情都減少,直到壓力程度達到「一切都剛剛好」的甜蜜點。

雖然我們都想要暫時卸下責任,前往峇里島的海灘度假,但我想要告訴你如何在實際生活中應用金髮姑娘原則——好好專心休息。

「不要結束一個會議就前往下一個會議,我希望你在會議和會議之間簡短休息一下,」我這樣建議荷莉。

因為荷莉喜歡數據,我分享了一個微軟做的研究,比較兩種人的大腦影像掃描,一種是一個會接著一個會開的人,另一種是在會議與會議中間會短暫休息的人。研究發現會議間會短暫休息的人,大腦影像掃描顯示壓力明顯較低。簡短但頻繁的 10 分鐘休息能降低工作壓力對大腦累積的影響。[3] 荷莉聽了之後,對於好好休息也變得更積極。

如果你和荷莉一樣,你在會議或工作之間可能會像大家一樣,無腦滑社群媒體,或很快查看電子郵件信箱。請反其道而行,依照「重新設定技巧四」的建議,在休息時間刻意改善你的壓力:在桌子前面做些溫和的伸展、站起來很快地走 5 分鐘,或練習第五章學到的放鬆或呼吸技巧。努力開始在休息時間養成專注當下的新習慣,慢慢將壓力程度從曲線的右側調整到曲線中間,接近壓力甜蜜點的位置。

這就像是煮水壺的比喻——找到方式釋放蒸氣。

透過好好休息,而不是無腦地做那些可能會增加壓力的活動,你就能實踐壓力「剛剛好」的金髮姑娘原則!

當荷莉了解自己在壓力曲線上的位置,並與理想的位置相比,她開始實踐金髮姑娘原則,好好專心休息。在科技業工作的她,大部分的時間都待在電腦前和開會。荷莉開始在會議與會議之間遠離所有的螢幕,包括自己的手機,選擇站起來伸展,深呼吸。她每天會快走一次,讓自己的心態調整到更好的狀態。如果沒法到戶外走路,荷莉會到大樓的樓梯

間上下走幾段樓梯，一次走10分鐘。她的同事都以為她要去開另一個會議。

「建立一個習慣至少要花八週，」我這樣提醒荷莉，「所以要找到方式讓這些改變成自然。」

為了幫助大腦建立新習慣，荷莉在工作行事曆上漫長的會議後立刻安排3～5分鐘的空檔，一整天都這樣執行。因為這些空檔都很短，同事和助理似乎都沒有發現。她認真努力好好休息長達了兩個月，在時間和耐性的幫助下，壓力慢慢降低到健康的程度。她比較第一次看診和兩個月後的個人壓力分數，發現分數降低了10分。她說自己感覺到日常生活的改變。雖然工作環境的步調快速，荷莉還是透過好好認真休息，找到了自己的壓力甜蜜點。她在步調快速的工作中，找到讓自己喘口氣的方法。

方法 10
找到剛剛好的壓力甜蜜點

在日常行程中找到自然的休息時間，有可能是你從一件事轉換到下一件事的空檔、結束一場會議時、在課與課之間、完成一項大專案的一部分等等。不要查看智慧型手機，或趕著做下一件事，選擇花3～5分鐘的時間讓大腦重新設定。

簡短的休息時，透過體能活動連結大腦和身體：

站起來伸展、從窗戶向外眺望並一邊做腹式呼吸法、到走廊快速走一下,或上下爬樓梯。和身體一起專注在當下,不要讓你的思緒又往前跳到清單上的下一件事情上。

1. 試著在一天中加入五或六個 3～5 分鐘的簡短休息。
2. 花三個月每天練習,觀察你的生產力是否因此增加,壓力是否因此減少。

「找到壓力甜蜜點」的金髮姑娘原則能破解奮鬥文化中常見關於生產力的迷思,也就是唯有工作得更快更努力、工時更長才能改善生產力。這是科學上的謬誤,而且錯得離譜。你的大腦在有時間減壓的狀況下,才能工作得更好更有效率,尤其是在處理新任務時。好好認真休息不僅能在短期間減少壓力,就長期而言還能提升你的生產力。

休息有助於大腦運作得更好。當你放下正在做的工作休息一下,大腦和大腦中的神經傳導路徑便進入一個「固化」（consolidation）的重要過程。

神經固化是指,當新的學習和資訊在大腦中流動一段時間後,它們會被鞏固在傳導路徑與迴路中,以備未來所需。有一項研究觀察了 27 位健康成人的大腦影像掃描,發現就算

只是 10 秒鐘簡短的休息也能透過固化來改善學習狀況。[4] 當研究人員比較這些健康大腦的影像掃描時,他們發現大腦在休息時會比學習時出現更多的變化。[5]

這個發現讓研究人員進一步去了解學習實際上到底在何時發生——是在練習的時候,或在休息時?「每個人都覺得在學新東西的時候要『練習、練習再練習』,」此項研究的資深作者李奧納多・G・柯恩(Leonardo G. Cohen)表示。「相反的,我們發現及早且頻繁的休息也很重要,對學習而言,可能和練習一樣重要。」[6]

我和荷莉分享這份研究的發現結果,她聽了大笑。「我上週才發生這樣的事情!」她驚訝地說。「我晚上花了好幾個小時窩在電腦前,要解決工作上一個技術問題。我一直找不出來哪裡有問題,最後決定放棄,準備要上床睡覺。我當時在沖澡,突然想出來問題到底是什麼!然後隔天早上就把問題解決了!」

「你讓大腦喘口氣,然後就突破了,」我向她證實。

像荷莉一樣,透過刻意簡短休息,你更有機會有所突破。只要 10 秒鐘的時間就能對大腦發生作用。

多工迷思

荷莉的兩個改變法則的第二個做法是減少多工處理的狀況。她自認「多工能力很強」,並以此自豪。「我因為多

工處理的能力很強，才快速升遷，」荷莉說，「我以前一次能做四件事。但現在我的精力萎靡，每件事都要花兩倍的時間做，也更常出錯。我可能需要慢下來。」

　　研究數據顯示的結果與荷莉的經驗一致。82％的美國勞工表示他們每天都多工處理事情，比率高於世界上所有其他國家。[7] 一項調查顯示，平均來說白領工作者每 31 分鐘就會分心。[8] 如果你在服務業工作，你每次輪班都要多工處理十一項工作，如果輪的是早班，多工處理的事項則會翻倍。[9] 下次咖啡師把你早上點的咖啡弄錯時，試著多體諒一下對方。他們的大腦在同時處理龐大的負荷量。

　　就像荷莉一樣，你可能也想要有更好的多工處理能力，或在工作上曾因多工能力而被稱讚。我們不都是這樣嗎？但多工處理其實是科學上的誤稱，是奮鬥文化進一步鞏固的另一個存在已久的迷思。當你在多工處理事情時，你的大腦其實在進行「任務轉換」（task switching）──很快地從一項任務轉換到另一項任務。

　　人類的大腦是設計來一次做一件事。研究顯示，只有 2.5％的人類大腦能相當不尋常地一次做超過一件事，而這樣的狀況也極度罕見。[10] 儘管我們百分之百以為自己的多工能力很強，但大部分的人多工能力都很差！

　　任務轉換對大腦的認知、記憶、注意力有害。[11] 研究顯示多工處理會降低你四成的生產力。[12] 之所以會降低生產力，是因為多工處理會削弱你的前額葉皮質，這是你大腦負責高層次執行和認知功能的區域。[13] 任務轉換也會降低你解

決複雜問題的能力。世界上充滿了待解決的複雜問題。不能因為多工處理而傷害了我們解決這些問題的能力！

創造時間塊，一次做一件事

荷莉需要改變自己的想法，學習一次處理一件事。「一次只做一件事」是保護大腦不會受倦怠和壓力傷害的方法。但你可能會想：「這就是我大腦運作的方式。我總是一次處理三件或四件事。」你可能會質疑，如果停止多工處理事情，是否能維持效率，並完成工作與家庭中所有預期要完成的事情。

如果要有效率地一次做一件事，實際的策略是創造「時間塊」（time blocks）。

荷莉常常同時間進行好幾項專案，我們因此用番茄工作法（Pomodoro Technique）設計了以下時間表。[14] 這是 1980 年晚期為時間管理發展出來的方法，對於那些覺得分心、疲憊、因多頭馬車而備感拉扯、因為難以負荷而拖延，或試著一心多用等等的人，使用了這個方法都成效卓著。

拿一個計時器，給自己 25 分鐘專注在一項任務上（這稱為番茄，因為 pomodoro 是義大利文的「番茄」。發明這個工作法的人在還是學生的時候，使用的廚房計時器就是番茄的形狀，並以此命名）。你設定好計時器，計時器響的時候就停下來，放下手邊工作去休息 5 分鐘。接著進行第二項任

務，在計時器上重新設定 25 分鐘⋯⋯然後持續重複。完成了四輪之後，進行較長的 30 分鐘休息。

荷莉的時間塊工作如下：

- 任務一：25 分鐘的時間塊；5 分鐘休息
- 任務二：25 分鐘的時間塊；5 分鐘休息
- 任務三：25 分鐘的時間塊；5 分鐘休息
- 任務四：25 分鐘的時間塊；5 分鐘休息
- 休息 30～40 分鐘。然後重複以上做法。

透過這樣的安排，荷莉同意試著把多工處理的工作方式，換成用時間塊進行。一天工作結束時，荷莉所有的專案都有了進展，但注意力卻沒有因此被分散。她將時間分配給個別的案子，完全專注其中。她讓自己的大腦能一次做一件事，強化前額葉皮質，幫助她解決工作上出現的許多複雜技術問題。她本來就已經將手機和跳出來的訊息等分心事物減到最少，以時間塊設計的全新工作行程能幫助她擺脫多工處理的迷思，再度喘口氣。

方法 11
學習一次做一件事的魔力

1. 決定一天中有哪些事情要優先處理。

2. 選擇一個特定的時間，是你可以專心投入，思緒不會亂飄的時間長度。一開始，可能只有 10～15 分鐘；隨著練習愈來愈上手，你能專心 20～30 分鐘。注意自己的侷限，不要做過頭，不然可能會拖慢你自倦怠感復原的速度。
3. 從清單中選一項任務，設定計時器，只專注在選定的任務上。在計時器鈴響之前，要專心做那項任務。
4. 簡短休息時做點體能活動，伸展、腹式呼吸法、在走廊上走走。或喝點水。
5. 從清單上選另一項任務，重新設定計時器，然後專注投入，直到計時器響起。
6. 一整天的工作都重複以上的循環。
7. 每天都恭喜自己透過一心一用改善專注力。

隨著時間過去，荷莉的倦怠感改善了，她發現自己在做有趣的專案時，很容易就進入心流狀態。就如第三章所提到的，心流就是一種全心沉浸其中、忘記時間的心理狀態。心流對心理健康也有很多幫助，像是能保護你不會出現工作倦怠。[15]「心流也被認為與其他一些長期健康有關聯，」認知科學家理查‧赫斯齊（Richard Huskey）表示，「從作為工作倦怠的緩衝，抑鬱症狀的緩衝，到能提升韌性。」[16]

如果你曾經非常沉浸在某個活動中，整個過程感覺才過了幾分鐘，但實際上卻已經過了好幾個小時，那你大概有過心流的經驗。有很多方式可以進入心流的狀態；常見的例子包括寫作、彈奏音樂、藝術創造、運動、跳舞、自己動手做、解謎等等。

　　在你從倦怠感中復原，試著喘口氣的過程中，多體諒自己一點。先從好好專心休息開始，放棄多工處理事情的習慣，利用時間塊的方式改成一次做一件事。隨著時間過去，說不定你會發現自己有精力去做那些能讓你快樂，進入心流狀態的活動。荷莉的旅程花了超過三個月。

　　就像荷莉一樣，我希望你不要操之過急。你在「重新設定技巧四」的第一步是確保你能給大腦所需的休息和復原時間，之後再開始追求心流狀態。創造一心一用的習慣不是要在不斷增加的代辦事項上又多加一項。從倦怠感復原的道路緩慢且須刻意為之。給自己需要的時間、耐性與諒解。

　　對荷莉來說，隨著時間過去，她專心做一件事的習慣愈來愈穩固，她能做到長達 45 分鐘的時間塊，搭配 10 分鐘的休息。你的狀況可能不一樣。如果你的倦怠感很嚴重，面對許多分心的事情一直努力做到最好，你可能需要逐步建立不受干擾的時間塊。先慢慢從 10 分鐘不受干擾的時間塊開始。用計時器設定。手機放遠一點，將通知和 Slack 即時通訊軟體的頻道都關靜音，然後投入工作中。當你完成一段時間塊之後，可以去看看剛剛錯過了什麼。每週都將時間塊增加 5 分鐘，直到你能自在地連續專心工作 25～30 分鐘。

我從讀醫學院時開始使用這個策略，現在也還繼續使用。我目前的時間塊長度是 55 分鐘。因為我慢慢地建立自己能長時間專注的時間，一開始是遵照番茄工作法的建議，從 25 分鐘的長度逐步增加。事實上，我寫這本書的時候就是使用時間塊的技巧。

我還在讀醫學院時，並不知道有一次做一件事這種事。也不知道這對大腦的好處。但我需要找到一個技巧幫助我專注並吸收每週必須學習的大量資料。我透過不斷嘗試，發現時間塊的技巧對我有用，並一直用到現在。當你壓力很大的時候，要做任何需要花幾個小時才能完成的任務，都讓人感到卻步。你無法想像整個任務，但你可以想像自己做了 20～45 分鐘的樣子。

將時間規劃成可執行的時間塊，就能將手上的任務拆解成感覺上更可行的狀態。你每完成一個時間塊，就能感覺到成就感，並能暫時休息一下。當計時器響起的時候，我會覺得鬆了一口氣，然後會走出醫學院圖書館，到外面走走，伸展一下雙腿。一開始，我是因為中間的休息時間而開始做時間塊的練習，因為這個技巧能幫助我克服要學習大量資料的心理障礙。現在則成了一個習慣，我沒辦法用別的方式工作。

這些年來，我幾乎所有的專案都是用時間塊技巧完成。有時候是 20 分鐘長的時間塊，有時候是 45 分鐘，但從來沒有超過 50 分鐘，因為心理上我每一小時就需要 5 到 10 分鐘的時間去重新設定我的大腦。

我花了幾十年才掌握一心一用的技巧。畢竟，我們都受到奮鬥文化的影響幾十年了，不會在一個小時、一天或甚至幾週內改變。我們一直都活在韌性迷思中而不自知。一旦我們適應了時間塊的模式，大腦會非常樂於接受我們新的工作方式。現在的我對於自己「一心一用」的能力很自豪，就像我之前對於自己「超強多工處理」能力一樣自豪！

經過幾個月後，荷莉也和我一樣，從多工處理的行列徹底復原。她為自己能一心一用感到自豪。藉由這些簡單、或許違背直覺的方式調整工作方式後，她的生產力變好了。

大腦喜歡區隔

透過時間塊的方式一次做一件事是改善壓力和倦怠的有效策略，其中一個原因是這樣做有助於大腦進行區隔化（compartmentalization）的需求。

最能讓我們感謝大腦區隔化需求的，莫過於新冠疫情了。我們大部分的人必須工作、育兒，日復一日活在同樣的空間。人類是有很多不同面向的生物，扮演像員工、父母、配偶、朋友、手足等許多角色。當你被迫不自然地在同一個空間中扮演不同角色，對你的壓力和心理健康並非好事。像是煮水壺產生的壓力！我們之中有許多人都覺得自己像是那壺水，水壺下的火焰每天都從小火轉到大火。我們被困在所處的情境中，沒有地方釋放蒸氣。

當你能夠為扮演的眾多角色畫出清楚的實體界線時，你就給了自己去好好扮演每個角色的機會。你在不同空間展現不同的技能和個性，而當你被迫在同一個空間將不同的角色扮演到最好，什麼角色你都沒有辦法扮演好。就像你的大腦是設計來一心一用，而非一心多用，你在沒有被迫多工處理時會表現得最好、生產力最旺盛，也最能實踐自己。

吉賽爾是一名母親，育有一個幼兒，也是一位醫藥作家。她的公司提供她混合工作模式：在家遠端工作，或回到辦公室工作。由於先生的工時很長，吉賽爾負責每天接送孩子往返幼兒園的工作。接送孩子的前後，她單趟就要花一個小時往返辦公室。「我討厭長時間通勤，所以我想說在家工作能好好休息，」吉賽爾解釋。她因為壓力愈來愈嚴重而來找我。「但我現在已經不知道該怎麼辦了，」她承認。「我現在完全沒有生產力。我沒有辦法按照截稿期限交稿，聲譽也受到影響。以前我在很緊迫的截稿期限內還是能交稿。但最近我一直要求延長時限。」

吉賽爾的兩個改變法則功課中，第一個做法就是在工作時採用金髮姑娘原則，休息時專心休息。第二個做法，我則建議她假裝通勤。

假裝通勤，讓大腦進入工作模式

吉賽爾認為之前長時間通勤沒有價值，但其實這樣的

通勤過程有兩個重要目的。通勤不僅讓她實際抵達辦公室，也給了她在心理上轉移的時間，為自己的大腦準備好進入工作模式。當她放棄每日通勤，就失去了逐步從居家模式轉換到工作模式的機會。相反地，她現在要在短短幾分鐘的時間內從忙碌的媽媽和太太的角色立刻切換，在廚房的餐桌上投入醫藥寫作的工作。吉賽爾的大腦需要一個通勤過程，從太太－媽媽－主婦的角色轉換成公司員工的角色。

在家工作可以有很多好處，所以我不是要倡導大家都回到辦公室。研究顯示，通勤時間與工作滿意度呈現負相關；通勤時間愈短，工作滿意度愈高。[17] 研究顯示，混合辦公能改善自主感、生產力、壓力和倦怠感。[18] 一份蓋洛普調查顯示，近 60% 的受訪者表示混合辦公有助於改善他們的倦怠感。[19] 有鑒於混合辦公的這些好處，難怪有近 85% 的員工偏好混合辦公模式，而不是傳統在辦公室工作的模式。[20] 混合辦公已經逐漸成為未來的工作模式，也是重新達成工作與生活平衡的新方式。

然而，是否有辦法享受在家遠端工作的好處，同時也維持通勤對心理上帶來的好處呢？有。你可以假裝通勤。

就像吉賽爾的先生每天早上幫兒子準備好去上幼兒園一樣，吉賽爾換好裝，準備好去工作，彷彿要進辦公室一樣。她在廚房餐桌準備好辦公的用品：筆電、水瓶、寫了優先事項清單的筆記本。她幫兒子做好午餐後，陪他一起走去幼兒園。她沒有趕著回家，一邊心情煩躁地開始狂亂的一天，相反地，她開始假裝通勤。她停在一間咖啡店外帶一杯咖啡。

她在附近的街區散步，一邊喝咖啡，一邊規劃她的一天。當她走到附近的公園，會在長椅上坐下來幾分鐘，快速確認手機裡的行事曆。那天預先安排了哪些會議？要先開始做哪些專案？哪些需要再修改？今天已經可以送出哪些了？

　　她的假裝通勤花了大約15分鐘，在這15分鐘內，吉賽爾從居家模式轉換到工作模式。她覺得心情平靜且有條不紊，準備好要開始工作。她進到家中的辦公室，也就是原先的廚房餐桌，拉了張椅子就開始工作。

　　兩個月後回診時，吉賽爾非常開心。「我每天早上都會假裝通勤，」她告訴我。「我的生產力變得非常好。過去兩個月產出很多文章。我確保自己會頻繁休息，做些簡單的事情來控制我的壓力，就像我們討論過的。最重要的是，我覺得自己回到正軌，這些改變讓我感覺很棒。這真的有用！」

　　透過假裝通勤還有大腦區隔化的過程，吉賽爾不必回到辦公室就又能帶著熱情投入工作。她的大腦獲得了需要的喘息。吉賽爾終於覺得自己能喘口氣了。

方法 12
假裝通勤

如果你在家遠端工作，或在自家內經營公司，每天早上和晚上在工作與個人生活間都安排緩衝時間，

讓自己重新設定大腦和壓力。

建立開始工作的時間。規劃好早上起床、換裝、準備好離開家，彷彿你有 10 ～ 15 分鐘抵達辦公室的通勤時間。

用那 10 ～ 15 分鐘把個人家庭生活放到一邊，讓大腦準備好開始工作。你或許能在附近走走，外帶一杯咖啡，或檢視一下當天的任務與會議，規劃好一整天的工作。

當你回到家就直接進入工作區域，就像是抵達辦公室一樣。這時你已經準備好開始一天的工作。

一天工作結束後，再次假裝通勤。離開工作區域去散個步，快速辦點事，開始轉換回到你個人的時間。

儀式的力量

吉賽爾每天假裝通勤的好處是能建立一個在家遠端工作的儀式感。在這裡「儀式」與任何宗教傳統無關——這指的純粹就是你透過習慣心理學而發展的模式。

儀式是你反覆以特定順序做的事情。在你沒有太多實體空間時創造出一種心理空間，幫助大腦做好準備。當你被迫

在一個空間中一心多用,一個簡單的儀式能幫助大腦辨認出下一個角色令人熟悉的模式。

儀式可以為大腦帶來強大的改變。精神科醫師奈哈・裘哈里(Neha Chaudhary)表示,儀式能幫助我們管理情緒。她認為儀式是「錨⋯⋯能幫助我們記得我們是誰,如何在人生中航行。」[21] 運動心理學家卡洛琳・希爾比(Caroline Silby)補充:「儀式能讓你創造連結身心的路徑,讓你在有許多未知的時刻擁有掌控感⋯⋯〔變得〕更有力量去回應並做出有效的選擇。」[22]

假裝通勤可以是一種創造改變的有效儀式,但你也可以選擇其他儀式。試著持續在每天準備開始工作時採取簡單的行動,象徵從居家模式切換到工作模式。重點不在你決定採用的實際儀式,而是你在採取這項行動時賦予的意義與目的。舉幾個儀式的例子,包括點蠟燭、打開一盞特別的檯燈、在工作時間使用特定的馬克杯、將手機放在距離工作區域至少3公尺的特定位置、使用工作專用的筆和筆記本,或是在每通公務電話之間做特定的一組伸展動作。在一天工作中的各項儀式加入專注呼吸法也很不錯。不管你選擇使用哪些微小的舉動,都盡量刻意為之,向大腦傳遞你正在工作模式的訊號。你也可以在一天工作的自然起始點與停止點加入儀式──像是午餐時間、休息時間,或一天結束時。

書擋法，設定工作的開始與結束

不管你選了哪種儀式，試著在一天工作中創造書擋，意思就是創造一天工作開始和結束的明確宣示。早上和晚上的儀式可以一樣，也可以不一樣。但試著讓儀式每天都一樣，幫助大腦習慣如何脫離居家模式並切換進入工作模式，反之亦然。隨著時間過去，這個方法能讓你訓練大腦更輕鬆自在地從一個角色轉換到另一個角色，清出心智頻寬的空間，全心投入你當下扮演的角色。

吉賽爾熟練地掌握了金髮姑娘原則和早上假裝通勤的兩個月後，下一次回診時，我們決定在晚間也假裝通勤，在她的一天中創造書擋。她不會像過去那樣一路工作到要接兒子的最後一刻，吉賽爾會給自己15分鐘把工作做個結尾。她會關掉電腦並將電腦放到公事包裡，用水沖洗咖啡杯，走出門開始進行晚間的假裝通勤儀式。她會檢視這一天中哪些做得不錯，哪些不好，隔天有哪些重要的事情要優先處理。在散步的過程中，她會開始想著兒子胖嘟嘟的雙頰，還有他晚餐想吃什麼。她也會想想週末時是不是要去拜訪姊姊，或等到月底再去拜訪。當她接到兒子的時候，她很投入當下，也很開心。她成功喘口氣，徹底脫離了工作模式並切換成居家模式。

以身體的力量，專注當下

我有些病患沒法採用假裝通勤或書擋法，因為他們不是在家遠端工作，也不是做辦公室的工作。你說不定也是這樣。像是亨利的情況就是如此，他是一個 24 歲的送貨司機。他工作的地方就是公司的貨車，不是辦公室也不是自己家。他的工作壓力很大，他需要在城市裡到處遞送多個包裹。

亨利大學讀了一年後就必須輟學，因為當時母親生病，他是母親的主要照顧者。他和高中女友結婚並生了一個兒子。他的兒子現在 5 歲，是亨利最大的驕傲與快樂的來源。

「我絕對不想拿擔任父親或丈夫的角色去交換其他事情，」亨利說：「但我當時必須立刻找到工作，沒法決定職涯要怎麼走。現在，我整天都在開車，我很擔心未來會發生什麼事情。你知道的，我到底要怎麼買到一台好一點的車，或者買房子，甚至是讓孩子和太太有更好的生活？我整天都在想這些事。」

「你現在對自己的工作感覺如何？」我問。

「哎呀，現在，」亨利的頭垂到一邊說：「老實說，我要達到什麼都……很慢。我每天都上工，但我總是在想，我就這樣子了嗎？」

我可以感覺到，亨利對於工作很不滿意，彷彿陷入死胡同，並引發源源不絕的壓力。針對亨利的兩個改變法則的第一件功課，我建議以下方法，無論你的工作是什麼，都能讓大腦休息一下。

你的每隻腳都有將近 30 根骨頭，超過 100 個肌肉、肌腱與韌帶。身體一個小小的區塊，卻擁有很大的力量。雙腳往往被忽視，但其實可以在混亂時刻成為穩固的力量。

我之前每週固定做瑜伽時，學到一種我稱之為「黏黏腳」的方法。老師會要求我們張開腳趾頭，想像趾頭間有網子，在做姿勢的時候能創造更多穩定性。我一直都很喜歡這樣的畫面。雖然我當時不是很了解老師的意思，但這個方法幫助我在當下穩穩地站在瑜伽墊上。很快地，我開始在沒有做瑜伽的其他時間使用這個方法。

你也可以練習黏黏腳。重點是要把心思專注在腳上。站直，試著想像你的腳像是有黏性的網子，盡可能佔據愈多表面愈好。感受你的雙腳支撐著你，踩在地面上扎實連結。再踩深一點。

你可以想像你有一雙黏黏腳，**雙腳在哪，你就在哪**，可以是任何要站上幾分鐘的地方，像是等電梯或等加油的時候。

所以當你在工作時，練習黏黏腳，雙腳在哪，你就在哪。在家的時候，當你在廚房的流理臺前洗碗，或在浴室刷牙時，可以練習黏黏腳，雙腳在哪，你就在哪。口號永遠都是一樣的。不管你人在哪都專注當下，你的雙腳在哪，你就在哪。

這是正念覺察的主要原則，理論上很難理解，但實際上卻很容易體驗。亨利作為司機，從一地到另一地的送貨工作，讓他在一天當中有很多機會可以練習黏黏腳以及雙腳在

哪人就在哪的技巧——雖然他整天都在到處移動。他可以用溫柔又體貼的方式告訴自己：「我的雙腳在哪，我就在哪。」這樣做能幫助他穩定下來，專注在當下的工作。

黏黏腳的練習很有效，能幫助你開發身心連結，因為這個方法是透過雙腳穩住自己，而不是透過呼吸。先透過雙腳穩住自己，不管是站著不動，或透過有意識地移動，都能幫助我們在當下穩住自己。而身心連結的重點就是要能專注當下。

方法 13
啟動你的黏黏腳，專注當下

把心思專注在腳上。站直，試著想像你的腳像是有黏性的網子，盡可能佔據愈多表面愈好。感受你的雙腳支撐著你，踩在地面扎實連結。再踩深一點。

你可以想像你有一雙黏黏腳，雙腳在哪，你就在哪。工作時，練習黏黏腳，雙腳在哪，你就在哪。在家時，當你在廚房的流理臺前洗碗，或在浴室刷牙時，可以練習黏黏腳。口號永遠都是一樣的。不管你人在哪都專注當下：你的雙腳在哪，你就在哪。

當你專注在自己的雙腳，就減少了思緒因焦慮而四處

飄蕩的機會。請記得，**焦慮是專注在未來的一種情緒**。亨利焦慮的不是當下送貨的工作；他是因為想到未來的事情而痛苦。「如果……該怎麼辦？」是你在焦慮時最常自問的問題。對亨利來說，他心中的對話像是這樣：「如果我永遠都做這個工作該怎麼辦？如果我沒有辦法找到更好的，該怎麼辦？如果我沒法收支平衡該怎麼辦？如果我沒辦法照我一直想要的照顧家人該怎麼辦？」等等。我的工作就是要幫助亨利減緩他的「如果……該怎麼辦」想法，讓大腦能喘口氣。

在你很焦慮又壓力很大的時候，這一系列的想法通常不會結束，只會愈來愈惡化。這種「如果……該怎麼辦」的想法是受到你的蜥蜴腦杏仁核所驅使，就像是蜥蜴腦會引發你一系列適應不良的壓力反應。焦慮和壓力的關係如此緊密，因為他們同樣受到你的杏仁核驅使。你的杏仁核最擅長的就是讓你不斷擔憂關於未來的事情。

在亨利的例子中，我希望他專注在當下，把注意力放在他的雙腳所在之處。「當你在送包裹的時候，人要在當下，」我這樣告訴他。「當你接著要去送下一個包裹時，要在那個當下。我們要試著將你的身心狀態調整成一致，藉此盡可能減少『如果……該怎麼辦』的心態。注意你開車時的環境。在開車時看看樹木、建築物、彎曲的道路。你的雙腳在哪，你就在哪。」

「好的，但我不知道這樣做能如何改善我的擔憂，」亨利聳聳肩說。

「你並不是在放棄。是讓身體脫離『如果……會怎麼

樣』的模式，進入當下的模式。一旦你的頭腦放鬆、專注當下，你就能找到更多有創意的解方改善自身處境。」

「如果還是會擔心呢？」亨利問，然後因為自己又問了『如果……該怎麼辦』的問題而笑了。

「會擔心很正常，」我說：「但隨著時間過去，這個方法能讓你的擔憂變得沒有那麼強烈。當你壓力變小了，就能更清楚地思考。你甚至可以考慮在車子裡放一本擔憂筆記本。對於你擔心的事情，在筆記本上寫下幾個字。然後你可以決定在開車的時候，不要再擔心這件事了。」

對於亨利的兩個改變法則，我也建議他做深層的腹式呼吸法，就算一整天都到處移動，還是能感到踏實穩定。

一個月後，亨利寄了封電子郵件給我，他告訴我這些方法幫助他改善壓力和焦慮。他希望再多試一個月再回診。

當我再隔一個月見到亨利時，他走進來，笑容滿面地坐下來。「好，讓我告訴你，你給我的建議如何，」他說。「白天送貨的時候，我開始專注自己雙腳所在，開車的時候，我會做深度呼吸練習。然後我開始把包裹送到門口，而不只是丟在門廊，如果我看到客人，我會說「嗨」，然後聊個一兩分鐘。我注意到以前從沒注意過的東西，像是長得很酷的樹，或長得很好笑的狗。我開始對其他司機微笑，有時連我自己都沒有意識到。大部分的人都會對我微笑。工作之後，太太和兒子都會一副：『你怎麼了？』的樣子，因為我變得更開心了。」

我感覺淚水在眼眶打轉。作為醫生，最開心的莫過於看

到病患覺得獲得力量去重新設定自己的壓力,並且覺得變得更好。

然後亨利站了起來。「但醫生,真正的奇蹟是這個。我幾乎每天都會送貨到一家運動服飾公司。有一天,這家公司的老闆走到前面的櫃檯,告訴我:『我的員工常常都說他們跟你的互動很好。我不知道你的規劃是什麼,但我希望你能來跟我談談公司的某個職位。』」

我停頓了一下等待,然後說:「好!快說!你去了嗎?」

「我去了!我週一開始擔任初階人資經理。而且我賺的錢比送貨工作多出超過兩倍!」我也站了起來,和亨利擊掌。

「專注在雙腳這件事,最終解決了我很多的擔憂,」亨利表示。

當然,把思緒專注在雙腳上,並不能保證會因此得到新工作或解決你的擔憂,但你的大腦會因此感謝你。這也有助於你和家人朋友的關係。你在家或和朋友在一起時,也投入當下。盡量把工作留在工作時間,和家人朋友做更深度的互動連結。心臟的健康也很重要。

你的人生充滿了各種需求與義務。每一分鐘都不能鬆懈,你疲於奔命。是大腦讓你能做到這些。但大腦也需要休息和復原,才能用最佳狀態運作;大腦需要喘口氣。

「重新設定技巧四」的四個方法——利用金髮姑娘原則好好專心休息、學習一心一用、假裝通勤、用黏黏腳專注當下——這些都能幫助大腦為你和仰賴你的其他人做到最好。

第 7 章

重新設定技巧五
展現最好的自己

———— ✳ ————

讓內在批評閉嘴,重新奪回自我效能

:::large
我
:::
們每個人都因各自狀況而以獨特的方式經歷壓力。你的金絲雀症狀可能跟其他人的很不一樣。但你和其他人的壓力旅程有個共通點，就是在有壓力時，內在會出現批評的聲音。

你內在的批評聲音也就是負面的自我對話，是你內在的獨白。這受到你的教養過程、個性、經驗還有社會所形塑。你和自我內在的批評相處了一輩子，你可能甚至沒有意識到它的存在。在沒什麼壓力的時候，這個聲音只是低聲的耳語。但處於不健康的壓力時，內在的批評彷彿拿到了大聲公。在你搞砸時，是這個腦中的聲音在怒罵你，是這個聲音打消你嘗試新事物或挑戰的念頭；當事情沒有按照計畫走的時候，是這個聲音在嚴厲地苛責你。

你內在的批評往往在壓力大到不健康的時候變得大聲，這是因為你內在的批評試著保護你，儘管方向錯了。你在第一章、第二章學到，不健康的壓力會啟動你的杏仁核。你的自我保衛機制會過度運作，大腦會以稀缺的思維模式運轉。你內在的批評是自我保衛機制的一部分。[1]

這就是為什麼在你有壓力的時候，「開心一點」、「想得正面一點」、「試著放鬆」等建議完全沒有幫助。光想著要讓壓力消失並沒有用。如果你可以做到這些事，你早就做了。

你現在知道，壓力就像一列失去控制的火車，而你手忙腳亂地想找到煞車。在我自己飽受壓力之苦時，人生中很多好心的人，包括我的醫生，都叫我要「放鬆」、「想點正面

的事」、「別想了」。雖然我真的很想做到,但這些其實都沒有用。我最後感覺愈來愈糟。我本來就因為壓力而處於負面的狀態,無法正面思考只是加重了我的稀缺心態。覺得用想的就能趕走壓力,這是童話故事,而我們得到的很多建議都來自有毒的韌性迷思。

在壓力大到不健康時,你內在的批評會變得特別大聲,導致這個狀況的另一個原因是因為壓力會影響到你的自我效能感。

第三章曾提到,當你達成了 MOST 目標,你自我效能的感受增加,這對你的健康會有療癒的效果。這點非常重要,因為壓力會削弱你的自我效能感。不健康的壓力和許多不舒服的感受會讓你覺得失去控制。當你覺得沒有掌控感時,很容易就開始用負面的方式自我對話。你內在的批評會拿到一支大聲公。聲音愈來愈大,讓你覺得自己不夠好,壓力因此惡化,形成惡性循環。

「重新設定技巧五」就是要打破這個循環。要奪走你手中內在批評的大聲公,重新奪回自我效能的感受和力量。使用這章中的兩個方法——「列出感恩的事」和「表達自我」——你會學到如何讓內在批評閉嘴,展現出最好的自己。

讓內在批評閉嘴

羅蘋來見我時,她因為內在的批評而身心俱疲。她描述

這個聲音像是永無止盡的獨白。羅蘋是一位企業家,剛成立一間公司,還剛生了小孩。她因為彼此互斥的角色而感到難以負荷,而這樣說已經算保守的了。羅蘋去看了諮商師和產科醫師尋求協助,在一個多事的早晨後,她決定也來找我尋求額外協助。

「我趕著出門時,第一個會已經遲到了,還把咖啡濺到襯衫上的一小塊,」她告訴我。「我沒有從容應對,我哭了出來,開始苛責自己說『我什麼都做不好。我很無能。我沒有準備好開會,我們會因為我的關係失去這筆生意。我應該待在家就好。』我因為這小小的咖啡漬而非常沮喪,一整天都沒法好好工作,一直想要回家。我被自己因為一小塊咖啡漬而引發的強烈負面想法嚇到了。」

羅蘋知道是慢性壓力和倦怠造成她這樣預料之外的反應,但還是很困惑。「我在辦公室總是會多備一件西裝外套,如果有咖啡漬就可以穿上遮住。事後看來,我當時處於徹底的末日情境模式。這對我來說很不尋常。」

羅蘋可能被自己反應過度嚇到,但我沒有。這是壓力之下大腦常見的情況,對於負面的經驗會過度反應。壓力很大時,你的大腦會對外在環境處於極度警戒狀態,就連看似不重要的小錯誤都能引發一系列負面情緒。這再次顯示你的杏仁核在自我保護和生存的反應失控了。

心理學家瑞克・韓森(Rick Hanson)就描述過,在有壓力的時候,負面經驗會像魔鬼氈一樣黏在大腦中,因為這是大腦掃視是否有危險並保護你安全的方式。[2] 這不是大腦設

計上的缺陷；這是一種自然的保護機制，目的是要讓你保持警覺，遠離危險。同樣的這個機制會讓你在焦慮時不斷滑社群媒體上的負面消息，就像是部落中其他人睡著時，巡夜人會一直查看是否有危險或有人入侵。對於負面經驗過度警覺和過度敏感都顯示是適應不良的壓力反應。

羅蘋需要一個短期解方，在當下處理過度的壓力反應；但她同時也需要一個長期策略來重新設定大腦，擺脫末日模式。

針對羅蘋的兩個改變，她先從專注呼吸法開始（第五章）。我請她選擇兩件早上會做的事情，這兩件事特別會引發她的壓力。作為新公司的負責人和新手媽媽，羅蘋每天早上五點半就開始一天的行程。她不需要鬧鐘，寶寶的哭聲會告訴她該起床了。她會從床上彈起並披上袍子，衝到走廊直奔寶寶的房間。

「不知道為什麼，我跑得一副像有緊急事件發生的樣子，」羅蘋這樣告訴我。「通常我到的時候，他是對著太陽系造型的旋轉玩具咿咿呀呀。他沒有壓力，為什麼我卻有？」

我建議她在每天早上進入嬰兒房前練習專注呼吸法。我希望她完全將身體靜止，在嬰兒房門口用深呼吸穩住自己，在她回應寶寶哭聲時完全專注當下。然後，她可以走進去，抱起寶寶。

第一週結束後，羅蘋寫了封電子郵件給我：「這個簡單的專注呼吸法每天早上為我和兒子帶來許多歡樂。為我的一整天定了調。當我在他房間門口做這個練習時，他會綻放著

笑容看著我。在這之前,我根本沒有注意到他會對我笑。那早上花 3 秒鐘做的第一件事讓我重新思考早晨的行程。」

羅蘋早上做的第一件事就是練習專注呼吸法,藉此終止早上衝去嬰兒房後,後續引發的一連串壓力反應。當她以有自覺且平靜的方式開始早上的活動,會引發骨牌效應,為接下來的一整天定調。

「我一天中很多其他時候都會做這個練習,」她寫道。「我通常在煮咖啡時會查看工作郵件,但現在我從櫃子拿出馬克杯之前,會練習專注呼吸法。把兒子送到托嬰中心後,去上班的路上也會做。以前都一陣慌亂,東趕西趕,但現在變得不一樣了。我在發動車子前會做這個練習。幾乎不會多花任何時間。這是我的大腦每天早上重新設定所需的練習。」

羅蘋慢慢且有目標地將身體的壓力從生存模式轉換到一個更平靜且踏實的狀態。她展現出自己最好的一面。她的生活中還是有很多壓力,但用專注呼吸法開展一天,能起漣漪效應。

在這樣全新的心智狀態中,羅蘋覺得更能控制情緒,也因此更能使用心智頻寬去思考長遠的解決之道來重新設定大腦減壓。

是時候讓羅蘋採用兩個改變法則的第二個做法,也就是感恩的療癒練習。練習感恩有助於勸誘大腦脫離末日心態,這是稀缺心態的一個特點,並從這個心態切換成富足心態。

我知道羅蘋對富足心態的接受度可能不太高,所以我先

向她解釋了感恩和認知重建的科學，藉此說服她。結果很有效。

以感恩的語言，切斷壓力反應

感恩的語言能有效打斷大腦的壓力路徑。研究顯示，感恩能減少壓力、改善情緒和韌性、提升生活滿意度。[3] 一項研究指出，在面對生活中的壓力事件時，感恩的心情能避免抑鬱等生理症狀；另一項研究則顯示，感恩能在短短一個月內減少壓力程度。[4] 感恩也能幫助大腦調整對於負面經驗的反應；那些經驗不再像魔鬼氈一樣緊緊黏在你身上，而像鐵氟龍一樣毫不沾黏。[5] 這個過程被稱為「認知重建」（cognitive reframing）──也就是說，你專注在什麼事情上，那件事就會茁壯發展。[6]

「只是多花幾秒鐘待在正面的經驗中……你能將一瞬的心理狀態轉化成永恆的神經結構，」韓森說。「心理狀態會成為神經特徵。你的心智日復一日建造你的大腦。」[7]

藉由教導大腦感恩的語言，你在保護大腦不受有害的壓力影響。透過主動養成正向思考，你在試著對抗你內在的批評。但先講清楚，感恩並不是虛有其表的有毒正向思考。這並非波莉安娜（Pollyanna）式的「一切都會變好的」，但你在飽受壓力和心理健康所苦的同時，還是能在人生特定的面向中練習感恩的心。一項調查了300個大學生的研究顯示，

感恩幫助了那些正飽受壓力和心理健康所苦的人。[8]

研究人員指出,這些對心理健康的正向改變有如「正向雪球效應」,會隨著時間愈變愈大,「很重要的一點是,感恩的心對心理健康的好處……不會立刻出現,而會隨著時間累加。在寫作活動開始的三個月後,對心理健康造成的差異變得更加明顯。」[9]

一開始,感恩這件事對你來說可能很不自然,可能要花點努力,尤其如果你的壓力路徑在近幾個月或近幾年已經處於過度負載的狀況。但科學研究顯示,感恩需要練習才能變得熟練。隨著時間過去與持之以恆的練習,大腦會學會新的感恩語言,能讓你內在的批評安靜下來。

我向羅蘋提到開始練習感恩時,她猶豫了。「感恩這件事有點假,不會嗎?我不是那種會露骨表現情緒的人。」

羅蘋對於我提出的感恩技巧不是很熱衷,但我分享了一份近期研究,顯示感恩練習能改善倦怠感,她聽完同意試試看。羅蘋作為一位新手媽媽和創業家,正經歷兩種導致倦怠和心理健康問題最常見的原因。一項職業父母的研究顯示,三分之二的家長和近七成的職業婦女都出現倦怠感。[10] 另一項針對女性創業家的研究指出,52%的人有心理健康問題,95%的人在籌措資金打造事業的同時感到焦慮。[11]

羅蘋並非例外;她也是其中一員。她的慢性壓力症狀和倦怠感不代表她個人的失敗。相反的,這些症狀都指向更大的系統性問題,像是職業媽媽和女性創業家獲得的支持不足。知道這些統計數據後,羅蘋更有勇氣邁向下一步,朝向

能帶給她活力而非讓她感到耗盡的健康壓力目標邁進。她同意將感恩練習作為她兩個改變法則的第二個做法。

首先，羅蘋在床邊桌放了一本筆記本和筆，每晚睡前寫下當天感恩的五件事及原因。我告訴她這不是長篇寫作練習，每晚花一兩分鐘做即可。

我告訴羅蘋，感恩的事情不需要是改變生命的想法或事件。可以是簡單的小事，像是「我很感恩擁有強壯的手臂可以抱我的寶寶」或「我很感恩家裡有剩菜，所以今天晚上就不用煮飯了。」

這點最終突破了羅蘋抵抗的防線。「好吧，」她說，「感覺很簡單。」

我們也聊到要親手寫下她的感恩清單，而不是用唸的，或甚至打在手機或筆記型電腦上。相較於打字，我們的大腦在手寫時會使用不同的神經迴路，你最可能會記住寫在紙上的東西。[12] 你有手寫購物清單卻忘記帶出門的經驗嗎？奇怪的是，你可能記得清單上幾乎所有的項目。但如果你是用打字的方式把清單記在手機裡，然後不小心刪掉，很可能就不會記得那樣清楚了。

羅蘋很不情願地開始每晚的感恩練習。四週後她來複診時，內在的末日批評獨白已經大幅減少。「我很明確感覺到不一樣。我比較不會這麼苛責自己了，心情也變得更平靜，」她這樣告訴我。「偶爾，當一天中發生了某件事，我會告訴自己晚上要將這件事寫在感恩清單上。我現在也開始注意到更微小的事情。我會用『欣賞』這個詞來形容這樣的改變。

我現在開始會欣賞生活中的某些面向,而不只是無意識地度過一天,」羅蘋很有自信地說。

羅蘋的大腦和路徑開始轉變,她的想法同時也逐漸改變。她讓內在的批評安靜下來,並展現出自己最好的一面。

方法 14
練習列出感恩的事

1. 在床邊放一個筆記本或一疊紙,以及一支原子筆或鉛筆。
2. 在你準備躺下睡覺前,在筆記本上寫下你覺得感恩的五件事。可以是那一天發生的好事情,或洗澡時有溫水這樣簡單的小事。
3. 為每一件事簡短寫下你感恩的原因。
4. 保持這個夜間儀式三個月,每四週就自我檢視一次,看看你看待日常的觀點是否有了變化。

在我飽受壓力所苦的那段期間,我也發現每天做感恩練習很有幫助。就像羅蘋一樣,我無法想像這個簡單的練習會如何改善我的壓力。我那時一週工作 80 小時,在醫院病房裡和疾病與死亡搏鬥。我沒有時間、沒有興趣也沒有耐性像個青少年一樣,在日記上寫下我的感受。我想要數據導向的結

果。但在做了研究之後,我滿腹懷疑地開始晚上睡前進行感恩練習。

有時候很難。我會寫下類似「我很感恩有兩隻手和兩條腿」;「我很感恩有一顆會跳動的心臟」;「我很感恩有會呼吸的肺」。我照顧了很多無法說出這類話的病患,所以這些都是我誠心誠意感恩的事情。如果不是真心誠意的,我就不會寫下來。有些時候,要寫出五件事很難;有些時候我會想寫超過五件事。一開始,大部分的晚上我只想關燈,試著睡覺,但我很自律,每晚都寫下五件事。隨著時間過去,我的想法開始改變。像羅蘋一樣,我注意到自己的想法從末日般的愁雲慘霧,變得平靜又專注。我內在的批評聲音慢慢失去力量。這樣的改變很微小,是經過好幾週逐漸發生的。

我清楚記得某個晴朗的春天週日午後,我走在路上,突然意識到:「哇,我一整個週末都沒有聽到自己內在的批評聲。事實上,我覺得已經一整週都沒有聽到這個聲音!」

感覺像是肩上的重擔消失了。透過每一次的感恩日記練習,我逐漸學會讓內在批評安靜下來,並展現出自己最好的一面。

從那天開始,我就一直在做感恩練習。我沒有像剛開始的那幾年一樣,每天都練習,訓練大腦熟悉這個新的語言,但每當生活變得有壓力時,我就開始在床邊桌的感恩日記上記錄,一直持續到今天。屢試不爽,透過認知重建的過程,我的大腦路徑開始重新設定,讓我遠離壓力並回復平靜。現在,在壓力很大的時候,這已成為我工具箱中非常寶貴的工

具。我希望這個練習對你也有用。

透過寫作來得到療癒

你可能會像羅蘋一樣,最初很不情願地開始感恩練習,但最後卻樂在其中。將想法和情緒寫在紙上是能淨化和治療的體驗。如果你經歷過創傷事件,就更需要釋放這些痛苦的感覺。這些年來,透過經科學證實的「表達性書寫」（expressive writing）寫作練習,我很多病患都藉此將壓力的情緒釋放出來。

就像你一樣,我的病患都過著繁忙、充實,有時混亂的生活。他們在工作和家庭都必須滿足難以達成的標準。很多人都覺得他們總是處於「運轉」的模式。他們沒有機會能卸下防範,這也是為什麼他們每次來看診時,門一關就立刻釋放情緒。這是他們終於能做自己的機會。我們是活生生存在的人,不只是事情做個不停的生物,表達性書寫能幫助那些需要面對人群扮演各種角色的人應對得更好。這也經過科學證實。

表達性書寫是由社會心理學家詹姆斯・潘尼貝克（James Pennebaker）所發展出來的練習,非常直接且簡單。[13]

方法 15
表達你自己

潘尼貝克曾清楚說明要如何進行表達性書寫的練習:[14]

> 對於一件影響你和你人生非常重要的情緒性議題,我希望你寫下自己最深層的想法和感受。在寫的同時,我希望你能真正放開來探索最深層的情緒和想法。你可能會寫你和他人的關係,包括和父母、情人、朋友、親戚的關係;寫關於你的過去、現在,或未來;或寫你曾經是怎樣的人,你想要成為怎樣的人,或你現在是怎樣的人。你可以每天都寫同樣一般性的議題或經驗,或每天都寫不同的主題。你寫下的所有內容都完全保密。不要擔心拼字、句子結構或文法。唯一的規則就是一旦你開始寫,要持續寫到時間到了。

表達性書寫的效果可能影響廣泛。表達性書寫對於你和人生中的許多事物都能有正向的影響,像是生理疾病、抑鬱、情緒問題、免疫系統、失業後重新找到工作、曠職;如果你是學生的話,也會影響你的成績。[15]

各種關於表達性書寫的研究一致發現，這種書寫練習能減少就醫次數，因為書寫練習能降低與壓力有關的身體疾病，而就如前面所提及的，醫生表示有六成到八成的病患看診原因都和這類疾病相關。想像一下，如果我們能教導病患如何使用表達性書寫來改善壓力相關的身體症狀，那你的醫生或許就終於能準時幫你看診了！

我針對各種年齡層、各式工作背景的許多病患，都開了表達性書寫的處方，幾乎所有的人都從這個練習獲益。當我之前生病並終於走出自己的壓力隧道時，用的也是表達性書寫。我很好奇自己到底發生了什麼事。在我人生壓力最大、最沮喪的一段時間中，表達性書寫解開許多我埋藏的想法和情感，幫助我了解並及時找到那特定時刻對我的意義，給了我當時亟需獲得的洞見和情緒上的距離，解開我許多存在性的內在糾結。我認為表達性書寫和本書提到的許多其他技巧，都幫助我徹底擺脫如群馬踩踏般的心悸。

我遵照潘尼貝克提出的書寫規定。連續四天，我撥出能專心不被打擾的 15～20 分鐘，設定計時器後開始寫。我寫下關於第一次感受到野馬亂竄的創傷經歷（請見第一章）。自我實驗結束時，我覺得好多了。你也可以。

你不用擔心有任何人會找到或讀到你這些私密想法。寫完時，你可以把寫的紙張撕碎丟掉。這和保護你的情緒無關；這樣做是要釋放情緒，讓這些情緒不會累積成更嚴重的身心問題。這是另一種打開壓力煮水壺排壓閥的方法，讓一些蒸氣釋放出來。

如果你有過充滿挑戰且創傷的個人經驗，你覺得這個經驗造成現有的壓力，那就是消化你的情緒的時候了。表達性書寫能幫助你擺脫情緒的包袱，讓你在通往減壓與提升韌性的道路上，輕裝上路。

　　當然，就算有了這些能幫助你管理壓力的技巧，生活中有時一定會有一些因素和經驗讓你無法進步。我們都有。我的病患珍妮特（第三章），也就是那位剛從中風復原的公寓大樓經理，第一次來看診後的六個月再度回診。我立刻很擔憂。她體重增加了不少，感覺身體上遭遇了挫敗，因為她又開始用拐杖了。

　　「我上次在這裡的時候，我覺得自己的大腦壞掉了，」珍妮特這樣告訴我：「這次，是我的心碎了。」

　　珍妮特跟我補充細節：她和伴侶要去郵輪之旅前的幾個禮拜，對方離開她了。「我身體上真的有進步，」珍妮特說：「但我猜這對她來說不夠快。她遇到一個更年輕的人，然後搬了出去。」

　　「珍妮特，我很遺憾，」我說。「你一定很難過。」

　　「難過？我超生氣的！」珍妮特說，一邊用拐杖敲了地板三次，激動的程度讓我想起我們第一次見面時的樣子。「她之前跟我這麼好。然後現在竟然敢把我們的貓帶走！」

　　我看到珍妮特這麼有精神，鬆了一口氣，雖然這樣的精神是透過憤怒呈現。

　　「問題是，我們有共同的朋友圈，」珍妮特說，一邊在空中揮動拐杖：「所以我沒有人可以講這件事。除了今天以

外,我已經兩個禮拜沒有離開公寓了。」

「珍妮特,我有一個新的兩個改變法則的功課要給你,」我說。「首先,我希望你再重新跟物理治療師約診。你做得到嗎?」

珍妮特的眼神閃爍了一下。「我猜我一直坐在家吃微波的爆米花還有石板街冰淇淋當午餐和晚餐,對中風復原沒有幫助。好吧,我明天就回去。」

然後,我告訴她兩個改變法則的第二個練習是表達性書寫。我向她解釋這個技巧,印出了一份潘尼貝克的說明,讓她帶回家。

一個月後,我打電話確認珍妮特的狀況。「我在澤西海岸的一間公寓!」她興奮地告訴我。「我有個很厲害的表弟買了一堆公寓,需要有人來看管,如果需要維修什麼的話,再跟他回報。」

「很棒的改變耶,珍妮特!」我說。

「我離開你的診間後接下來一週做了表達性書寫練習。嘿,我真的寫了很多關於我前任的事情!我必須把紙撕掉,直接丟到公寓大樓的垃圾滑槽,」她說。「但我跟你說,真的有用!我還是有時會生氣或難過,尤其是關於貓還有沒能搭遊輪這件事。但現在我有了一整片海灘!我沒有必要抱怨了。」

當我問她身體狀況如何,她回答:「進展很緩慢,但拐杖現在放在衣櫥裡,我每天都去木板路上散步。我午餐吃沙拉,已經減掉了約 1.4 公斤。」

掛掉電話之前,我問她受傷的心是不是也在癒合了。珍妮特停頓一下然後說:「你知道嗎,我從陽台看向大海,我想著潮水會退去,但沒過多久總是會再回來,對吧?我想人生也就像是這樣。」

我知道珍妮特會變得很好的。她正在感受健康的壓力,而她真正的韌性正從澤西海岸一路向我位在波士頓的辦公室閃耀發光。她找到了展現自己最好一面的方式。

卡門(第三章)原本是律師,後來成為藝術家,我在她回診時開給她這個技巧做為處方,當時我並不知道這將是她最後一個做的兩個改變法則。實驗性癌症治療並沒有奏效,她的卵巢癌擴散到了肝臟。但她很平靜,面帶微笑。

「接下來呢?」她問,這個問題聽起來更像宣示。「難道我要就此放棄,縮成一團然後死去?我還沒準備好。我還有事情要做。」

雖然卡門看起來有點虛弱,但她綻放著自豪的態度,給我她三週後展覽的邀請函。

自從我們上次見面後,卡門在營造自己的潛能實現型快樂這方面有了很大的進展。她的兩個改變法則幫助她透過雕塑和花時間在大自然中,找到意義與目的。

「只有一件事我擺脫不了,」她說。「我清楚記得還是律師時,得到升遷的那一天。我不想接受。我討厭我的工作。但我的同事說服我接受,而我也照做了。我後悔沒有照著自己的意思去做。如果我照著內心的那個聲音去拒絕,誰知道我的人生會發生什麼事。」

卡門還有些未完成的事。為了讓她正視自己難熬的經驗並且視為正常，覺得不是只有自己才會這樣懊悔，我和她分享了一些很有說服力的研究。人們在人生即將結束之際，最常有的懊悔就是「我希望自己有勇氣過想過的生活，而不是照著他人的期待生活。」[16]

卡門無法回到過去做出不一樣的選擇；沒有人可以。但她可以做的是把這件事寫下來。所以我開了表達性書寫練習的處方。卡門連續四天每天在不受干擾的情況下花20分鐘寫下壓抑已久的憤怒、自我懷疑和懊悔。

把一天當一生過

我給卡門最後一個建議，不管年紀、文化、經濟狀況、工作、健康狀況、覺得自己還能活七十年或七十天，我覺得這個建議都很有幫助。我常常告訴病人這個重新架構的技巧：「把一天當一生過。」

我照顧病人的方法就是要幫助他們找到自己內在的韌性、樂觀態度和健康。不管坐在我面前的病人面臨的是末期癌症、慢性疼痛，或人生中的困境，我會推薦最普遍適用的原則就是學習把一天當一生過。

把一天當一生過並不像你以為的那樣，要用盡力氣度過24小時。這是對抗奮鬥文化的一種方式，是要慢下來。把一天當一生過指的是，要將漫長又有意義的人生的六個元素

融入一天。這六個元素包括：童年、工作、假期、社群、獨處、退休。藉著練習如何把一天當一生過，你可以用全新擁抱的態度逐步重新定義你的時間感。你所擁有的事物中，最寶貴也最容易失去的就是時間。把一天當一生過，可以讓你在每一天結束後獲得滿滿的成就感。因為我們的人生最終都是借來的時間。

以下是要把一天當一生過的六個元素。這些元素並不是「有也不錯但非必要」的東西，這幾個元素在臨床及心理學上都有其存在的道理。將人生的這六個階段都融入一天中。

- **童年**：一天中，花點時間過過童年，尤其如果你已經成年。培養好奇心和玩耍遊戲的熱情。純粹為了開心而做令你開心的事情。找到你的心流狀態，這點我們在第三章曾提到是最理想的快樂狀態。
- **工作**：每天花點時間工作，不管是有薪或無薪的工作。這是你培養生產力和成就感的機會，因為研究證實，許多工作都能創造出人生的參與感、目的和意義，尤其是隨著我們年紀愈來愈大的時候。[17]
- **假期**：每天花點時間去度假、休息、放鬆、暫時逃離現實。一切都是為了獲得樂趣。專注在那些能讓你獲得滿足的事物：閱讀、烘焙、藝術、音樂、游泳，甚至是收看你在 Netflix 上最喜歡的節目。目的是讓你在心理上放個假。
- **社群**：每天花時間和家人或社群相處。和那些讓你有歸

屬感的人互動，像是家人般的朋友、親近的同事、鄰居。時間不必很長，就算簡短通話也能增進關係。非常多研究都顯示，人際關係是我們一生中最能預測幸福程度的指標。[18]
- **獨處**：每天花些時間獨處也很重要。獨處有益健康，能激發創意以及好好回應他人的天賦能力。[19]
- **退休**：最後，考慮每天撥出一些時間「退休」，去暫停一下、反思並檢視自己做過大大小小的活動與成就。很奇怪，我們年紀愈大會愈快樂。[20]

　　這幾個把一天當一生過的六個元素幾乎適用於所有人。當我把這個方法建議給只剩幾週或幾個月生命的末期病人，他們得到了活力，並能在剩餘的人生過得充滿力量與意義。對於我的慢性病患來說，即使在他們因病變得愈來愈衰弱的時刻，這個方法讓他們得到動力與進步。對其他健康但壓力很大的病患來說，這個方法讓他們重新聚焦，並且更認真投入生活。

　　不管你處於人生的哪個階段、境遇如何，把一天當一生過的方法能幫助你更專注當下。這是一個全景鏡頭，讓你拉遠看人生，而這樣的做法能讓你展現出自己最好的一面。

寫一封情書給自己

你在「重新設定技巧五」已經學到，文字和圖像是很強大的工具，能幫助你在面臨適應不良的嚴重壓力時展現出自己最好的一面。這是因為人類主要是視覺化學習的動物，所以大部分的人在有視覺提示下的學習效果最好。隨著你踏上減壓之旅，可以想想如何利用這點來幫助你。試著在日常生活中融入愛自己的視覺提示和訊息，幫助你向前邁進。

把你的 MOST 目標以及該如何達成目標的回推計畫，貼在冰箱上的顯眼處，讓你每天很容易就能看到。每天都在行事曆提醒自己要散步或做感恩練習。把兩個改變法則的每週進度表放在顯眼的地方；每天做到後就畫上一個大勾勾，花幾秒鐘沉浸在你當日的成就。盡量用各種視覺化的提醒告訴自己，你比自己的壓力更強大。每天早上做出選擇，選擇自己而不是選擇壓力。

在我壓力很大的那段期間，我用了很多視覺提示幫助自己專注在未來的我身上。我在便利貼上寫下鼓舞人心的句子或鼓勵自己的訊息，四處貼在公寓裡。我最喜歡的一句話是：「你可以同時是傑作和未完成的作品，這兩者並不衝突。」[23] 在我壓力很大的那段期間，這句話讓我給自己多一點體諒。我也做了一張很大的海報，掛在公寓門口。上面簡單用白底黑字寫著「做就對了」。就這樣而已。我經過的時候，眼睛自然會落到那粗體字上，而這些字會督促我採取行動。我常常需要這樣的提醒。你不需要 app、智慧型手錶或其他高科

技的提醒。一支麥克筆、一張硬紙板就夠了。

卡門在我們上一次見面過後一個月，寄了封電子郵件給我：「內魯卡醫生，謝謝你。我照著你說的那些寫作、雕塑、走入大自然的建議做。我在臥房裡放了一張海報寫著『把一天當一生過』，然後就一直這樣做。我以前一直都不知道癒合和治癒的差別，現在我知道了。我永遠都不會被治癒，但至少我終於覺得自己癒合了。」

我將這封電子郵件保存起來。

幾週後，卡門舉辦了展覽，家人、朋友、前同事都來了。她的姊姊寄了展覽時拍的照片給我，卡門看起來既開心又容光煥發，從照片中看得出來她充滿成就感。

卡門兩個月後過世。

卡門的最後一段人生充滿快樂、意義、目的和成就感。雖然她沒有被治癒，但她終於覺得自己癒合了。她開放心胸擁抱了「重新設定技巧五」中的方法——寫下她感恩的事並練習療癒性寫作——同時採用了把一天當一生過的原則。透過處理外人難以想像的疾病經驗，卡門找到方法展現出自己最好的一面。在過程中，她也幫助其他關心她的人成為更好的自己。我常常想起我們那些啟發人心的對話。卡門一開始可能是學習處理壓力的學生，但看著她逐漸接受人生將盡，一切都變得清楚：學生已經變成了老師。

結語

快速通關

———— ※ ————

然後這一天會到來,
緊緊躲在花苞裡會比試著綻放還要痛苦。

阿內絲・林恩(ANAÏS NIN)

你現在已經知道重新設定壓力的五大技巧,以及全部十五個方法,每一個都是要幫助你克服不健康且適應不良的壓力。我們已經一起走了這麼遠,但最後一段旅程,你要自己走。是時候將你從本書學到的知識化為行動,實際應用五個技巧及兩個改變法則了。是時候由你拿出這些工具好好使用,因為這些技巧和方法只有被使用了才會有效。

這可能會讓人卻步,而我們已經討論過為什麼改變令人害怕的許多原因,但我知道你準備好了,你在內心深處一定也知道。你對自己能否成功改變可能還不是非常有信心,就算如此還是踏出第一步吧。我會在遠處為你加油。此外,我非常有信心你有能力為自己做到。所以,把這想成是我的正式邀請:是時候踏上這趟勇敢又收穫滿滿的旅程,讓改變成真!

你的大腦如何讓改變成真

我不敢相信自己讓事情走到這個地步才決定要改變。——我從病患、家人、朋友口中聽過無數次這樣的話。就連我也曾這樣對自己說過。會有這樣的想法不代表你失敗了;這是進步的象徵。從科學的角度來看,有這樣或類似的體悟,是你的大腦要通往改變的自然途徑。所以當你這樣對自己說的時候,要知道你比自己以為的更接近達成改變的那一刻了!

儘管奮鬥文化告訴我們的那些故事中，有人因為某一次啟發性改變人生的一刻而有了180度的轉變，但那些都是虛構的故事，並不真實。我從來沒有聽過病人告訴我，他們只因為一次的經驗就開始改變。改變並非一次就能達成，需要隨著時間，靠著許多關鍵時刻累積動力、加速前進。改變是緩慢發生的，往往是因為受夠了現況才發生。

1970年代晚期，研究抽菸者的研究人員發展出他們所謂的「改變階段模型」（Stages of Change Model），或「跨理論改變模型」（Transtheoretical Model of change），共有五個階段：[1]

1. 前思考期：你不一定意識到了內在金絲雀的警告，一定也還沒意識到這對你已經造成了問題。事實上，你可能還會捍衛這些警告所點出的問題。
2. 思考期：你慢慢開始意識到這些金絲雀警告可能對你造成了問題，但你還沒準備好要改變。你在衡量自己的選擇，思考是不是忽略這些警告比較好，而不是做點什麼來處理問題。
3. 準備期：你決定要做點什麼來處理金絲雀的警告。例如，你正在閱讀這本書，找出五大技巧中有哪些方法能用在生活中。
4. 行動期：你終於準備好要採取行動處理這些內在警告。你實際應用重新設定的五大技巧，一次使用兩個方法（你的兩個改變法則），並開始感受到壓力減少、韌性

增強的好處。

5. **維持期**：透過一點點持續的努力，你將重新設定壓力的五大技巧融入日常生活中。你的大腦創造了減壓並增強韌性的新路徑，你的行動也改變了大腦。

如果你回顧人生中做過的一些重大改變，像是換工作或開始新的一段關係，你非常有可能經歷了這五個改變階段，最終才決定採取行動。所以，如果在覺得低落的時候自問：**「為什麼我讓情況走到這個地步？」**請多體諒自己，並恭喜自己。你可能是在改變成真的第二或第三階段，進展比你想得還要多。

相信過程

在你決定要行動前，每個人的大腦和身體經歷的五個階段都不太一樣。你的癒合之旅是獨一無二的。所以當你走過減壓之旅的這些階段，如果覺得焦慮、生氣、沮喪、失望、害怕，或有時感到冷漠，要知道你所感受到的每一個情緒都是真實存在且正常的。成長是混亂、非線性的過程。祕訣是相信過程，繼續前進，就算路途上遭遇混亂。有時你會突飛猛進，有時候會覺得好像一點進展也沒有。不管你的進步幅度或速度如何，要相信你在減壓之路上正在進步。因為的確如此。

你將五大技巧中的方法實際運用到生活的過程中，一次練習兩個方法，你可能有時會感到沮喪，覺得自己改變的速度不夠快。我們都希望能快速通關，立刻減壓並增強韌性。我們很容易就想跳過中間的步驟，直接抵達終點線。當然會這樣，因為我們的奮鬥文化看重速度是現代的一種美德。但你的大腦和身體有自己的時間表。它們用自己從容不迫的步調運行。這本書提到的心態轉換、練習、技巧都遵循這個時間表。如果想要改變身體，你必須依照身體的時間表去做，而不是跟它作對。緩慢、微小且穩定的步調，是到達減壓且增加韌性這個終點，最可靠且持久的道路。

　　記得「龜兔賽跑」的寓言故事嗎？在談到改善壓力的進展時，你的大腦和身體就像這樣：

> 有一天，一隻兔子正在笑烏龜很慢。「你到得了任何地方嗎？」他嘲笑地問。「可以，」烏龜回答說：「而且我可以比你想的更快到達。我來跟你比賽，證明我比你快。」
> 兔子一想到要和烏龜賽跑就被逗樂了，但因為覺得好玩還是同意了。同意當裁判的狐狸標示了距離後，喊了起跑。
> 兔子很快就跑得很遠了，為了讓烏龜深深明白想要跟自己比賽是多麼荒謬的想法，兔子躺在賽道邊打盹，等著烏龜追上來。
> 同時間，烏龜持續緩慢但穩定地前進，過了一段時間

後,他通過了兔子打盹的地方。但兔子睡得很沉;等到他終於醒來時,烏龜已經接近終點。現在兔子用最快的速度跑起來,但還是沒有辦法及時超越烏龜。

並不是只有最快的才會贏。[2]

想像一下,如果烏龜在比賽的過程中開始質疑自己的能力:「我好慢。我永遠沒有辦法贏得比賽。兔子比我快太多了。我一定會被碾壓。幹嘛還要嘗試?我怎樣都會輸掉。乾脆放棄好了。算了。我完了。」

毫無疑問,烏龜負面的自我對話會破壞他的努力。

但實際上並沒有發生。烏龜並沒有相信速度至上。他相信自己緩慢而堅定的性格,最後會贏得勝利。他沒有因為自己的步調而受到影響,相反地,反而持續不屈不撓,堅持下去。

要有烏龜的心態。專注在一次採取兩個微小的改變。慢慢來。說不定你的兩個改變是要每天在家附近散步,工作空檔其中一次休息做點溫和的伸展,而不是滑手機看社群媒體。不管你的兩個改變是什麼,改變要微小且專注執行。因為你讓頭兩個改變很輕鬆容易地融入生活之中,隨著時間,你會慢慢準備好再做另外兩個新的改變。

有些時候比較容易做到。在那些你覺得難以達成改變的時刻,至少問問自己:「**我可以做什麼事情做個 5 分鐘,讓我今天覺得好一點?**」就算你在某一天只能做 5 分鐘的腹式呼吸,你還是在向大腦和身體傳遞訊號,告訴它們你正在重

新調整壓力。在那些沒有力氣和時間重新設定壓力的時候，多體諒自己，隔天再重新開始。研究顯示，偶爾沒有做到，不會影響大腦建立減壓健康習慣的能力。[3] 小挫敗是改變過程中很自然的一部分。可以的時候就持續向前邁進。

在採用重新設定五大技巧的過程中，也想想你對自己愛的人會給予多少支持，你會如何為他們的決心歡呼，原諒他們出的差錯，你會如何試著體諒並理解他們正在經歷的過程。然後，用同樣的方式對待自己。因為向前的每一步都很重要。

對自己溫柔一點

在壓力很大的當下，要善待自己並不容易，但這對你的壓力會有很深遠的影響。在你減壓之旅的過程中，試著更體諒自己，這是往前邁進最有效的方式之一。當你能更善待自己，五大技巧中幾乎所有方法執行起來都會變得更有效。這是因為善待自己能改變你的大腦和身體，變成對抗壓力的保護緩衝。

研究顯示，善待自己能減少皮質醇的分泌，幫助你應對艱困的生命事件，保護你的心理健康並改善壓力。[4] 善待自己也能對大腦管理壓力的特定區域產生作用，像是杏仁核。一項研究檢視了40位受試者的大腦掃描影像，發現當受試者在自我批評時，杏仁核會比較活躍；當受試者練習善待自己

時，杏仁核會變得比較不活躍。[5] 另一項研究中，調查了46位女性，發現那些更能善待自己的受試者，他們的壓力比較小。[6] 但我們在有壓力的時候很容易就會自我批評，而不是善待自己。明明當自己最強的啦啦隊會對我們更好，為什麼在這種時刻，我們往往卻是自己最嚴厲的批判者？

「我們和自我批評有很深的依附，就某種程度而言，我們可能覺得痛苦會有幫助，」兩位研究善待自己主題的心理學家克里斯汀・奈夫（Kristin Neff）和克里斯・爵曼（Chris Germer）寫道：「你可能會說善待自我的動機來自愛，而自我批評的動機則始於恐懼。」[7]

就我許多病患的狀況來說，壓力和恐懼往往會一起出現。你的大腦處理恐懼與壓力的是同一個區域，也就是杏仁核，所以這很合理。但從善待自我的角度來看，你可以透過五大技巧中的方法來重構你的恐懼與壓力，改善你的心理健康。好消息是善待自我及本書中提到的所有其他內容，都是可以經過學習與練習而臻至完美的技巧，這都要歸功於大腦非常了不起的神經可塑性。

奈夫和爵曼表示：「如果我們真的關心自己，我們會做那些能讓自己開心的事情，像是挑戰新的計畫或學習新的技巧。」[8]

這本書的重點就是要接受挑戰並學習新的技巧。

選擇未來的自己

從我個人的臨床經驗以及來參加我演講活動的**觀眾分**享的，我親眼見證到好幾百位病患的**轉變**。很多人都在快速通往倦怠與慢性健康的道路上，有些人甚至因為處理壓力的方式不當而永久傷害了自己的人際關係與工作。你可能不看好他們能成功克服壓力，因為一切看來都對他們不利，但他們通過了黑暗的壓力隧道，和我分享他們的成功故事。

我問過其中許多人，他們的生理構造和你我都一樣，我問他們如何締造自己的成功故事。他們是如何思考、相信、最終實際做了什麼，才能爬出那籠罩他們的壓力幽魂？每個人都用自己的話告訴我同樣的事情。如果這些故事有一個共同主軸，那就是想要讓自己變得更好的意志力終於克服了想要維持不變的需求。**他們選擇了未來的自己。**

想像未來的你，在壓力較小的狀態中生活。想像未來的你成功達成 MOST 目標。你會怎麼做？你每天會付出哪些行動？你在通往成功的路上會告訴自己什麼？在持續邁向任何健康旅程的道路上，很容易就失敗。但如果你能看見，你就能做到。就算在減壓之旅遇到了挑戰，但想像自己已經成功的樣子能幫助你堅持下去，保有繼續執行五大技巧的動力。想像自己正在邁向成功，一次調整一點，大腦會幫助你到達那個目標。作家布芮妮・布朗（Brené Brown）說過：「有一天，你會分享自己如何克服自身經歷的故事，這會成為拯救其他人的指引。」

相信你的自我韌性。這個能力即將出現。

專注進展，而非完美

隨著你一步又一步愈來愈靠近未來的自己，你可能會忘記你的減壓之旅從哪裡開始、自己又走了多遠。我們對於自己的進展是非常不可靠的歷史學家。當你每天身處其中時，很難看到自己到底走了多遠。如果你曾經做過體適能或減重訓練，你就知道我的意思。你覺得每天都沒有什麼進步。你生活中的家人、室友、同事都沒有注意到任何改變。但當你週末和一個半年都沒見到的朋友見面，她會很驚訝地發現你看起來如此不同。這就是為什麼用客觀方式測量你的進展非常重要。

在本書的一開始，你完成了一些練習，像是找出自己的個人壓力分數基本值，設定 MOST 目標，設計回推計畫來幫助自己達成目標。這些都是用來追蹤進度很棒又客觀的指標。當你在採用本書五大技巧時，每四週就自我檢視，問問自己這些問題：

- 我最新的個人壓力分數是多少？
- 我最初設定的 MOST 目標還是正確的目標嗎？
- 就我目前的狀況，有其他更適用的 MOST 目標嗎？
- 我目前在回推計畫的哪個階段？

- 我目前採取的兩個改變法則,是否已深深烙印在我的腦袋中?
- 我可以再加上兩個新的方法,讓我更靠近未來的自己和 MOST 目標嗎?

你可能不覺得自己的壓力有了什麼改變,但當你四週後、八週後、十二週後自我檢視時,你會很驚訝自己的進展、實際上走了多遠。

成長也可能發生在內在,了解這點很重要,就算你從外在看不出來。我最喜歡的一個成長例子來自大自然,尤其是中國的竹子,竹子在前面五年都沒有任何長大的跡象,然後突然在六週內一下長了約 27.5 公尺。這個自然現象的驚人之處在於前面五年過程中內在的驚人改變,從外面完全看不出來。六週內長了約 27.5 公尺可能感覺很突然,但實際不然:在巨大、肉眼可見的改變發生之前,必須先從微小緩慢的內在**轉變**開始。當然,你不用花五年才能看到壓力上的改變,但竹子是很好的提醒,讓你知道成長可以發生在內在,就算從外表看不出來。

我才剛開始與壓力搏鬥時,我從喬・卡巴金的一段錄音聽到了一個概念,我從這段話找到了慰藉:「在我們的內在培養新的練習就像是在打造一個花園。你在花園裡種下種子時,會給它們時間發芽長成幼苗。你用溫柔善待小小的幼苗。」[9] 試著用同樣的方式看待你要融入生活中的五大技巧。給它們時間去長出強健的根與樹苗。

在你的旅程中專注自我的進展——忘記完美這件事。這是一個不存在的迷思。人很容易就沉浸在最終的 MOST 目標上，忘記自己在路途上做的了不起又有價值的工作。你最終會走到你為自己設定的目標，但你在途中走的每一步都更接近減壓的目標。

當你意識到自己有了進展，要慶祝無論大小的每一個勝利。我們很容易慶祝巨大的勝利，因為很容易就看得到，但同樣努力達成的微小勝利也很重要，也很值得慶祝。恭喜自己正在向前持續邁進！

完美風暴和雨衣

過去幾年來，我有幸見證許多病患轉變成未來的自己。我最喜歡病患們領悟的瞬間。在那一刻，你真的可以看到對方眼中閃爍的希望和理解。我的病患會對我說：「內魯卡醫師，你治好我的壓力了！」我的回答永遠一樣：「我沒有治好你的壓力。是你治好了自己的壓力！我只是一面鏡子。」我深信你的內在擁有能治療自己壓力的力量。我只是你旅程中的一面鏡子，讓你回顧所有的進步。我可以給你工具、指示、數據，但只有你能重新設定自己的壓力。

實際的工作要由你自己來做。這也是我對你抱持的信念。

本書所提的技巧，目的是要慢慢改變大腦和身體，減少

當下的壓力，但這些方法也要幫助未來的你不受壓力傷害。你在人生中無可避免將會面臨意料之外、充滿挑戰的風暴。我希望這些方法能成為你的雨衣，讓你保持溫暖、安全、乾燥，能夠面對任何狂風暴雨。

在風暴最強的時刻，我希望你記得佩瑪‧丘卓（Perna Chödrön）說過的話：

「你是天空。其他的一切——都只是天氣罷了。」

致謝

在許多人的幫助下，我才得以將重新設定壓力的五大技巧這個想法從我的書桌傳遞到你的手上。我在 WME 的作家經紀人梅爾・伯格（Mel Berger）在這個行業是個傳奇，在我思考要寫這本書的同時，他鼓勵了我幾乎近十年。我在 HarperOne 的編輯安娜・波斯登巴赫（Anna Paustenbach）在這本書寫作的每一個階段，以溫柔同理的方式指引著我。HarperCollins Publishers、HarperOne、WME 許多盡心盡力的同事們用心專注在這本書上——這些人包括茱蒂絲・柯爾（Judith Curr）、雷娜・阿爾德（Laina Alder）、艾利・摩斯特（Aly Mostel）、香朵・湯姆（Chantal Tom）、傑西・朵許（Jessie Dolch）、莫琳達・穆琳（Melinda Mullin）、安・愛德華（Ann Edwards）、泰・安娜尼亞（Ty Anania）等等。我的寫作夥伴兼「書本治療師」瑪西亞・維奇（Marcia Wilkie）協助我讓科學變得人性化，在寫作的過程中一直給予我支持。Rogers and Cowan PMK 的羅里・路沙拉里安（Lori Lousararian）和崔西・柯爾（Tracy Cole）讓這本書的訊息變得更加清晰。我的演講經紀人珍妮佛・鮑恩（Jennifer Bowen）和整個 Leigh Bureau 團隊向世界各地的讀者宣傳我的作品。我在哈佛醫學院、貝斯以色列女執事醫療中心、庫柏大學醫

院的導師和合作同事——羅斯・菲利普斯（Russ Phillips）、南西・歐瑞歐（Nancy Oriol）、葛洛莉亞・葉（Gloria Yeh）、泰德・卡波特查克（Ted Kaptchuk）、羅傑・戴維斯（Roger Davis）、凱莉・歐蘭朵（Kelly Orlando）、傑恩・西漢（Jayne Sheehan）、吉安・程與洪・程（Jill and Hung Cheng）、維傑・拉吉普特（Vijay Rajput）、安娜・西德里（Anna Headley）、愛德・維納（Ed Viner）——謝謝他們教導我如何行醫以及醫療中的人性。謝謝我的病患，我有幸能照顧他們，並從他們身上學到許多。

我在媒體界極具影響力的朋友——亞利安娜・哈芬登（Arianna Huffington）、伊芙・羅德斯基（Eve Rodsky）、史威塔・查克拉博蒂（Sweta Chakraborty）、羅利・塞德曼（Laurie Siedman）——他們鼓勵我要無所畏懼，放膽去做。我的朋友們——克里斯汀・赫斯特（Kristin Hurst）、亞拉提・卡尼克（Arati Karnik）、克里沙・桑多羅（Chrissa Santoro）、蘇瑪・潘斯（Shuma Panse）、貝瑞特・薛波斯（Berett Shaps）、娜塔麗・梅爾（Natalie Meyer）、瑞秋・達里希克（Rachel Daricek）、喬提・法德克（Jyoti Phadke）、戴博拉・威廉斯與道格・威廉斯（Debra and Doug Williams）、貝絲・瑪吉德與瑪蒂・瑪吉德（Beth and Marty Magid）——這些忠實的友誼幫助我夢想成真。我的父母亞尼爾・內魯卡與米娜・內魯卡（Anil and Meena Nerurkar），他們給了我一切，教我懷抱著熱情與目的去生活。我最棒的大家庭——在美國、印度、荷蘭的內魯卡家族、瓦西斯家族、格雷森家族——他們給了

我歸屬感及許多歡笑聲。最重要的是我人生中給我最大幸福的麥克與柔伊。我做的一切都變得更快樂、更有意義，因為我能與你們分享。

註釋

序章

1. Oracle and Workplace Intelligence, LLC, "AI@Work Study 2020: As Uncertainty Remains, Anxiety and Stress Reach a Tipping Point at Work," 2020, https://www.oracle.com/a/ocom/docs/oracle-hcm-ai-at-work.pdf。
2. "Burnout Nation: How 2020 Reshaped Employees' Relationship to Work," Spring Health, December 2020, https://springhealth.com/wp-content/uploads/2020/12/Spring-Health-Burnout-Nation.pdf。

第一章

1. Aditi Nerurkar, Asaf Bitton, Roger B. Davis et al., "When Physicians Counsel About Stress: Results of a National Study," *JAMA Internal Medicine* 173, no. 1 (2013): 76-77, https://doi.org/10.1001/2013.jamainternmed.480。
2. J. Porter, C. Boyd, M. R. Skandari et al., "Revisiting the Time Needed to Provide Adult Primary Care," *Journal of General Internal Medicine* 38 (2023): 147-55, https://doi.org/10.1007/sll606-022-07707-x。
3. US Preventive Services Task Force, "U.S. Preventive Services Task Force Issues Draft Recommendation Statements on Screening for Anxiety, Depression, and Suicide Risk in Adults," USPSTF Bulletin, September 20, 2022, https://www.uspreventiveservicestaskforce.org/uspstf/sites/default/files/file/supporting_documents/depression-suicide-risk-anxiety-adults-screening-draft-rec-bulletin.pdf。
4. Brian Walker and David Salt, "The Science of Resilience," Resilience.org, November 27, 2018, https://www.resilience.org/the-science-of-resilience/。
5. Dike Drummond, "Are Physicians the Canary in the Coal Mine of Medicine?," *You Can Be a Happy MD*, January 21, 2013, https://www.thehappymd.com/blog/bid/285686/are-physicians-the-canary-in-the-coal-mine-of-medicine。
6. Sheldon Cohen, Tom Kamarck, and Robin Mermelstein, "A Global Measure of Perceived Stress," *Journal of Health and Social Behavior* 24, no. 4 (December 1983): 385-96, https://doi.org/10.2307/2136404。
7. "Workplace Burnout Survey: Burnout Without Borders," Deloitte.com, accessed October 4, 2014, https://www2.deloitte.com/us/en/pages/about-deloitte/articles/burnout-survey.html。
8. "The World Health Report 2001: Mental Disorders Affect One in Four People,"

World Health Organization, September 28, 2001, https://www.who.int/news/item/28-09-2001-the-world-health-report-2001-mental-disorders-affect-one-in-four-people。

9. "Burn-out an 'Occupational Phenomenon': International Classification of Diseases," World Health Organization, May 28, 2019, https://www.who.int/news/item/28-05-2019-burn-out-an-occupational-phenomenon-international-classification-of-diseases。

10. "Stress in America: Money, Inflation, War Pile on to Nation Stuck in COVID-19 Survival Mode," American Psychological Association, March 10, 2022, https://www.apa.org/news/press/releases/stress/2022/march-2022-survival-mode。

11. "Mental Health Replaces COVID as the Top Health Concern Among Americans," Ipsos, September 26, 2022, https://www.ipsos.com/en-us/news-polls/mental-health-top-healthcare-concern-us-global-survey。

12. "Asana Anatomy of Work Index 2022: Work About Work Hampering Organizational Agility," Asana, April 5, 2022, https://investors.asana.com/news/news-details/2022/Asana-Anatomy-of-Work-Index-2022-Work-About-Work-Hampering-Organizational-Agility/default.aspx。

13. Jean M. Twenge and Thomas E. Joiner, "Mental Distress Among U.S. Adults During the COVID-19 Pandemic," *Journal of Clinical Psychology 76*, no. 12 (December 2020): 2170-82, https://pubmed.ncbi.nlm.nih.gov/33037608/; Anjel Vahratian, Stephen J. Blumber, Emily R Terlizzi, and Jeannine S. Schiller, "Symptoms of Anxiety or Depressive Disorder and Use of Mental Health Care Among Adults During the COVID-19 Pandemic—United States, August 2020-February 2021," *Morbidity and Mortality Weekly Report* 70, no. 13 (April 2021): 490-94, https://www.ncbi.nlm.nih.gov/pmc/articles/PMC8022876/。

14. Joe Gramigna, "Adults' Unmet Mental Health Care Need Has Increased Since Onset of COVID-19 Pandemic," Helio Psychiatry, April 1, 2021, https:// www.healio.com/news/psychiatry/20210401/adults-unmet-mental-health-care-need-has-increased-since-onset-of-covid19-pandemic; Anjel Vahratian, Emily R Terlizzi, Maria A. Villarroel et al., "Mental Health in the United States: New Estimates from the National Center for Health Statistics," September 23, 2020, https://www.cdc.gov/nchs/data/events/nhis-mental-health-webinar-2020-508.pdf。

15. "Pandemic Parenting: Examining the Epidemic of Working Parental Burn out and Strategies to Help," Office of the Chief Wellness Officer and College of Nursing, The Ohio State University, May 2022, https://wellness.osu.edu/sites/default/files/documents/2022/05/OCWO_ParentalBurnout_367 4200_Report_FINAL.pdf。

16. Kristy Threlkeld, "Employee Burnout Report: COVID-19's Impact and 3 Strategies to Curb It," Indeed.com, March 11, 2021, https://www.indeed.com/lead/preventing-employee-burnout-report。

17. Aditi Nerurkar, Asaf Bitton, Roger B. Davis et al., "When Physicians Counsel About Stress: Results of a National Study," *JAMA Internal Medicine* 173, no. 1 (2013): 76-77, https://jamanetwork.com/journals/jamainternalmedicine/fullarticle/1392494。

第二章

1. Aditi Nerurkar, "The Trauma of War on Ukrainian Refugees," Forbes.com, March 4, 2022, https://www.forbes.com/sites/aditinerurkar/2022/03/04/the-psychology-of-the-refugee-experience-ukraine/?sh=52a42b9668dd。
2. Bill Hathaway, "Yale Researchers Find Where Stress Lives," YaleNews, May 27, 2020, https://news.yale.edu/2020/05/27/yale-researchers-find-where-stress-lives; Elizabeth V Goldfarb, Monica D. Rosenberg, Dongju Seo, R. Todd Constable, and Rajita Sinha, "Hippocampal Seed Connectome- Based Modeling Predicts the Feeling of Stress," *Nature Communications* 11 (2020): 2650, https://www.nature.com/articles/s41467-020-16492-2。
3. Aditi Nerurkar, "Meditation vs. Medication: Which Should You Choose?," HuffPost.com, last updated July 30, 2013, https://www.huffpost.com/entry/benefits-of-meditation_b_820177。
4. Thomas H. Holmes and Richard H. Rahe, "The Social Readjustment Rating Scale," *Journal of Psychosomatic Research* 11, no. 2 (August 1967): 213-18, https://www.sciencedirect.com/science/article/abs/pii/0022399967900104?via%3Dihub。
5. Peter A. Noone, "The Holmes-Rahe Stress Inventory," *Occupational Medicine 67*, no. 7 (October 2017): 581-82, https://academic.oup.com/occmed/article/67/7/581/4430935。
6. Gretchen Rubin, "What You Do Every Day Matters More Than What You Do Once in a While," *The Happiness Project,* November 7, 2011, https://gretchenrubin.com/articles/what-you-do-every-day-matters-more-than-what-you-do-once-in-a-while/。

第三章

1. 已無從得知發展出這個模型的人,但網路上有很多類似的模型。例如 Robby Berman, "Who Do You Want to Be During COVID-19?: One Woman's Viral Roadmap from Fear to Learning to Growth," BigThink.com, April 30, 2020, https://bigthink.com/health/covid-graphic-growth-zones/。
2. Jon Kabat-Zinn, *Full Catastrophe Living: Using the Wisdom of Your Body and Mind to Face Stress, Pain, and Illness* (New York: Bantam, 2013), xlix。
3. Thomas Oppong, "The Only Time You Are Actually Growing Is When You're Uncomfortable," CNBC.com, August 13, 2017, https://www.cnbc.com/2017/08/11/the-only-time-you-are-actually-growing-is-when-youre-uncomfortable.html。
4. Kaitlin Woolley and Ayelet Fishbach, "Motivating Personal Growth by Seeking Discomfort," *Psychological Science* 33, no. 4 (2022): 510-23, https://journals.sagepub.com/doi/10.1177/09567976211044685; Kira M. Newman, "Embracing Discomfort Can Help You Grow," *Greater Good Magazine,* May 3, 2022, https://greatergood.berkeley.edu/article/item/embracing_discomfort_can_help_you_grow。
5. Laurie Santos, "Philosophy—Happiness 5: How Well Can We Predict Our Feelings," Wireless Philosophy, November 9, 2021, YouTube, https://www.youtube.

com/watch?v=oB_i5E4fLB4。

6. Christina Armenta, Katherine Jacobs Bao, Sonja Lyubomirsky et al., "Chapter 4—Is Lasting Change Possible? Lessons from the Hedonic Adaptation Prevention Model," in *Stability of Happiness,* eds. Kennon M. Sheldon and Richard E. Lucas (Cambridge, MA: Academic Press, 2014): 57-74, https://www.sciencedirect.com/science/article/abs/pii/B9780124114784000047。

7. Armenta et al., "Is Lasting Change Possible?," 57-74。

8. *Eudaimonic* is derived from the Greek word *eudaimonia,* which is defined as "the condition of human flourishing or of living well. The highest human good." "Eudaimonia," Britannica, last updated September 11, 2023, https://www.britannica.com/topic/eudaimonia

9. Barbara L. Fredrickson, Karen M. Grewen, Kimberly A. Coffey et al., "A Functional Genomic Perspective on Human Well-Being," *PNAS* 110, no. 33 (July 2013): 13684-89, https://www.pnas.org/doi/abs/10.1073/pnas.1305419110。

10. "Positive Psychology Influences Gene Expression in Humans, Scientists Say," Sci. News, August 12, 2013, https://www.sci.news/othersciences/psychology/science-positive-psychology-gene-expression-humans-01305.html。

11. Lauren C. Howe and Kari Leibowitz, "Can a Nice Doctor Make Treatments More Effective?," *New York Times,* January 22, 2019, https://www.nytimes.com/2019/01/22/well/live/can-a-nice-doctor-make-treatments-more-effective.html; Kari A. Leibowitz, Emerson J. Hardebeck, J. Parker Goyer, and Alia J. Crum, "Physician Assurance Reduces Patient Symptoms in US Adults: An Experimental Study," *Journal of General Internal Medicine* 33 (2018): 2051-52, https://link.springer.com/article/10.1007/s11606-018-4627-z。

12. Karen Weintraub, "Growing Tumors in a Dish, Scientists Try to Personalize Pancreatic Cancer Treatment," Stat, October 4, 2019, https://www.statnews.com/2019/10/04/pancreatic-cancer-tumors-in-a-dish/。

13. Luigi Gatto, "Serena Williams: 'I Am a Strong Believer in Visualization,'" Tennis World, April 27, 2019, https://www.tennisworldusa.org/tennis/news/Serena_Williams/69764/serena-williams-i-am-a-strong-believer-in-visualization-/; Carmine Gallo, "3 Daily Habits of Peak Performers, Ac cording to Michael Phelps' Coach," Forbes.com, May 24, 2016, https://www.forbes.com/sites/carminegallo/2016/05/24/3-daily-habits-of-peak-performers-according-to-michael-phelps-coach/?sh=79fb95f0102c; Melissa Rohlin, "Phil Jackson and Doc Rivers Use Visualization to Help Their Players," *Los Angeles Times,* October 9, 2014, https://www.latimes.com/sports/sportsnow/la-sp-sn-doc-rivers-clippers-champions-20141009-story.html。

第四章

1. "How Much Time on Average Do You Spend on Your Phone on a Daily Basis?," Statista.com, 2021, https://www.statista.com/statistics/1224510/time-spent-per-day-on-smartphone-us/; Michael Winnick, "Putting a Finger on Our Phone Obsession,"

dscout.com, https://dscout.com/people-nerds/mobile-touches。

2. Adrian F. Ward, Kristen Duke, Ayelet Gneezy, and Maarten W. Bos, "Brain Drain: The Mere Presence of One's Own Smartphone Reduced Available Cognitive Capacity," *Journal of the Association for Consumer Re search* 2, no. 2 (2012): 140-54, https://www.journals.uchicago.edu/doi/full/10.1086/691462。

3. J. Brailovskaia, J. Delveaux, J. John et al., "Finding the 'Sweet Spot' of Smartphone Use: Reduction or Abstinence to Increase Well-Being and Healthy Lifestyle?! An Experimental Intervention Study," *Journal of Experimental Psychology: Applied* 29, no. 1 (2023): 149-61, https://doi.org/10.1037/xap0000430。

4. "Smartphone Texting Linked to Compromised Pedestrian Safety," BMJ.com, March 2, 2020, https://www.bmj.com/company/newsroom/smartphone-texting-linked-to-compromised-pedestrian-safety/。

5. "Too Much Screen Time Could Lead to Popcorn Brain," University of Washington Information School, August 9, 2011, https://ischool.uw.edu/news/2016/12/too-much-screen-time-could-lead-popcorn-brain。

6. Aditi Nerurkar, "The Power of Popcorn Brain," Thrive Global, https://community.thriveglobal.com/the-power-of-popcorn-brain/。

7. Andrew Perrin and Sara Atske, "About Three-in-Ten U.S. Adults Say They Are 'Almost Constantly' Online," Pew Research Center, March 26, 2021, https://www.pewresearch.org/fact-tank/2021/03/26/about-three-in-ten-u-s-adults-say-they-are-almost-constantly-online/。

8. "2016 Global Mobile Consumer Survey: US Edition," Deloitte.com, https://www2.deloitte.com/content/dam/Deloitte/us/Documents/technology-media-telecommunications/us-global-mobile-consumer-survey-2016-executive-summary.pdf。

9. Morten Tromholt, "The Facebook Experiment: Quitting Facebook Leads to Higher Levels of Well-Being," *Cyberpsychology, Behavior, and Social Net working* 19, no. 11 (November 2016): 661-66, https://pubmed.ncbi.nlm.nih.gov/27831756/。

10. Katie Schroeder, "My Grandma Survived WWII. The War in Ukraine Is Making Her Relive Her Trauma," LX News, March 16, 2022, https://www.lx.com/russia-ukraine-crisis/my-grandma-survived-wwii-the-war-in-ukraine-is-making-her-relive-her-trauma/50317/。

11. American Psychological Association, "Stress and Sleep," APA.org, January 1, 2013, https://www.apa.org/news/press/releases/stress/2013/sleep。

12. Jennifer A. Emond, A. James O'Malley, Brian Neelon et al., "Associations Between Daily Screen Time and Sleep in a Racially and Socioeconomically Diverse Sample of US Infants: A Prospective Cohort Study," *BMJ Open* 11 (2021): e044525, https://bmjopen.bmj.com/content/ll/6/e044525; Hugues Sampasa-Kanyinga, Jean-Philippe Chaput, Bo-Huei Huang et al., "Bidirectional Associations of Sleep and Discretionary Screen Time in Adults: Longitudinal Analysis of the UK Biobank," *Journal of Sleep Research* 32, no. 2 (April 2023): e13727, https://onlinelibrary.wiley.com/doi/full/10.llll/jsr.13727。

13. "Always Connected: How Smartphones and Social Keep Us Engaged," IDC

Research Report, 2013, https://www.nu.nl/files/IDC-Facebook%20Always%20 Connected%20(l).pdf。
14. Camila Hirotsu, Sergio Tufik, and Monica Levy Andersen, "Interactions Between Sleep, Stress, and Metabolism: From Physiological to Pathological Conditions," *Sleep Science* 8, no. 3 (November 2015): 143-52, https://www.ncbi.nlm.nih.gov/pmc/articles/PMC4688585/。
15. Andy R. Eugene and Jolanta Masiak, "The Neuroprotective Aspects of Sleep," *MEDtube Science* 3, no. 1 (March 2015): 35, https://www.ncbi.nlm.nih.gov/pmc/articles/PMC4651462/; see also Nina E. Fultz, Giorgio Bon-massar, Kawin Setsompop et al., "Coupled Electrophysiological, Hemody namic, Cerebrospinal Fluid Oscillations in Human Sleep," *Science* 366, no. 6465 (November 2019): 628-31, https://www.science.org/doi/10.1126/science.aax5440。
16. Pal Alhola and Paivi Polo-Kantola, "Sleep Deprivation: Impact on Cognitive Performance," *Neuropsychiatric Disease and Treatment* 3, no. 5 (2007): 553-67, https://pubmed.ncbi.nlm.nih.gov/19300585/。
17. Ilse M. Verweij, Nico Romeijn, Dirk J. A. Smit et al., "Sleep Deprivation Leads to a Loss of Functional Connectivity in Frontal Brain Regions," *BMC Neuroscience* 15 (2014): 88, https://bmcneurosci.biomedcentral.com/articles/10.1186/1471-2202-15-88。
18. Seung-Schik Yoo, Ninad Gujar, Peter Hu et al., "The Human Emotional Brain Without Sleep: A Prefrontal Amygdala Disconnect," *Current Biology* 17, no. 20 (October 2007): R877-R878, https://www.sciencedirect.com/science/article/pii/S0960982207017836?via%3Dihub。
19. Faith Orchard, Alice M. Gregory, Michael Gradisar, and Shirley Reynolds, "Self-Reported Sleep Patterns and Quality Amongst Adolescents: Cross-Sectional and Prospective Associations with Anxiety and Depression," *Journal of Child Psychology and Psychiatry* 61, no. 10 (October 2020): 1126-37, https://acamh.onlinelibrary.wiley.com/doi/full/10.1111/jcpp.13288; Elizabeth M. Cespedes Feliciano, Mirja Quante, Sheryl L. Rifas-Shiman et al., "Objective Sleep Characteristics and Cardiometabolic Health in Young Ad olescents," *Pediatrics* 142, no. 1 (July 2018): e20174085, https://pubmed.ncbi.nlm.nih.gov/29907703/。
20. Severine Sabia, Aline Dugravot, Damien Leger et al., "Association of Sleep Duration at Age 50, 60, and 70 Years with Risk of Multimorbidity in the UK: 25-Years Follow-up of the Whitehall II Cohort Study," *PLOS Medicine* 19, no. 10 (2002): el004109, https://journals.plos.org/plosmedicine/article?id=10.1371/journal.pmed.1004209。
21. Orchard et al., "Self-Reported Sleep Patterns"; "How Does Sleep Affect Your Heart Health?," Centers for Disease Control and Prevention, last reviewed January 4, 2021, https://www.cdc.gov/bloodpressure/sleep.htm。
22. Liqing Li, Chunmei Wu, Yong Gan et al., "Insomnia and the Risk of Depression: A Meta-Analysis of Prospective Cohort Studies," *BMC Psychiatry* 16, no. 1 (November 2016): 375, https://pubmed.ncbi.nlm.nih.gov/27816065/。
23. Jon Johnson, "How Long Is the Ideal Nap?," Medical News Today October 5, 2019,

https://www.medicalnewstoday.com/articles/326803#tips。

24. Rebecca L. Campbell and Ana J. Bridges, "Bedtime Procrastination Mediates the Relation Between Anxiety and Sleep Problems," *Journal of Clinical Psychology 79*, no. 3。(March 2023): 803-17, https://onlinelibrary.wiley.com/doi/10.1002/jclp.23440。

25. Eric W. Dolan, "Bedtime Procrastination Helps Explain the Link Between Anxiety and Sleep Problems," PsyPost.org, October 29, 2022, https://www.psypost.org/2022/10/bedtime-procrastination-helps-explain-the-link-between-anxiety-and-sleep-problems-64181。

26. Maria Godoy and Audrey Nguyen, "Stop Doomscrolling and Get Ready for Bed. Here's How to Reclaim a Good Night's Sleep," National Public Radio, June 16, 2022, https://www.npr.org/2022/06/14/1105122521/stop-revenge-bedtime-procrastination-get-better-sleep。

27. Janosch Deeg, "It Goes by the Name 'Bedtime Procrastination,' and You Can Probably Guess What It Is," ScientificAmerican.com, July 19, 2022, https://www.scientificamerican.com/article/it-goes-by-the-name-bedtime-procrastination-and-you-can-probably-guess-what-it-is/。

28. Floor M. Korese, Sanne Nauts, Bart A. Kamphorst et al., "Bedtime Procrastination: A Behavioral Perspective on Sleep Insufficiency," in *Procrastination, Health, and Well-Being,* ed. Fuschia M. Sirois and Timothy A. Pychyl (Cambridge, MA: Academic Press, 2016), https://doi.org/10.1016/C2014-0-03741-0。

29. Sun Ju Chung, Hyeyoung An, and Sooyeon Suh, "What Do People Do Before Going to Bed? A Study of Bedtime Procrastination Using Time Use Surveys," *Sleep* 43, no. 4 (April 2020): zsz267, https://doi.org/10.1093/sleep/zsz267。

30. Shahram Nikbakhtian, Angus B. Reed, Bernard Dillon Obika et al., "Accelerometer-Derived Sleep Onset Timing and Cardiovascular Disease Incidence: A UK Biobank Cohort Study" *European Heart Journal-Digital Health* 2, no. 4 (December 2021): 658-66, https://doi.org/10.1093/ehjdh/ztab088; European Society of Cardiology, "Bedtime Linked with Heart Health," ScienceDaily, November 8, 2021, https://www.sciencedaily.com/releases/2021/11/211108193627.htm。

31. Sophia Antipolis, "Bedtime Linked with Heart Health," European Society of Cardiology, November 9, 2021, https://www.escardio.org/The-ESC/Press-Office/Press-releases/Bedtime-linked-with-heart-health。

32. Andrea. N. Goldstein, Stephanie M. Greer, Jared M. Saletin et al., "Tired and Apprehensive: Anxiety Amplifies the Impact of Sleep Loss on Aversive Brain Anticipation," *Journal of Neuroscience* 33, no. 26 (June 2013): 10607-15。

33. Eti Ben Simon, Aubrey Rossi, Allison G. Harvey, and Matthew R Walker, "Overanxious and Underslept," *Nature Human Behaviour* 4 (2020): 100-10, https://www.nature.com/articles/s41562-019-0754-8。

34. E. B. Simon and M. R Walker, "Under Slept and Overanxious: The Neural Correlates of Sleep-Loss Induced Anxiety in the Human Brain" (Neuroscience 2018, San Diego, CA, November 4, 2018), https://www.abstractsonline.com/pp8/#!/4649/

presentation/38909; Laura Sanders, "Poor Sleep Can Be the Cause of Anxiety, Study Finds," *Washington Post,* November 10, 2018, https://www.washingtonpost.com/national/health-science/poor-sleep-can-be-the-cause-of-anxiety-study-finds/2018/11/09/9180eal0-e366-lle8-ab2c-b31dcd53ca6b_story.html?noredirect=on。

35. Dana G. Smith, "Lack of Sleep Looks the Same as Severe Anxiety in the Brain," *Popular Science,* November 26, 2018, https://www.popsci.com/sleep-deprivation-brain-activity/。

36. "Stressed to the Max? Deep Sleep Can Rewire the Anxious Brain," EurekAlert!, November 4, 2019, https://www.eurekalert.org/news-releases/862776。

37. David Richter, Michael D. Kramer, Nicole K. Y. Tang et al., "Long-Term Effect of Pregnancy and Childbirth on Sleep Satisfaction and Duration of First-Time and Experienced Mothers and Fathers," *Sleep* 42, no. 4 (April 2019): zsz015, https://doi.org/10.1093/sleep/zsz015。

38. Bryce Ward, "Americans Are Choosing to Be Alone. Here's Why We Should Reverse That," *Washington Post,* November 23, 2022, https://www.washingtonpost.com/opinions/2022/11/

39. "Smartphone Penetration Rate as Share of the Population of the United States from 2010 to 2021," Statista.com, https://www.statista.com/statistics/201183/forecast-of-smartphone-penetration-in-the-us/。

40. Valentina Rotondi, Luca Stanca, and Miriam Tomasuolo, "Connecting Alone: Smartphone Use, Quality of Social Interactions and Well-Being," *Journal of Economic Psychology* 63 (December 2017): 17-26, https://www.sciencedirect.com/science/article/pii/SOl 67487017302520。

41. "Gallup's 2023 Global Emotions Report," Gallup.com, https://www.gallup.com/analytics/349280/gallup-global-emotions-report.aspx。

42. Vivek H. Murthy, "Our Epidemic of Loneliness and Isolation: The U.S. Surgeon General's Advisory on the Healing Effects of Social Connection and Community," 2023, https://www.hhs.gov/sites/default/files/surgeon-general-social-connection-advisory.pdf。

43. "Loneliness and the Workplace: 2020 U.S. Report," Cigna.com, 2020, https://www.cigna.com/static/www-cigna-com/docs/about-us/newsroom/studies-and-reports/combatting-loneliness/cigna-2020-loneliness-factsheet.pdf。

44. Amy Novotney, "The Risks of Social Isolation," American Psychological As sociation, May 2019, https://www.apa.org/monitor/2019/05/ce-corner-isolation。

45. Murthy, "Our Epidemic of Loneliness and Isolation."

46. Kassandra I. Alcaraz, Katherine S. Eddens, Jennifer L. Blase et al., "Social Isolation and Mortality in US Black and White Men and Women," *American Journal of Epidemiology* 188, no. 1 (January 2019): 102-9, https://doi.org/10.1093/aje/kwy231; Novotney, "Risks of Social Isolation."

47. "Welcome to the Harvard Study of Adult Development," Harvard Second Generation Study, accessed October 4, 2023, https://www.adultdevelopmentstudy.org/。

48. Tao Jiang, Syamil Yakin, Jennifer Crocker, and Baldwin M. Way, "Perceived Social Support-Giving Moderates the Association Between Social Relationships and Interleukin-6 Levels in Blood," *Brain, Behavior, and Immunity* 100 (February 2022): 25-28, https://doi.Org/10.1016/j.bbi.2021.ll.002。
49. "Author Talks: Don't Spoil the Fun," McKinsey.com, March 24, 2022, https://www.mckinsey.com/featured-insights/mckinsey-on-books/author-talks-dont-spoil-the-fun。

第五章

1. Pierre Philippot, Gaetane Chapelle, and Sylvie Blairy, "Respiratory Feedback in the Generation of Emotion," *Cognition and Emotion* 16, no. 5 (2002): 605-27, https://doi.org/10.1080/02699930143000392。
2. Bruce Goldman, "Study Shows How Slow Breathing Induces Tranquility," Stanford Medicine, March 30, 2017, https://med.stanford.edu/news/all-news/2017/03/study-discovers-how-slow-breathing-induces-tranquility.html。
3. Susan I. Hopper, Sherrie L. Murray, Lucille R. Ferrara, and Joanne K. Singleton, "Effectiveness of Diaphragmatic Breathing for Reducing Physiological and Psychological Stress in Adults: A Quantitative Systematic Review," *JBI Database of Systematic Reviews and Implementation Reports* 17, no. 9 (September 2019): 1855-76, https://pubmed.ncbi.nlm.nih.gov/31436595/; Xiao Ma, Zi-Qi Yue, Zhu-Qing Gong et al., "The Effect of Diaphragmatic Breathing on Attention, Negative Affect and Stress in Healthy Adults," *Frontiers in Psychology* 8 (2017): 874, https://www.ncbi.nlm.nih.gov/pmc/articles/PMC5455070/。
4. "How to Do the 4-7-8 Breathing Exercise," Cleveland Clinic, September 6, 2022, https://health.clevelandclinic.org/4-7-8-breathing/。
5. Eckhart Tolle, *A New Earth: Awakening to Your Life's Purpose*, 10th anniversary ed. (New York: Penguin Books, 2016), 244。
6. Lin Yang, Chao Cao, Elizabeth D. Kantor et al., "Trends in Sedentary Behavior Among the US Population, 2001-2016," *JAMA* 321, no. 16 (April 2019): 1587-97, https://jamanetwork.com/journals/jama/fullarticle/2731178;Emily N. Ussery, Janet E. Fulton, Deborah A. Galuska et al., "Joint Prevalence of Sitting Time and Leisure-Time Physical Activity Among US Adults," *JAMA* 320, no. 19 (2018): 2036-38, https://jamanetwork.com/journals/jama/fullarticle/2715582。
7. E. G. Wilmot, C. L. Edwardson, E A. Achana et al., "Sedentary Time in Adults and the Association with Diabetes, Cardiovascular Disease and Death: Systematic Review and Meta-Analysis," *Diabetologia* 55 (2012): 2895-905, https://link.springer.com/article/10.1007/s00125-012-2677-z。
8. Megan Teychenne, Sarah A. Costigan, and Kate Parker, "The Association Between Sedentary Behavior and Risk of Anxiety: A Systematic Review," *BMC Public Health* 15 (2015): 513, https://bmcpublichealth.biomedcentral.com/articles/10.1186/sl2889-015-1843-x; Jacob D. Meyer, John O'Connor, Cillian P McDowell et al., "High Sitting Time Is a Behavioral Risk Factor for Blunted Improvement in Depression Across 8 Weeks

of the COVID-19 Pan demic in April-May 2020," *Front Psychiatry* 12 (2021): 741433, https://www.frontiersin.org/articles/10.3389/fpsyt.2021.741433/full。

9. "Sitting More Linked to Increased Feelings of Depression, Anxiety," Iowa State University News Service, November 8, 2021, https://www.news.iastate.edu/news/2021/11/08/sittingdepression。

10. Ben Renner, "Life Gets in the Way: Nearly Half of Americans Want to Exercise, but Don't Have Time," StudyFinds.org, November 23, 2019, https://studyfinds.org/life-gets-in-the-way-nearly-half-of-americans-want-to-exercise-but-dont-have-time/; Debra L. Blackwell and Tainya C. Clarke, "State Variation in Meeting the 2008 Federal Guidelines for Both Aerobic and Muscle-Strengthening Activities Through Leisure-Time Physical Activity Among Adults Aged 18-64: United States, 2010-2015," National Health Statistics Reports, No. 112, June 28, 2018, https://www.cdc.gov/nchs/data/nhsr/nhsr112.pdf。

11. Bethany Barone Gibbs, Marie-France Hivert, Gerald J. Jerome et al., "Physical Activity as a Critical Component of First-Line Treatment for Elevated Blood Pressure or Cholesterol: Who, What, and How?: A Scientific Statement from the American Heart Association," *Hypertension* 78 , no. 2 (August 2021): e26-e37, https://www.ahajournals.org/doi/full/10.1161/HYP.0000000000000196; "The Importance of Exercise When You Have Diabetes," Harvard Health Publishing, Harvard Medical School, August 2, 2023, https://www.health.harvard.edu/staying-healthy/the-importance-of-exercise-when-you-have-diabetes。

12. Glenn A. Gaesser and Siddhartha S. Angadi, "Obesity Treatment: Weight Loss Versus Increasing Fitness and Physical Activity for Reducing Health Risks," *iScience* 24, no. 10 (October 2021): 102995, https://www.cell.com/iscience/fulltext/S2589-0042(21)00963-9。

13. "Exercising to Relax: How Does Exercise Reduce Stress? Surprising Answers to This Question and More," Harvard Health Publishing, Harvard Medical School, July 7, 2020, https://www.health.harvard.edu/staying-healthy/exercising-to-relax。

14. "Exercise, Stress, and the Brain: Paul Thompson PhD," NIBIB gov, July 17, 2013, YouTube, https://www.youtube.com/watch?v=xpy_rAWSWkA。

15. Justin B. Echouffo-Tcheugui, Sarah C. Conner, Jayandra J. Himali et al., "Circulating Cortisol and Cognitive and Structural Brain Measures: The Framingham Heart Study," *Neurology* 91, no. 21 (November 2018): e1961-70, https://n.neurology.org/content/91/21/e1961。

16. "Exercise, Stress, and the Brain: Paul Thompson PhD," NIBIB gov.

17. Hayley Guiney and Liana Machado, "Benefits of Regular Aerobic Exercise for Executive Functioning in Healthy Populations," *Psychonomic Bulletin and Review* 20 (2013): 73-86, https://link.springer.com/article/10.3758/S13423-012-0345-4。

18. Carlo Maria Di Liegro, Gabriella Schiera, Patrizia Proia, and Italia Di Liegro, "Physical Activity and Brain Health," *Genes (Basel)* 10, no. 9 (September 2019): 720, https://www.ncbi.nlm.nih.gov/pmc/articles/PMC6770965/。

19. Ryan S. Falck, Chun L. Hsu, John R. Best et al., "Not Just for Joints: The Associations of Moderate-to-Vigorous Physical Activity and Sedentary Behavior with Brain Cortical Thickness," *Medicine & Science in Sports & Exercise* 52, no. 10 (October 2020): 2217-23, https://pubmed.ncbi.nlm.nih.gov/32936595/。
20. Yu-Chun Chen, Chenyi Chen, Roger Marcelo Martinez et al., "Habitual Physical Activity Mediates the Acute Exercise-Induced Modulation of Anxiety-Related Amygdala Functional Connectivity," *Scientific Reports* 9, no. 1 (December 2019): 19787, https://pubmed.ncbi.nlm.nih.gov/31875047/。
21. Kirk I. Erickson, Michelle W. Voss, Ruchika Shaurya Prakash et al., "Exercise Training Increases Size of Hippocampus and Improves Memory," *PNAS* 108, no. 7 (January 2011): 3017-22, https://doi.org/10.1073/pnas.1015950108; Tzu-Wei Lin, Sheng-Feng Tsai, and Yu-Min Kuo, "Physical Exercise Enhances Neuroplasticity and Delays Alzheimer's Disease," *Brain Plasticity*, December 12, 2018, https://pubmed.ncbi.nlm.nih.gov/30564549/。
22. "Physical Exercise and Dementia," Alzheimer's Society, https://www.alzheimers.org.uk/about-dementia/risk-factors-and-prevention/physical-exercise。
23. Kazuya Suwabe, Kyeongho Byun, Kazuki Hyodo et al., "Rapid Stimulation of Human Dentate Gyrus Function with Acute Mild Exercise," *PNAS* 115, no. 41 (September 2018): 10487-92, https://www.pnas.org/doi/10.1073/pnas.1805668115;M. K. Edwards and P D. Loprinzi, "Experimental Effects of Brief, Single Bouts of Walking and Meditation on Mood Profile in Young Adults," *Health Promotion Perspectives* 8, no. 3 (July 2018): 171-78。
24. Emmanuel Stamatakis, Matthew N. Ahmadi, Jason M. R. Gill et al., "Association of Wearable Device-Measured Vigorous Intermittent Lifestyle Physical Activity with Mortality," *Nature Medicine* 28 (2022): 2521-29, https://doi.org/10.1038/s41591-022-02100-x。
25. E. A. Palank and E. H. Hargreaves Jr., "The Benefits of Walking the Golf Course," *The Physician and Sportsmedicine*, October 1990, doi: 10.1080/00913847.1990.11710155。
26. Tara Parker-Pope, "To Start a New Habit, Make It Easy," *New York Times*, January 9, 2021, https://www.nytimes.com/2021/01/09/well/mind/healthy-habits.html。
27. Benjamin Gardner, Phillippa Lally and Jane Wardle, "Making Health Habitual: The Psychology of 'Habit-Formation' and General Practice," *British Journal of General Practice* 62, no. 605 (December 2012): 664-66, https://www.ncbi.nlm.nih.gov/pmc/articles/PMC3505409/。
28. Thomaz F. Bastiaanssen, Sofia Cussotto, Marcus J. Claesson et al., "Gutted! Unraveling the Role of the Microbiome in Major Depressive Disorder," *Harvard Review of Psychiatry* 28, no. 1 (January/February 2020): 26-39, https://doi.org/10.1097/HRR0000000000000243。
29. Yijing Chen, Jinying Xu, and Yu Chen, "Regulation of Neurotransmitters by the Gut Microbiota and Effects on Cognition in Neurological Disorders," *Nutrients* 13, no. 6

(2021): 2099, https://doi.org/10.3390/nul3062099。
30. Marilia Carabotti, Annunziata Scirocco, Maria Antonietta Maselli, and Carola Sever, "The Gut-Brain Axis: Interactions Between Enteric Microbiota, Central and Enteric Nervous Systems," *Annals of Gastroenterology* 28, no. 2 (April-June 2015): 203-9, https://pubmed.ncbi.nlm.nih.gov/25830558/; Bastiaanssen et al., "Gutted!"
31. Lixia Pei, Hao Geng, Jing Guo et al., "Effect of Acupuncture in Patients with Irritable Bowel Syndrome: A Randomized Controlled Trial," *Mayo Clinic Proceedings* 95, no. 8 (August 2020): 1671-83, https://www.sciencedirect.com/science/article/pii/S0025619620301518; Guan-Qun Chao and Shuo Zhang, "Effectiveness of Acupuncture to Treat Irritable Bowel Syndrome: A Meta-Analysis," *World Journal of Gastroenterology* 20, no. 7 (February 2014): 1871-77, https://www.ncbi.nlm.nih.gov/pmc/articles/PMC3930986/。
32. Daniel P Alford, Jacqueline S. German, Jeffrey H. Samet et al., "Primary Care Patients with Drug Use Report Chronic Pain and Self-Medicate with Alcohol and Other Drugs," *Journal of General Internal Medicine* 31, no. 5 (May 2016): 486-91, https://www.ncbi.nlm.nih.gov/pmc/articles/PMC4835374/; Rosa M. Crum, Ramin Mojtabai, Samuel Lazareck et al., "A Prospective Assessment of Reports of Drinking to Self-Medicate Mood Symptoms with the Incidence and Persistence of Alcohol Dependence," *JAMA Psychiatry* 70, no. 7 (2013): 718-26, https://jamanetwork.com/journals/jamapsychiatry/fullarticle/1684867; Sarah Turner, Natalie Mota, James Bolton, and Jitender Sareen, "Self-Medication with Alcohol or Drugs for Mood and Anxiety Disorders: A Narrative Review of the Epidemiological Literature," *Depression and Anxiety* 35, no. 9 (September 2018): 851-60, https://www.ncbi.nlm.nih.gov/pmc/articles/PMC6175215/。
33. "The Brain-Gut Connection," Johns Hopkins Medicine, https://www.hopkinsmedicine.org/health/wellness-and-prevention/the-brain-gut-connection。
34. Adam Hadhazy, "Think Twice: How the Gut's 'Second Brain' Influences Mood and Well-Being," *Scientific American,* February 12, 2010, https://www.scientificamerican.com/article/gut-second-brain/。
35. Chen et al., "Regulation of Neurotransmitters."
36. Annelise Madison and Janice K. Kiecolt-Glaser, "Stress, Depression, Diet, and the Gut Microbiota: Human-Bacteria Interactions at the Core of Psychoneuroimmunology and Nutrition," *Current Opinion in Behavioral Sciences* 28 (August 2019): 105-10, https://www.ncbi.nlm.nih.gov/pmc/articles/PMC7213601/。
37. Elizabeth Pennisi, "Meet the Psychobiome: Mounting Evidence That Gut Bacteria Influence the Nervous System Inspires Efforts to Mine the Microbiome for Brain Drugs," Science.org, May 7, 2020, https://www.science.org/content/article/meet-psychobiome-gut-bacteria-may-alter-how-you-think-feel-and-act。
38. Elizabeth Pennisi, "Meet the Psychobiome."
39. Madison and Kiecolt-Glaser, "Stress, Depression, Diet"; J. Douglas Bremner, Kasra Moazzami, Matthew T. Wittbrodt et al., "Diet, Stress and Mental Health," *Nutrients*

12, no. 8 (August 2020): 2428, https://pubmed.ncbi.nlm.nih.gov/32823562/。
40. Eva Selhub, "Nutritional Psychiatry: Your Brain on Food," Harvard Health Publishing, Harvard Medical School, September 18, 2022, https://www.health.harvard.edu/blog/nutritional-psychiatry-your-brain-on-food-201511168626; Giuseppe Grosso, "Nutritional Psychiatry: How Diet Affects Brain Through Gut Microbiota," *Nutrients* 13, no. 4 (April 2021): 1282, https://pubmed.ncbi.nlm.nih.gov/33919680/; Jerome Sarris, Alan C. Logan, Tasnime N. Akbaraly et al., "Nutritional Medicine as Mainstream in Psychiatry," *Lancet Psychiatry* 2, no. 3 (March 2015): 271-74, https://pubmed.ncbi.nlm.nih.gov/26359904/。
41. Chopra, Deepak. *What Are You Hungry For? The Chopra Solution to Permanent Weight Loss, Well-Being and Lightness of the Soul* (New York: Harmony Books, 2013)。
42. Cassandra J. Lowe, "Expert Insight: How Exercise Can Curb Your Junk Food Craving: Research Suggests Physical Activity Can Help Promote Better Diet," Western News, Western University, January 4, 2022, https://news.westernu.ca/2022/01/expert-insights-how-exercise-can-curb-your-junk-food-craving/; Shina Leow, Ben Jackson, Jacqueline A. Alderson et al., "A Role for Exercise in Attenuating Unhealthy Food Consumption in Response to Stress," *Nutrients* 10, no. 2 (February 2018): 176, https://pubmed.ncbi.nlm.nih.gov/29415424/。
43. Cassandra J. Lowe, Dimitar Kolev, and Peter A. Hall, "An Exploration of Exercise-Induced Cognitive Enhancement and Transfer Effects to Dietary Self-Control," Brain *and Cognition* 110 (December 2016): 102-11, https://doi.org/10.1016/j.bandc.2016.04.008。
44. Jack F. Hollis, Christina M. Gullion, Victor J. Stevens et al., "Weight Loss During the Intensive Intervention Phase of the Weight-Loss Maintenance Trial," *American Journal of Preventive Medicine* 35, no. 2 (August 2008): 118-26, https://pubmed.ncbi.nlm.nih.gov/18617080/。
45. "Diet Review: Mediterranean Diet," Nutrition Source, Harvard T. H. Chan School of Public Health, last reviewed April 2023, https://www.hsph.harvard.edu/nutritionsource/healthy-weight/diet-reviews/mediterranean-diet/; Daniela Martini, "Health Benefits of Mediterranean Diet," *Nutrients* 11, no. 8 (2019): 182, https://www.mdpi.com/2072-6643/11/8/1802/htm; Marta Crous-Bou, Teresa T. Fung, Bettina Julin et al., "Mediterranean Diet and Telomere Length in Nurses' Health Study: Population Based Cohort Study," *BMJ* (2014): 349, https://www.bmj.com/content/349/bmj.g6674。
46. Felice N. Jacka, Adrienne O'Neil, Rachelle Opie et al., "A Randomised Controlled Trial of Dietary Improvement for Adults with Major Depression (the 'SMILES' Trial)," *BMC Medicine* 15 (2017): 23, https://doi.org/10.1186/sl2916-017-0791-y。
47. Heather M. Francis, Richards J. Stevenson, Jaime R. Chambers et al., "A Brief Diet Intervention Can Reduce Symptoms of Depression in Young Adults—A Randomised Controlled Study," *PLOS One* 14, no. 10 (October 2019): e0222768, https://doi.org/10.1371/journal.pone.0222768。
48. Tarini Shankar Ghosh, Simone Rampelli, Ian B Jeffery et al., "Mediterranean

Diet Intervention Alters the Gut Microbiome in Older People Reducing Frailty and Improving Health Status: The NU-AGE 1-Year Dietary Intervention Across Five European Countries," *Gut* 69, no. 7 (2020): 1218-28, https://gut.bmj.com/content/69/7/1218.full。
49. Dorna Davani-Davari, Manica Negahdaripour, Iman Karimzadeh et al., "Prebiotics: Definition, Types, Sources, Mechanisms, and Clinical Applications," *Foods* 8, no. 3 (March 2019): 92, https://www.ncbi.nlm.nih.gov/pmc/articles/PMC6463098/; Natasha K. Leeuwendaal, Catherine Stanton, Paul W. O'Toole, and Tom R Beresford, "Fermented Foods, Health and the Gut Microbiome," *Nutrients* 14, no. 7 (April 2022): 1527, https://www.ncbi.nlm.nih.gov/pmc/articles/PMC9003561/。
50. Hoda Soltani, Nancy L. Keim, and Kevin D. Laugero, "Diet Quality for Sodium and Vegetables Mediate Effects of Whole Food Diets on 8-Week Changes in Stress Load," *Nutrients* 10, no. 11 (November 2018): 1606, https://pubmed.ncbi.nlm.nih.gov/30388762/。
51. Kirsten Berding, Thomaz F. S. Bastiaanssen, Gerard M. Moloney et al. "Feed Your Microbes to Deal with Stress: A Psychobiotic Diet Impacts Microbial Stability and Perceived Stress in a Healthy Adult Population," *Molecular Psychiatry* 28 (2023): 601-10, https://doi.org/10.1038/s41380-022-01817-y。
52. Katherine D. McManus, "A Practical Guide to the Mediterranean Diet," Harvard Health Publishing, Harvard Medical School, March 22, 2023, https://www.health.harvard.edu/blog/a-practical-guide-to-the-mediterranean-diet-2019032116194。

第六章

1. Ann Pietrangelo, "What the Yerkes-Dodson Law Says About Stress and Performance," Healthline, October 22, 2020, https://www.healthline.com/health/yerkes-dodson-law#optimal-arousal-or-anxiety。
2. Kevin Dickinson, "The Yerkes-Dodson Law: This Graph Will Change Your Relationship with Stress," The Learning Curve, Big Think, September 8, 2022, https://bigthink.com/the-learning-curve/eustress/。
3. "Research Proves Your Brain Needs Breaks," Microsoft.com, April 20, 2021, https://www.microsoft.com/en-us/worklab/work-trend-index/brain-research。
4. Marlene Bonstrup, Inaki Iturrate, Ryan Thompson et al., "A Rapid Form of Offline Consolidation in Skill Learning," *Current Biology* 29, no. 8 (April 2019): 1346-51, https://doi.Org/10.1016/j.cub.2019.02.049。
5. "Want to Learn a New Skill? Take Some Short Breaks," National Institute of Neurological Disorders and Stroke, April 12, 2019, https://www.ninds.nih.gov/news-events/press-releases/want-learn-new-skill-take-some-short-breaks。
6. "Want to Learn a New Skill?
7. "Employee Productivity and Workplace Distraction Statistics," Solitaired.com, September 9, 2021, https://solitaired.com/employee-productivity-statistics; Marriott International, "Americans Multitask More Than Any Other Country—Suppressing

Their Creativity and Inspiration," Cision PR Newswire, November 5, 2019, https://www.prnewswire.com/news-releases/americans-multitask-more-than-any-other-country-suppressing-their-creativity-and-inspiration-300951710.html。

8. "Distracted Working," Mopria, https://mopria.org/Documents/Mopria-Distracted-Working-Survey-2021.pdf。
9. Chris Melore, "Multitasking Nightmare: Average Service Industry Workers Juggles [sic] 11 Tasks Each Shift," StudyFinds, September 28, 2022, https://studyfinds.org/multitasking-service-industry-workers/。
10. Jason M. Watson and David L. Strayer, "Supertaskers: Profiles in Extraordinary Multitasking Ability," *Psychonomic Bulletin & Review* 17 (August 2010): 479-85, https://link.springer.com/article/10.3758/PBR.17.4.479。
11. Kevin R Madore and Anthony D. Wagner, "Multicosts of Multitasking," *Cerebrum* 2019 (March-April 2019): cer-04-19, https://www.ncbi.nlm.nih.gov/pmc/articles/PMC8022876/。
12. "Multitasking: Switching Costs—Subtle 'Switching' Costs Cut Efficiency, Raise Risk," American Psychological Association, March 20, 2006, https://www.apa.org/topics/research/multitasking。
13. Kendra Cherry, "How Multitasking Affects Productivity and Brain Health," Verywell Mind, last updated March 1, 2023, https://www.verywellmind.com/multitasking-2795003。
14. Amrita Mandal, "The Pomodoro Technique: An Effective Time Management Tool," National Institute of Child Health and Human Development, May 2020, https://science.nichd.nih.gov/confluence/display/newsletter/2020/05/07/The+Pomodoro+Technique%3A-l-An+Effective+Time+Management+Tool。
15. M. Csikszentmihalyi, *Flow: The Psychology of Optimal Experience* (New York: Harper Perennial, 1990); Fabienne Aust, Theresa Beneke, Corinna Peifer, and Magdalena Wekenborg, "The Relationship Between Flow Experience and Burnout Symptoms: A Systematic Review," *International Journal of Environmental Research and Public Health* 19, no. 7 (April 2022): 3865, https://www.ncbi.nlm.nih.gov/pmc/articles/PMC8998023/; Miriam A. Mosing, Ana Butkovic, and Fredrik Ullen, "Can Flow Experiences Be Protective of Work-Related Depressive Symptoms and Burnout? A Genetically Informative Approach," *Journal of Affective Disorders* 226 (January 15, 2018): 6-11, https://doi.org/10.1016/j.jad.2017.09.017。
16. Hannah Thomasy, "How the Brain's Flow State Keeps Us Creative, Focused, and Happy," TheDailyBeast.com, updated June 23, 2022, https://www.thedailybeast.com/how-the-neuroscience-of-the-brains-flow-state-keeps-us-creative-focused-and-happy; Richard Huskey, "Why Does Experiencing 'Flow' Feel So Good?," UC Davis, January 6, 2022, in https://www.ucdavis.edu/curiosity/blog/research-shows-people-who-have-flow-regular-part-their-lives-are-happier-and-less-likely-focus。
17. Ben Clark, Kiron Chatterjee, Adam Martin, and Adrian Davis, "How Commuting Affects Subjective Wellbeing," *Transportation* 47 (December 2020): 2777-805, https://

link.springer.com/article/10.1007/sllll6-019-09983-9。
18. "State of Remote Work 2021," OwlLabs.com, https://owllabs.com/state-of-remote-work/2021/。
19. Ben Wigert and Jessica White, "The Advantages and Challenges of Hybrid Work," Workplace, Gallup.com, September 14, 2022, https://www.gallup.com/workplace/398135/advantages-challenges-hybrid-work.aspx。
20. "The Future of Work: Productive Anywhere," Accenture.com, May 2021, https://www.accenture.com/_acnmedia/PDF-155/Accenture-Future-Of-Work-Global-Report.pdf#zoom=40。
21. Neha Chaudhary, "Rituals Keep These Athletes Grounded. They Can Help Parents, Too," *New York Times*, July 6, 2020, https://www.nytimes.com/2020/07/06/parenting/rituals-pandemic-kids-athletes.html。
22. Neha Chaudhary, "Rituals Keep These Athletes Grounded. They Can Help Par ents, Too."

第七章

1. Desiree Dickerson, "The Inner Critic," accessed October 4, 2023, https://www.massgeneral.org/assets/mgh/pdf/faculty-development/career-advancement-resources/promotion-cv/theinnercritic.pdf。
2. Michael Bergeisen, "The Neuroscience of Happiness," *Greater Good*, September 22,2010, https://greatergood.berkeley.edu/article/item/the_neuroscienceofhappiness。
3. Allen Summer, "The Science of Gratitude," Greater Good Science Center at UC Berkeley, John Templeton Foundation, May 2018, https://ggsc.berkeley.edu/images/uploads/GGSC-JTF_White_Paper-Gratitude-FINAL.pdf。
4. Nathan T. Deichert, Micah Prairie Chicken, and Lexus Hodgman, "Appreciation of Others Buffers the Associations of Stressful Life Events with De pressive and Physical Symptoms," *Journal of Happiness Studies* 20, no. 4 (2019): 1071-88, https://link.springer.eom/article/10.1007/sl0902-018-9988-9; Erin M. Fekete and Nathan T. Deichert, "A Brief Gratitude Writing Intervention Decreased Stress and Negative Affect During the COVID-19 Pandemic," *Journal of Happiness Studies* 23, no. 6 (2022): 2427-48, https://www.ncbi.nlm.nih.gov/pmc/articles/PMC8867461/。
5. Rick Hanson, "Do Positive Experiences 'Stick to Your Ribs'?" Take in the Good, July 30, 2018, https://www.rickhanson.net/take-in-the-good/; Rick Hanson, Shauna Shapiro, Emma Hutton-Thamm et al., "Learning to Learn from Posi tive Experiences," *The Journal of Positive Psychology* 18, no. 1 (2023): 142-53, https://www.tandfonline.com/doi/full/10.1080/17439760.2021.2006759; Joshua Brown and Joel Wong, "How Gratitude Changes You and Your Brain," *Greater Good Magazine*, June 6, 2017, https://greatergood.berkeley.edu/article/item/how_gratitude_changes_you_and_your_brain。
6. Hanson et al., "Learning to Learn."
7. Rick Hanson, *Hardwiring Happiness: The New Brain Science of Contentment, Calm, and*

Confidence (New York: Harmony Books, 2013), 10, 70。

8. Y. Joel Wong, Jesse Owen, Nicole T. Gabana et al.,"Does Gratitude Writing Improve the Mental Health of Psychotherapy Clients? Evidence from a Randomized Controlled Trial," *Psychotherapy Research* 28, no. 2 (2018): 192-202, https://doi.org/10.1080/10503307.2016.1169332。

9. Joshua Brown and Joel Wong,"How Gratitude Changes You and Your Brain"。

10. "Pandemic Parenting: Examining the Epidemic of Working Parental Burnout and Strategies to Help," Office of the Chief Wellness Officer and College of Nursing, The Ohio State University, May 2022, https://wellness.osu.edu/sites/default/files/documents/2022/05/OCWO_ParentalBurnout_3674200_Report_FINAL.pdf。

11. Charles Mandel,"High Rate of Mental Health Conditions in Women Entrepreneurs 'Alarming,' Reports Flik Study," Betakit, August 30, 2021, https://betakit.com/high-rate-of-mental-health-conditions-in-women-entrepreneurs-alarming-reports-flik-study/#:~:text=More%20than%20half%20of%20women,during%20rounds%20of%20seed%20funding。

12. Pam A. Mueller and Daniel M. Oppenheimer,"The Pen Is Mightier than the Keyboard: Advantages of Longhand Over Laptop Note Taking," *Psychological Science* 25, no. 6 (2014): 1159-68, https://journals.sagepub.com/doi/10.1177/0956797614524581; Keita Umejima, Takuya Ibaraki, Takahiro Yamazaki, and Kuniyoshi L. Sakai,"Paper Notebooks vs. Mobile Devices: Brain Activation Differences During Memory Retrieval," *Frontiers in Behavioral Neuroscience* 15 (2021), March 19, 2021, https://www.frontiersin.org/articles/10.3389/fnbeh.2021.634158/full。

13. James W. Pennebaker and John F. Evans, *Expressive Writing: Words That Heal* (Enumclaw, WA: Idyll Arbor, Inc., 2014); James W. Pennebaker and Sandra K. Beall,"Confronting a Traumatic Event: Toward an Understanding of Inhibition and Disease," *Journal of Abnormal Psychology* 95, no. 3 (1986): 274—81, https://doi.Org/10.1037/0021-843X.95.3.274。

14. James W. Pennebaker,"Writing About Emotional Experiences as a Therapeutic Process," *Psychological Science* 8, no. 3 (May 1997): 162-66, https://doi.Org/10.llll/j.1467-9280.1997.tb00403.x。

15. Pennebaker,"Writing About Emotional Experiences as a Therapeutic Process."

16. Bronnie Ware, *The Top Five Regrets of the Dying: A Life Transformed by the Dearly Departing* (Carlsbad, CA: Hay House, 2011)。

17. Christopher Farrell,"Working Longer May Benefit Your Health," *New York Times,* March 3, 2017, https://www.nytimes.com/2017/03/03/business/retirement/working-longer-may-benefit-your-health.html。

18. Liz Mineo,"Good Genes Are Nice, but Joy Is Better," *Harvard Gazette,* April 11, 2017, https://news.harvard.edu/gazette/story/2017/04/over-nearly-80-years-harvard-study-has-been-showing-how-to-live-a-healthy-and-happy-life/。

19. Julie C. Bowker, Miriam T. Stotsky, and Rebecca G. Etkin,"How BIS/BAS and Psycho-Behavioral Variables Distinguish Between Social Withdrawal Subtypes During

Emerging Adulthood," *Personality and Individual Differences* 119 (December 1, 2017): 283-88, https://doi.Org/10.1016/j.paid.2017.07.043; Zaria Gorvett, "How Solitude and Isolation Can Affect Your Social Skills," BBC.com, October 23, 2020, https://www.bbc.com/future/article/20201022-how-solitude-and-isolation-can-change-how-you-think。

20. Marta Zaraska, "With Age Comes Happiness: Here's Why," ScientificAmerican.com, November 1, 2015, https://www.scientificamerican.com/article/with-age-comes-happiness-here-s-why/。
21. Attributed to actress Sophia Bush, who posted this quotation on Instagram in 2015。

結語

1. J. O. Prochaska and C. C. DiClemente, "Stages and Processes of Self Change of Smoking: Toward an Integrative Model of Change," *Journal of Consulting and Clinical Psychology,* 1983, https://psycnet.apa.org/doi/10.1037/0022-006X.51.3.390; J. O. Prochaska, C. C. DiClemente, and J. C. Norcross, "In Search of How People Change: Applications to Addictive Behaviors," *American Psychologist* 47, no. 9 (1992): 1102-14, https://pubmed.ncbi.nlm.nih.gov/1329589/; Nahrain Raihan and Mark Cogburn, *Stages of Change Theory* (Treasure Island, FL: StatePearls Publishing, 2023), https://www.ncbi.nlm.nih.gov/books/NBK556005/; Leia Moore, "Shifting Behavior with the 'Stages of Change,'" PsychCentral, September 14, 2021, https://psychcentral.com/lib/stages-of-change。
2. "The Hare and the Tortoise," *The Aesop for Children,* https://read.gov/aesop/025.html。
3. Phillippa Lally, Cornelia H. M. van Jaarsveld, Henry W. W. Potts, and Jane Wardle, "How Are Habits Formed: Modelling Habit Formation in the Real World," *European Journal of Social Psychology* 40, no. 5 (October 2010): 998-1009, https://onlinelibrary.wiley.com/doi/abs/10.1002/ejsp.674。
4. Kristin Neff and Christopher Germer, "Self-Compassion and Psychological Well-Being," in *Oxford Handbook of Compassion Science,* ed. E. Seppalaa et al. (Oxford: Oxford Univ. Press, 2017)。
5. Jeffrey J. Kim, Stacey L. Parker, James R. Doty et al., "Neurophysiological and Behavioural Markers of Compassion," *Scientific Reports* 10 (2020): 6789, https://doi.org/10.1038/s41598-020-63846-3。
6. Fernanda B. C. Pires, Shirley S. Lacerda, Joana B. Balardin et al., "Self Compassion Is Associated with Less Stress and Depression and Greater Attention and Brain Response to Affective Stimuli in Women Managers," *BMC Womens Health* 18, no. 1 (November 2018): 195, https://pubmed.ncbi.nlm.nih.gov/30482193/。
7. Neff and Germer, "Self-Compassion and Psychological Well-Being," 376。
8. Neff and Germer, "Self-Compassion and Psychological Well-Being," 376。
9. Jon Kabat-Zinn Kabat-Zinn, *Mindfulness for Beginners: Reclaiming the Present Moment—and Your Life,* CD (Boulder, CO: Sounds True, 2012)。

國家圖書館出版品預行編目（CIP）資料

逆轉有毒韌性：別被硬撐拖垮！哈佛專家教你設定壓力界線，重新連結大腦與身體，提升身心平衡與效能／阿迪提・內魯卡（Aditi Nerurkar）著；張芷瑩譯 . -- 第一版 . -- 臺北市：天下雜誌股份有限公司 , 2025.04

304 面；14.8×21 公分 . --（天下財經；568）

譯自：The five resets : rewire your brain and body for less stress and more resilience

ISBN 978-626-7468-90-6（平裝）

1. CST：壓力　2. CST：抗壓　3. CST：情緒管理

176.54

114002601

天下財經 568

逆轉有毒韌性
別被硬撐拖垮！哈佛專家教你設定壓力界線，
重新連結大腦與身體，提升身心平衡與效能
The Five Resets: Rewire Your Brain and Body for Less Stress and More Resilience

作　　　者／阿迪提・內魯卡（ADITI NERURKAR）
譯　　　者／張芷盈
封面設計／Javick工作室
內頁排版／邱介惠
責任編輯／黃惠鈴

天下雜誌群創辦人／殷允芃
天下雜誌董事長／吳迎春
出版部總編輯／吳韻儀
出　版　者／天下雜誌股份有限公司
地　　　址／台北市104南京東路二段139號11樓
讀者服務／（02）2662-0332　傳真／（02）2662-6048
天下雜誌GROUP網址／http://www.cw.com.tw
劃撥帳號／01895001天下雜誌股份有限公司
法律顧問／台英國際商務法律事務所・羅明通律師
製版印刷／中原造像股份有限公司
總　經　銷／大和圖書有限公司　電話／（02）8990-2588
出版日期／2025年4月2日第一版第一次印行
定　　　價／450元

This edition is published by arrangement with William Morris Endeavor Entertainment through Andrew Nurnberg Associates International Limited.
All rights reserved.
Complex Chinese Translation copyright © 2025 by CommonWealth Magazine Co., Ltd.
All rights reserved.

書　號：BCCF0568P
ISBN：978-626-7468-90-6（平裝）

直營門市書香花園　地址／台北市建國北路二段6巷11號　電話／02-2506-1635
天下網路書店　shop.cwbook.com.tw　電話／02-2662-0332　傳真／02-2662-6048
本書如有缺頁、破損、裝訂錯誤，請寄回本公司調換

天下 雜誌出版
CommonWealth
Mag. Publishing